余剰の政治経済学

沖 公祐

日本経済評論社

はしがき

一九八〇年代末から九〇年代初めにかけて起こった社会主義諸国の崩壊は、「歴史の終わり」を人々に強く印象づけた。七〇年代をおそらくは源流とする経済のグローバル化と新自由主義の流れは、いまや抗い難いものとしてわれわれの眼前に立ち現われている。むろん、この潮流に逆らう動きがないわけではない。むしろ、その対抗運動は近年にない興隆を見せていると言ってよいが、しかし、本来、それに力を与えるべき理論の側は、深刻な行き詰まりに直面したまま、新たな展望を見いだせずにいる。すなわち、苦しい退却戦を迫られた結果、市場機構を前提としたうえで、資本の暴走に歯止めをかけ、市場をコントロールする国家の再強化を訴える、あるいは、荒れ狂う資本の猛威から身を守る避難所としての共同体ないし公共性を仮構する、といった類の戦術しか示せなくなっている。

この閉塞状況は、しかし、現実の変化によってもたらされたものではない。理論自体にもともと胚胎していた問題が現実によって顕在化したにすぎない。より大なる欲求の充足を求める人間の本性が、市場を生み出したという理解は、主流派だけでなく、非主流派の理論家にも広く共有されているが、それは市場に対する根源的な考察を阻んできた。本書第一章でも見るように、こうした人間像、市場像は明らかに近代の産物であり、少なくとも資本主義が確立する一九世紀以前の思想家たちは、人間の欲求はその狭隘さゆえに市場の発展とは結びつかないと考えていた。市場は社会（ゲマインヴェーゼン）の内側から生まれてきたものではない。市場は社会――より精確には、社会的再生産――にとっては余分なものであり、したがって、過剰であるというのが、近代以前の現実了解であった。

資本主義が歴史上のある時期にある地点で偶然に発生したことによって、市場は、旧来の社会関係を商品関係に置き換えつつ、社会の外部から内部へと浸透していった。その結果、人間の欲求充足は市場によって媒介されるようになる。いわゆる経済人《エコノミック・マン》は、この社会転換の所産であるが、現代の経済学――マルクス派を含む――では、因果の向きが逆転し、経済人が人間に内在する普遍的本性――少なくともその一つ――であると取り違えられてしまっている。

資本主義において、人間の欲求充足という必要の領域に市場が浸透してくるのは確かだが、社会の外部で発生したという市場の来歴からすれば、二つのことが看過されてはならない。第一に、資本主義においては、市場は必要の交換を媒介する場ともなるが、余剰を維持・増殖する過程としての資本がその中核をなすことに変わりはない。このことからすれば、欲求充足の場としての市場のみを温存したうえで、資本の利潤追求を抑制し、あわよくば揚棄しようという企ては、市場に対する無理解に基づくものと言わざるをえない。資本の無窮運動は、言わば、市場そのものであり、その意味で、節度ある市場という観念《イデア》は、完全に顚倒している。

第二に、市場がもともと社会にとって過剰なものであり、したがって、市場と社会が本来的に異質のメカニズムである以上、市場が社会を完全に包摂することはできない。市場の側から見ても、社会はつねに過剰である。この過剰性は、資本主義の礎石をなす労働力の商品化においてもっとも端的に現われる。[1] すなわち、労働力の商品化は市場が社会（的再生産）に浸透するための不可欠の要件なすが、しかし、市場は労働力を完全に商品化することはできない。このことは、これまでも「労働力商品化の無理」として指摘されてきたが、「その無理が通っている」（宇野 1950–52：135）ことに重きが置かれた結果、労働力のもつ過剰性は不当に軽視されてきた。労働力は、資本主義的市場にとって、本来商品交換の埒外にあるはずの労働者の身体がそこに介在せざるを得ないという意味で、決定的な過剰性を帯びている。このことからすれば、文字通りの「資本のもとへの労働の実質的包摂」を、したがって、世界《グローバル》資本主義の完結性を前提とする議論は、たとえそれに対抗するためのものであったとしても、やはり誤っていると言わなければならない。

本書は、以上の問題意識に基づき、過剰としての市場と資本主義にとっての過剰という二つの過剰性を、商品、貨幣、資本のいわゆる流通形態論と、労働力商品論を根本的な再検討に付すことによって明らかにしていく。このような本書全体の課題と各章との関連を最後に簡単に示しておこう。

第一章では、一七世紀以降の思想家たちの交換を巡る議論を検討することを通じて、欲求を発点に据える市場像とは異なる市場像、すなわち、余剰を視軸とする市場像を析出する。「余剰の政治経済学」というわれわれの企ての思想史的位置づけを探るこの章は、本書全体にとって序論的な意味合いをもつ。第二章では、マルクスの商品論が余剰に関する鋭い洞察を含んでいることが明らかにされるが、しかし、それとは対極的な単純流通という視角が結局は商品論の主軸をなしていることが批判される。第三章では、貨幣の価値尺度機能が流通手段機能とは異なるレヴェルを構成していることを指摘し、両機能間の構造を明らかにする。この章は、本書の課題からすれば、系論に属するとも言えるが、ここで扱われる表現と代表の二重構造や取り違えの機制、貨幣価値の知悉困難性といった論点は本書全体にとって重要な意味をもつ。第四章では、マルクスの蓄蔵貨幣概念の批判的検討を通じて取りだされた貨幣の資産的性格が社会的再生産から遊離した余剰を市場に引きつける力を有することが示される。さらに、市場における余剰の性格に着目することによって、市場から必然的に資本が形成されるプロセスが明らかにされる。第四章までの主題は、社会にとっての市場の過剰性であるが、第五章では、市場に包摂されざる社会の残余、すなわち資本主義的市場にとっての労働力の過剰性が考察の対象となる。第五章では、マルクスの労働力商品論が有する還元論的傾向が労働力の過剰性＝外部性を隠蔽する効果をもたらしてきたことが批判される。そのうえで、労働市場を労働過程と〈再生産〉過程との絡み合いのなかで考察することによって、資本主義に柔軟性をもたらすと同時にその不安定要因ともなりうる、労働力商品化の多型的構造を解き明かす。

注

（1）資本主義における過剰＝物質性は、三つのレヴェルにおいて現われる。その簡単な見取り図は、本書間奏IIの表4に示しておいた。

本書は、香川大学経済学会から助成を受けて刊行されるものである。

目次

凡例

一、引用文中の…は中略を示す。

一、引用文中の〔 〕は引用者による補足を示す。

一、引用文中の強調はとくに断りのない限り原文による。

一、『資本論』（Karl Marx, *Das Kapital : Kritik der politischen Ökonomie*, in *Marx-Engels Werke*（*MEW*）, Band 23, 24, 25, Berlin : Dietz Verlag, 1962, 63, 64.）は、K と略記し、巻数（ローマ数字）と原書頁（アラビア数字）を示す。

一、『経済学批判』（Karl Marx, *Zur Kritik der Politischen Ökonomie*, in *Marx-Engels Werke*（*MEW*）, Band 13, Berlin : Dietz Verlag, 1978.）は、Kr と略記し、原書頁を示す。

一、いわゆる『経済学批判要綱』（Karl Marx, *Ökonomische Manuskripte 1857/58, Marx-Engels Gesamtausgabe*（*MEGA*）, II-1. 1, 1. 2, Berlin : Dietz Verlag, 1976, 81.）は、Gr と略記し、原書頁を示す。

一、その他の文献は、巻末の文献一覧における著者名と出版年（初出）をもって略記し、頁を示す（著作集等に再録されている場合は、再録頁を示した）。

一、外国語文献の頁は原書頁を示す（邦訳がある場合は、訳書頁も示した）。訳は必要に応じて改変してある。

第一章　市場像の源流——思想史的考察

第一節　奢侈に牽引される市場——ロックとヒューム

(1) 欲求と交換

交換を引き起こす原動力は何か。この問いに対し、経済学は、人間の欲求であると答えてきた。人間の欲求こそが交換の基盤である。このような理解は、近代の経済学の祖とされるA・スミスの次の言葉のなかにも見て取ることができる。

他人にある種の取引を申し出るものは誰でも右のように提案するのである。私の欲しいものをください、そうすればあなたの欲しいこれをあげましょう、というのが、すべてのこういう申し出の意味なのであり、こういうふうにしてわれわれは、自分たちの必要としている他人の行為の大部分を互いに受け取りあうのであ

る。（Smith 1776：26, 訳I-二六）

私の「欲しいwant」ものと他人の「欲しいwant」ものとが交換される。この構図が市場の原型であるということは、今日の経済学——マルクス派も例外ではない——では、改めて論ずるまでもない、自明なことと考えられている。個人の欲求から出発し、その充足を求めて交換が拡大していくところに成立したものが市場である。こうした市場像は、効用の最大化を追求するという近代的人間観に慣れ親しんだ目からは、疑う余地すらないもののように見える。

しかしながら、このような市場の見方は、スミスの生きた時代には決して当たり前のものではなかった。スミスの同時代人や彼に先行する思想家たちにとっては、欲求が交換を惹起するということは自明ではなく、むしろ人間の欲求は交換とは容易に結びつかないと考えられていた。例えば、J・ロックは次のように述べている。

> 例えば、ここに、世界の他の地域との一切の交易から切り離された一つの島があり、そこには、わずか一〇〇家族しか住んでいないのに、羊、馬、牛その他の有用な動物も、栄養のある果実も、一〇万倍もの人を養う穀物を産する土地もある、しかし、その島には、それがあまりにもありふれているという理由からか、あるいは、腐敗しやすいという理由からか、貨幣の代わりをするのに適したものがまったく存在しないと仮定してみよう。そこでは、誰かが、自らの所有物を、自身の勤労が生み出す形であれ、あるいは、同じく腐敗しやすいが、しかし有用な日用品を他人と交換可能とするためであれ、自分の家族が使用する以上に、または、その消費を十分に満たす以上に拡大する理由を果たしてもちうるだろうか。（Locke 1689：138-139, 訳二二七）

ロックによれば、貨幣のない世界では、人間の欲求は狭い限界のうちに閉ざされたままであり、それゆえ、欲求に基づいた交換は広範なものとはなりえない。これは、現代の経済学者が素朴なかたちで抱いている市場の発生史観、すなわち、人間が欲求を満たすために交換を拡大していくなかで、貨幣を備えた市場が発生してきたという見方とは明らかに異なる。ロックの立場からすれば、欲求を市場の出発点に置くことはまったく適当ではない。なぜなら、人間本来の欲求はその乏しさゆえに、市場の発展をむしろ阻害することになるからである。同様の理解は、D・ヒュームの著作のなかにも発見することができる。

どんな国家の場合でも、最初のまだ未開な時代にあって嗜好的な欲望が自然的な欲望と混同されるに至らなかったときには、人々は、自分の畑の生産物とか、彼らが自らそこまで加工できる粗雑な改良物とかで満足しており、交換の機会を、少なくとも、同意によって交換の共通の尺度となった貨幣との交換の機会を、ほとんどもたない。(Hume 1752: 319, 訳四二)

このようにヒュームも、未開の時代においては、人々は与えられた生活に満足しているため、さらなる欲求の充足を求めて交換を拡大していく誘因は存在しないと考えている。さらに、ヒュームは、交換を求める誘因の欠如が「熟練 skill と勤労 industry を増大しようとする誘因」(Hume 1752: 285, 訳一〇) の欠如をもたらすと指摘しているが、J・ステュアートは、この点について、より明確に、欲求が勤労 industry を制限すると述べた。

貨幣も、またそれに相当する物もない国では、人類の欲望はわずかな対象、すなわち飢え、乾き、寒さ、暑さ、危険などの不安を取り除くことに限定されるものと思われる。自分の勤労によって質素な生活を楽しめる物をすべて獲得できる自由人は、休息を享受して、それ以上は働かないだろう。こうして一般に、いまいった目的に対応する需要が満たされればたちまち、仕事の増加はいっさい止むだろう。(Steuart 1752 : I-237, 訳第一・二編-一六五〜一六六)

奴隷とは異なり、他人に労働を強制されることのない「自由人」は、限られた欲求が満たされるならば、それ以上は働こうとしないだろうとステュアートは推論する。ステュアートの議論では、勤労が交易を促進するのだから、欲求が限定されているならば、「勤労は自ずと停止し、またその結果として物々交換も止んでしまう」(Steuart 1752 : I-237, 訳第一・二編-一六六)ことになる。このような状態をステュアートは、増殖の「社会的不能」(Steuart 1752 : I-39, 訳第一・二編-二八)と呼んだのである。

このように、ロック、ヒューム、ステュアートのような他の点では少なからず立場を異にする論者が、欲求と交換の関係については、共通した見解をもっている。すなわち、彼らによれば、人間の本来的な欲求は、その狭隘さゆえに市場の発展を妨げることになる。何らかのかたちでこの障碍が解除されないかぎり、交換は決して広範なものとはなりえない。このような理解は、欲求から交換が直接に引き起こされるという今日の支配的な見方とは対照的である。

人間の欲求が交換を促進すると見るのか、あるいはそれを阻害すると見るのか。欲求が交換に及ぼす効果に対する相反する二つの見方は、欲求についての異なった理解から生じている。現代の経済学においては、人間の欲求はほとんど無限の広がりと大きさをもつと想定されている。この想定のもとでは、欲求を充足するための手段は、欲求に対しつねに稀少となる。(1)これに対し、ロックらの考え方によれば、人間の欲求は限られているため、一定の限度に到達すれば、欲求は充足されて止むことになる。欲求を満たす手段は、その量に応じて、稀少なこともあれば過剰なこともあるだろうが、欲求の限度を超えてなお過剰を拡大しようという誘因は、人間の自然な欲求だけからは生まれてこない。

このような欲求の捉え方の違いに対応して、欲求が交換に対して与える正反対の影響が引き出される。すなわち、前者においては、欲求の無限性ゆえに交換は無際限に拡大していくが、後者によれば、欲求には限りがあり、このため、交換が行われるにしてもその広がりは有限の欲求によって制限されることになる(2)。

(2) 奢侈と欲望

市場の発展とともに人間の欲求が飛躍的に拡大していったその後の歴史を知る者にとっては、人間の欲求を有限なものと見るロックらの立場は、欲求のもつ柔軟性を過小評価しているように見える。しかしながら、彼らは、ただたんに欲求を有限なものとして捉えていたわけではない。彼らが欲求の有限性を強調したのは、それとは異なった質の欲求を際立たせるためであった。おそらくは、資本主義の勃興期にあって、そうした異質の欲求が台頭してくるのを目の当たりにした彼らは、これをいかに位置づけるかに苦慮したのであった。有限な欲求とは区別されるこの種の欲求についての議論は、奢侈 luxury という語を巡って展開された(3)。

一七・八世紀の思想家たちにとって、奢侈は最も重要な問題の一つであった。とくに、B・マンデヴィルの『蜂の寓話』の発表以後、奢侈を巡る議論は、イングランドのみならず、スコットランドとフランスをも巻き込んだ論争へと発展していく(4)。当時の奢侈的消費の異常な加熱ぶりに対し、ある者は堕落であるとして批判し(J-J・ルソー)、ある者は技芸の洗練であるとして賞賛し(ヒューム)、また、ある者は悪徳ではあるが社会全体にとっては有益であるとして擁護した(マンデヴィル)(5)。

奢侈(英語では luxury、フランス語では luxe)という言葉は、ラテン語の luxus に由来し、それはもともと豊富や過剰という意味をもっていた。この原義から言えば、奢侈とはある限度を超える過剰性を含意している。問題は奢侈が何に対しての過剰であるかだが、その評価の相違にもかかわらず、奢侈とは欲求に対する過剰であるというのが当時の一致した見解であった。このような奢侈の捉え方は一見すると矛盾したものに見える。なぜなら、奢侈が欲求を超えるものだとするならば、それは定義上欲求の対象ではないはずだが、奢侈論争の引き金となったのは、まさに奢侈が尽きせぬ欲求の対象として立ち現われてきたという事実であったからだ。

欲求を超える余剰という奢侈のこの定義は、当時の思想家たちが共有していた欲求観を踏まえなければ理解することは難しい。すでに見たように、彼らは、欲求を有限なものと捉えていたのだが、その欲求の範囲は、現代の欲求観からすれば著しく狭いものである。彼らにとって、欲求 want とは、基本的に、必要（必需）necessary に対する欲求 needs のことであった。(6) 今日の一般的な理解では、必需も奢侈もともに欲求の対象であり、したがって、両者の区別は相対的で、截然とは区別できない。このような見地から、あえて奢侈を規定するとすれば、商品の使途や消費のあり方によって区別するか、何らかの価値判断に訴えるかしかない。しかし、一七・八世紀の思想家たちにとっては、線引きの問題はあるにせよ、両者が異なることは明らかであった。(7) というのも、彼らは、奢侈に対する欲求を必要に対する欲求とは異質の情念として捉えていたからである。例えば、ロックは、奢侈に対する欲求を言い表わす際に、必要に対する「欲求 want」とは別の「欲望 desire」という語をあてている。(8) また、T・ホッブズは、人間本性の要求を「自然的欲求」によるものと「自然的理性」によるものに区分している。(9) ルソーは、「自尊心（虚栄心）amour-propre」を自己保存の欲求としての「自己愛（自愛心）amour de soi-même」からは明確に区別すべきだと主張している。(10) こうした点から、当時の思想家たちの多くが、必要に対する欲求 want と奢侈に結びつけられる欲望 desire とを異なった情念として理解していたことが窺える。この理解を前提にすれば、欲求を超える余剰という奢侈の定義は必ずしも形容矛盾とは言えない。奢侈は、欲求 want にとっては確かに過剰であるが、欲望 desire に対してはその対象となりうるのである。[11]

このような欲求と欲望の区別を踏まえたうえで、奢侈を巡る一七・八世紀の議論を振り返ってみると、当時の思想家たちの多くが、欲求ではなく欲望こそが交換の起動力をなすと理解していることに気づかされる。肯定的に捉えるか、否定的に捉えるか、という評価の違いはあるにせよ、奢侈に対する欲望が市場の興隆と結びついているということは、当時における議論の前提ですらあった。こうした理解は、資本主義の初期に特徴的な、奢侈的消費の爆発的拡大という歴史的事実の反映にすぎないように見える。しかしながら、たんなる現実の模写に思えるこの見方の背後には、当時の論者が共有していた独特の論理が伏在しているのである。交換に関するロックとヒュームの所説を通じて、この点を明らかにしてみよう。

先の引用にあるように、ロックは貨幣のない世界を議論の出発点に置く。このような世界では、欲求を超える余剰は存在しないとされるのだが、それは余剰を生産しうる能力が欠けているためではない。貨幣のない世界では、そもそも余剰を生産する誘因がないのである。なぜなら、自分の消費能力を超える余剰を生産したとしても、そこでは腐敗するにまかせるほかはなく、結局は無駄になってしまうからである。[12]

貨幣のない世界とは、「人間の生活にとって真に有用なもの」(Locke 1689 : 137, 訳二二五)、必要に対する欲求だけの世界であるが、ロックによれば、そこでは交換は行われない。交換は、「好みや合意によって価値を与えられているもの」(Locke 1689 : 138, 訳二二六)、すなわち、奢侈的なものに対する欲望のもとではじめて発生する。金・銀やダイヤモンドのような耐久性のある奢侈を交換によって取得するために自分の必要を超えて余剰を生産しようという衝動が生じてくるのである。人間の欲求によって限界づけられ、腐敗によって制約される必要だけの世界とは異なり、奢侈のある世界では、欲求の制限と腐敗の制約から解放されて交換が無際限に拡大していくことができる。[13]

「奢侈について Of luxury」[14]という論考を表わしたこともあるヒュームは、ロックにもまして、奢侈が交換に及ぼす影響を強調した。ロックと同様、ヒュームも、必要に対する欲求だけの世界では、交換は発展しないと考える。しかし、ロックが貨幣の発生と奢侈に対する欲望の形成を同視していたのに対し、貨幣は交換を円滑にするための「油」（Hume 1752 : 309, 訳三三）にすぎないという立場から、ヒュームは交換の拡大は奢侈に対する欲望に懸かっていると明確に主張した。

人々がこうしたすべての享楽に洗練を加えはじめ、必ずしも故郷で生活せず、近隣で生産できる物に満足しなくなった後には、あらゆる種類の交換と商業とが増大し、より多くの貨幣がその交換に入りこんでくる。（Hume 1752 : 319–320, 訳四三）

洗練された奢侈の登場によって、人々の欲望は掻き立てられ、貨幣を介した交換が頻繁に行われるようになる。このように、ヒュームは奢侈に対する欲望が交換に及ぼす影響を指摘したが、そこからさらに踏み込んで、奢侈と生産との関係にも言及している。すなわち、技芸の洗練によって、奢侈に対する欲望が刺激されると、奢侈を獲得するために「熟練 skill と勤労 industry」（Hume 1752 : 285, 訳一〇）は高められ、より多くの「余剰 superfluity」（Hume 1752 : 285, 訳一〇）が生産されるようになる。[15]もっとも、奢侈のない世界では、「熟練 skill と勤労 industry」を高めていくことが潜在的に可能であっても、「余剰」は生産されえないと述べていることから分かるように、交換の原動力は、あくまでも生産水準（供給）にではなく、奢侈に対する欲望（需要）の側に存するとヒュームは見ている。[16]

ロックとヒュームの相違は決して小さくはないが、両者の主張の共通項を括り出すとすれば、次の二点にまとめられる。

第一に、ロックとヒュームは、人間に内在する欲求から市場を導出しようとはしなかった。欲求に基づく交換は、たとえそれがなされるとしてもすぐに壁に突き当たってしまうと考えたからである。欲求の限度を超えてなお交換が拡大していくためには、奢侈に対する欲望が介在する必要がある。ここで重要なのは次の点である。すなわち、必要に対する欲求とは異なって、奢侈に対する欲望には限界がないということ、そして、この無際限な奢侈に対する欲望自体がまた、交換によって喚起されるということである。このような主張は、奢侈に対する欲望によって交換が引き起こされるという意味で、奢侈交換論と呼ぶことができる。

第二に、ロックとヒュームの議論では、余剰を生産する能力の大きさは交換の拡大における能動的な役割を担っていない。彼らによれば、必要だけの世界では、余剰が潜在的に存在したとしても、奢侈に対する欲望の不在ゆえにそうした余剰は現実には生産されえない。生産力ではなく、奢侈に対する欲望が市場の発達を牽引するというのが、彼らの基本的な見方なのである。

第二節　奢侈から必要へ――スミス

(1)　市場像の転換

スミスは、ロックのような先行者や、ヒューム、ステュアートのような他の同時代人とは異なって、奢侈に対する欲望が交換の拡大において果たす役割を強調しなかった。むろん、奢侈を巡って激しい議論が戦わされてきたことをスミスが知らなかったはずはない。じっさい、スミスが『道徳感情論』で論じた主題は、必要に対する欲求に還元されえない欲望（ルソーのいう「自尊心（虚栄心）amour-propre」）の次元にまさに関わるものであった。[17] しかし、『国富論』の交換性向論で欲求 want を交換の起点に据えるとき、あるいは、『国富論』の冒頭で、諸国民の富が奢侈品を除いた「生活の必需品 necessaries と便益品 conveniences のすべて」(Smith 1776：10, 訳I-一) から成ると述べるとき、スミスは、奢侈に対する欲望の問題を捨象しているように思われる。[18]

とはいえ、奢侈に対する欲望を捨象したことは、必要と奢侈の区別を相対的なものとし、欲求を無際限なものと見なす近代的な欲求観に『国富論』のスミスが染まっていたことを意味するわけではない。次のような交換の描写からは、必要に対する欲求の有限性という古典的観念をスミスが共有しているのを読み取ることができる。

分業がひとたび完全に確立すると、人が自分自身の労働の生産物によって満たすことのできるのは、彼の欲求 wants のうちのごく小さい部分にすぎなくなる。彼は、自分自身の労働の生産物のうち自分の消費を上回る余剰部分 surplus part を、他人の労働生産物のうち自分が必要とする部分と交換することによって、自分の欲求の大部分を満たす。(Smith 1776：37, 訳I-三九)

分業が完全に確立した社会では、人は必要に対する「欲求 wants」を自分の労働生産物だけでは満たすことができない。そこでは必要の欠如は、交換によって充足される。分業によって生じた必要の欠如という空所を交換を通じて「充塡 supply する」というこの説明は、「欲求 wants」の有限性をスミスが前提していることを暗に示している。[19] こうしてみると、本章の冒頭にあげたスミスの文章のなかに、人間の無際限な欲求が、交換が市場の基礎にあるという主張を読み込むのは適当でないことが分かる。このような解釈は、現代の欲求観をスミスに投影したものにすぎない。[20] スミスは、欲求の有限性をあくまで前提としたうえで、奢侈に対する欲望を重視するロックやヒュームとは対照的に、必要に対する欲求を交換の基底に据えたのである。スミスのこの立場は、ロックやヒュームらの奢侈交換論に対して、必要交換論と呼ぶことができよう[21]。

前述したように、ロック、ヒュームらの奢侈交換論においては、いかにして交換が欲求の有限性に制約されることなく拡大していくことができるか、というのが問題の焦点であった。換言すればそれは、必要が充足されたうえで、なお交換が行われるのはいかにしてか、という問いであった。反対に、スミスの場合には、必要の充足ではなく必要の欠如が交換の出発点になっている。しかし他方で、スミスは伝統的な欲求観、すなわち、必要に対する有限な欲求という見方を保持している。このため、スミスの交換論においては、交換の進展が諸個人がどの程度必要を欠いているかに規定されることになってしまう。

諸個人が必要を欠いているか否かは、交換にとっては外的な事柄であるはずだが、スミスは、次のような手続きを踏んでこれを内生化する。まず、独立した諸個人、必要のすべてを自分で満たすことのできる自足した諸個人を起点に置く。人間には交換しようとする性向があるとされるが、それだけでは交換が行われることにはならない。個々人の労働生産力の差異が交換性向を現実のものにする。すなわち、生産性の高い労働に特化して、互いの必要を交換し合った方が自分の利益にかなうと知ると、諸個人は特定の仕事に専念し、社会的分業が行われるようになる。このような分業によって、必要の欠如が生じると同時に、必要の欠如を埋めるために交換が行われる。他方で、分業がなされるのも交換を期待してのことである。ここでは、分業がなければ交換は行われないし、交換がなければ分業は存在しないというかたちで、分業と交換は相互に前提しあう関係にある[22]。

分業の効果はそれだけではない。分業は「特定の業務に対してもっている才能や天分」(Smith 1776：28，訳Ⅰ-二八) の相違に基づくが、スミスによれば、「天分の差異は、多くの場合、分業の原因だというよりもむしろその結果なのである」から、分業自体が天分の差異をつくり出す効果をもつ。結果として、分業は必要の欠如を生むと同時に、労働者の技能を高めて、生産力を上昇させ、初発の自足した状態を超える余剰をつくり出すことになる。生産力が上昇する要因があったとしても必要だけの世界では、市場の発達は望めないというのがロックやヒュームの一致した見解であった。必要だけの世界では、生産力の上昇がかりに可能であったとしても、余剰の生産には結びつかず、労働時間の短縮に役立つにすぎない。生産力は、市場の拡大の必要条件ではあっても、十分条件ではないとロックやヒュームが考えたのは、このような理由からであった。必要だけの世界では、その需要の狭隘さによって、いずれ市場の発展が妨げられることにならざるをえない(23)。

しかし、スミスにしてみれば、これはあまりに静態的な見方ということになろう。長期的動態を考慮すれば、必要交換論に基づいても市場の発達や国富の増大を説くことは十分可能である。スミスは、このことの根拠を生産力の上昇による余剰の増大が資本蓄積を通じて人口の増加を促す点に求めた。スミスによれば、一国の人口は、国富、すなわち、その国の土地と労働の年々の生産物の大きさによって限界を画されている(24)。それゆえ、生産力の上昇に伴う余剰の拡大は、より多くの人口を維持することを可能にする。余剰が資本の蓄積に回されるならば、その分、生産的労働者の賃金は増加することになる。スミスは、T・R・マルサスを先取りするかのような人口論に基づいて、賃金の増加が「結婚と増殖」(Smith 1776 : 97, 訳I－一三六)を刺激して人口を増大させると述べた。

ロックやヒュームの言うように個々の欲求に限度があるのは確かだとしても、人口そのものが増えるならば、社会全体の欲求(有効需要)は拡大しうる(25)。そして、資本蓄積による生産的労働者の増加は、さらなる余剰を生み出す。スミスは、分業の拡大→生産力の上昇→余剰の増大→資本の蓄積→人口の増加→分業の拡大というスパイラルな成長論を唱えることで、必要交換論の枠内でも需要問題は解決されうると主張したのである(26)。

こうしてみると、スミスの必要交換論では、分業がきわめて重要な意味を担わされていることが分かる。すなわち、分業が必要の欠如をつくり出すという点で、交換の前提をなすと同時に、分業が人口を増加させ、社会全体の欲求を拡大するという点で、交換の推進力をなしているのである。スミスは、分業による必要の欠如が交換を引き起こすと言うことによって、たんに交換の対象を奢侈から必要へと移しただけではない。スミスは、分業に基づく生産力の増進が交換を発展させると考えた。むろん、ロックやヒュームにあっても、生産力は供給要因として捉えられてはいたが、需要要因である奢侈に対する欲望が起動されたときにそれははじめて意味をもつものであった。これに対し、スミスは、分業が二重の意味で欲求をつくり出す——個人にとっては、必要の欠如をつくり出し、社会全体にとっては、欲求の総和を拡大する——と見ることによって、生産を供給要因としてだけではなく、需要要因としても捉えたのである。

いま一つ、奢侈交換論から必要交換論への変移の背後に、重大な転回が潜んでいることを見逃すことはできない。すなわち、スミスは交換論の焦点を地主のような富裕者から労働者（あるいは独立生産者）へとずらしたのである。奢侈交換論の場合、交換の担い手は余剰を生産しうる富者であり、労働者はせいぜい富裕者の求める奢侈の生産者として考慮されるにすぎなかった。スミスは、労働者、とくに、スミスの言う意味での富の生産者であり消費者でもある生産的労働者を重視した。奢侈に対する欲望ではなく、必要に対する欲求をスミスが交換の起点に据えたことの理由には、このような富裕者から大衆への視点の移行があったのである。[27]

(2) マルクスのスミス批判

このようなスミスの主張に対し、K・マルクスは批判的な態度を示した。スミスの必要交換論についての直接的な言及は『資本論』にはないが、例えば、『経済学批判要綱《グルントリセ》』（以下、『要綱』）では、次のように述べられている。

アダム・スミスの場合には、この矛盾〔特殊的な対象としての労働時間と一般的対象としての労働時間の矛盾〕がまだ相互並置として現われている。労働者はまだ、特殊的な労働生産物〔特殊的な対象としての労働時間〕とならんで、そのほかにさらに、一般的商品のある分量（一般的対象としての労働時間）をつくらなければならない。交換価値の二つの規定が、彼にとっては外的に相互にならんで現われている。全商品の内奥までが矛盾によって捉えられ、また矛盾によって浸透されたものとして現われるまでには、まだ至っていないのである。このことは、スミスが生きた時代の生産の段階に照応しており、この段階では労働者は、まだ彼の生計の一部分を直接彼の生産物で支えており、彼の活動についても、彼の生産物についても必ずしもその全体が交換に依存するようになっていたわけではない。（Gr：100-101）

(1)で見たように、人が欲求 wants の一部を自分の労働生産物で満たし、残りを交換によって充足するというのがスミスの必要交換論の描く世界であった。引用のなかの、特殊的な対象としての労働時間と一般的対象としての労働時間の矛盾の相互並置というのはこのことを指すが、マルクスはこれを批判する。このような見方は、「スミスが生きた時代の生産の段階」、すなわち、資本主義が未だ発達していない段階に制約されたものである。マルクスは、スミスが言うような生計の一部だけを交換に頼るような世界ではなく、すべてのものが市場向けに生産され、生計全体が交換に依存するような世界を想定すべきだと主張する。

一見すると、マルクスは、スミスの必要交換論の想定が不徹底であると述べているにすぎないように見える。スミスの想定では、必要の領域が完全には市場化されておらず、このために言わば不純な必要交換論を説くことになってしまっている。右の批評がこのようなものだとすると、マルクスの立場は、広い意味での必要交換論からは一歩も踏み出すものではないことになる。

しかしながら、『経済学批判。原初稿《ウアテクスト》』（以下、『原初稿』）において、同様のスミス批判を行った際にマルクスが述べていることは、このような解釈を拒否しているように思われる。そこで、マルクスは、「スミスは、交換価値を展開する際に、交換価値がまだ生産者自身の生存のために生産される使用価値を超える超過分としてしか現われないような、交換価値の未発展な形態を、交換価値の適合的な形態として把握するという誤りを未だに犯している」と述べたうえで、「ブルジョア社会においては交換価値こそが支配的な形態として捉えられなければならず、その結果、生産者たちの、使用価値としての彼らの生産物に対する直接的関係はすべて消え去っていなければならず、すべての生産物が商業のための生産物として捉えられなければならない」（Marx 1858-61: 52, 訳一一七）と批判した。マルクスは、ここで、スミスの想定する「交換価値の未発展な形態」を「自分の家族が消費する分を超えるわずかばかりの超過分」のみを交換に投じるフランスの自作農（独立生産者）に、「交換価値の適合的な形態」を「自分の生産物の販売に全面的に依存しており、したがって商品としての彼の生産物に、したがって彼の生産物の社会的使用価値に依存している」（Marx 1858-61: 51, 訳一一六）イギリスの借地農業者（資本家）に、それぞれ対応させて説明している。(28) このことから分かるように、マルクスは、スミスの必要交換論が独立生産者から成る単純商品生産社会――スミスのいわゆる「商業的社会 commercial society」(39)（Smith 1776: 37, 訳I-三九）――を想定していることを批判しているのである。(30) 単純商品生産社会では、いかに徹底した分業がなされようとも、すべての生産物が「商業のための生産物」として現われることにはならない、より精確に言えば、単純商品生産社会においては、分業は徹底化されえない。(31) このように批判したうえで、マルクスは、独立生産者から成る単純商品生産社会ではなく、資本家と賃労働者から成る資本主義社会を議論の発点に据えたのである。

言い換えれば、マルクスの批判は、自分の「欲しい want」ものと他人の「欲しい want」ものとを交換しようとする性向（交換性向）の「緩慢で漸進的ではあるが、必然的な帰結」（Smith 1776：47，訳Ⅰ‐二四）として「文明社会 civilized society」（資本主義社会）を説くスミスの連続的な歴史観に対して向けられている。マルクスによれば、資本主義社会が成立するためには、資本が二重の意味で自由な労働者と出会わなければならないとされるが、それには、資本のいわゆる本源的蓄積、すなわち、「生産者と生産手段の歴史的分離過程」（KⅠ：742）が歴史的な前提となる。「この〔資本‐賃労働〕関係は、自然史的な関係ではないし、また、歴史上のあらゆる時代に共通な社会的な関係でもない」（KⅠ：183）と述べるマルクスの目には、スミスが資本主義成立の歴史的偶然性を無視するものと映ったのであろう。(32)

第三節　単純流通としての市場——マルクス

(1)　生産と消費の捨象

マルクスのスミス批判が以上のようなものだとすれば、マルクスをスミスの必要交換論の延長上に位置づけることはできないはずである。マルクスが考察の出発点とするのは、必要交換論だけで一元的に構成される均質な世界（単純商品生産社会）とは異なって、労働力を売って得た賃金と交換に必要のすべてを手に入れなければならない労働者と余剰を交換に投じてさらなる余剰を得る資本家という異質の交換原理が織り成す階級社会であるからである。ところが、マルクスは、『資本論』のいわゆる冒頭商品論をスミスの必要交換論と明確に異なるものとしては展開していない。それどころか、交換過程論では、スミスとよく似た説明を行っているのである。

彼〔商品所持者〕の商品は、彼にとっては直接的使用価値をもっていない。もしそれをもっているなら、彼はその商品を市場にもってゆかないであろう。彼の商品は、他人にとって使用価値をもっている。彼にとっては、それは、直接にはただ、交換価値の担い手でありしたがって交換手段であるという使用価値をもっているだけである。それだからこそ、彼はその商品を、自分を満足させる使用価値をもつ商品と引き換えに、手放そうとするのである。（K I：99）

使用価値を必要に置き換え、またそれを欲求の対象として理解するならば、この文章で述べられていることは、スミスの必要交換論の内容とほとんど同じである。自分にとっての非使用価値、すなわち、必要を超える余剰を、自分にとっての使用価値、すなわち、必要なものと交換する。このように、必要交換論を批判していたはずのマルクス自身が、一見するとスミスと区別のつかないような議論を行っているのである。マルクス派における古典的な論争、すなわち、『資本論』の冒頭商品は、単純商品か資本主義的商品かという論争が生じる理由の一端もここにある。

マルクスの態度を分かり難くしているのは、『資本論』で採用されている以下のような屈折した方法である。マルクスは、単純商品生産社会ではなく、資本主義社会を研究の対象とすべきだと主張したが、資本主義的生産関係（資本-賃労働関係）をそのまま叙述の端緒に据えようとはしなかった。すなわち、資本主義的生産関係（資本-賃労働関係）を説くのに先立って、生産（と消費）を捨象した商品・貨幣論を展開したのである。『資本論』の冒頭商品論では、商品がどのような生産関係のもとで生産されたかは捨象されている。

すでに、マルクスは、先に見た『原初稿』のスミス批判のあとで、「交換価値が単純な出発点として表層 Oberfläche に現われ、単純流通 einfachen Circulation［sic］のなかでくりひろげられる交換過程が、単純ではあるが生産と消費との全体を包括する社会的物質代謝として現われるためには、ブルジョア的生産の全体制が前提となっている」（Marx 1858-61: 52, 訳一一八）と総括したうえで、「ところが、このような諸関係は、単純流通の立場からは消えてしまっている」と述べていた。ここで、「単純流通 einfachen Circulation」とは、生産関係が捨象された「表層 Oberfläche」のことを指す。マルクスによれば、全面的な交換過程は、単純商品生産ではなくブルジョア的生産（資本主義的生産）を前提するが、その生産関係は、交換過程では捨象されるという。このような認識から、マルクスは、『資本論』では、商品・貨幣論を単純流通――『資本論』においては、「単純な商品流通 einfache(n) Warenzirkulation」（K I: 128）、あるいは、たんに「商品流通 Warenzirkulation」（K I: 125）と呼ばれる――として説くようになったものと推察される[33]。

冒頭商品から生産関係が捨象されるのと並行して、交換の対象は、必要か、奢侈か、さらには、生産手段か、といった問いは当然にも排除されることになった。『資本論』の冒頭部分で、商品の使用価値を説明する際に、このことははっきりと述べられている。

> 商品は、まず第一に、外的対象であり、その諸属性によって人間の何らかの種類の欲求 Bedürfnisse を満足させる物である。この欲求の性質は、それが例えば胃袋から生じようと空想から生じようと、少しも事柄を変えるものではない。ここではまた、物がどのようにして人間の欲望を満足させるか、直接に生活手段として、すなわち、受用の対象としてか、それとも、回り道をして、生産手段としてかということも、問題ではない。（K I: 49）

もっとも、このように述べているからといって、必要と奢侈の区別がマルクスにとってどうでもよいものであったわけではない[34]。それどころか、剰余価値論において「労働力の所持者の維持に必要な notwendigen 生活手段の価値」（K I：185）を超えるものとして剰余価値を規定していることからも分かるように、マルクスにとっては必要はきわめて重要な概念であった。マルクスは、必要から奢侈までを連続的なものと捉えるような相対的な見方を採ってはいない。マルクスは、必要と奢侈の区別を否定したというよりも、この区別を欲求と欲望といった情念の相違から説明するのではなく、階級関係を通じて形成される歴史的な産物として捉え返したと見るべきであろう。[35] このようにマルクスにおける必要と奢侈の区別が資本-賃労働関係を前提としているとすれば、資本-賃労働関係が捨象される冒頭商品論ではこの区別は捨象されざるをえない。同様に、生産手段と生活手段（消費手段）の区別も排除されることは言うまでもない。

(2) 単純流通論の限界

単純流通の「単純な einfach」が意味しているのは、流通からの生産と消費の捨象だけではない。マルクスによれば、単純流通は、資本の流通形式G—W—G′に対して、より単純な、あるいは、より直接的な流通形式W—G—Wであるという意味も含んでいる。[36] したがって、商品・貨幣論を単純流通論として説くことは、同時に、流通形式W—G—Wによって商品と貨幣を把握することでもある。ここで重要なのは、全面的な交換過程を把握するためには、単純商品生産ではなく、ブルジョア的生産（資本主義的生産）が前提されなければならないが、生産関係が捨象された商品・貨幣論における単純流通W—G—Wは、単純商品生産における流通形式と同型であるということである。『資本論』の交換過程論の叙述とスミスの必要交換論との奇妙な符合はこのことに由来する。しかしながら、商品・貨幣論が単純流通W—G—Wとして説かれねばならないというのは決して自明なことではない。

言うまでもなく、資本主義的生産から生産関係を捨象したからといって、単純流通W—G—Wが直接に得られるわけではない。『資本論』第一巻第二篇「貨幣の資本への転化」で明らかにされるように、資本の流通形式は、W—G—WではなくG—W—G′である。したがって、第一篇「商品と貨幣」を単純流通として展開することに妥当性があるとすれば、資本の一般的定式G—W—G′の基礎である、あるいは、単純流通W—G—Wの発展したものが資本の一般的定式G—W—G′であるという点にその根拠が求められねばなるまい。[37] じっさい、マルクスも「貨幣の資本への転化」の冒頭で「〔単純〕商品流通は資本の出発点である」(K I: 161)と述べている。また、『批判』では、「循環G—W—Gは、貨幣と商品という形態のもとに、いっそう発展した生産諸関係をひそめているのであって、単純流通の内部では、いっそう高度の運動の反映であるにすぎない」(Kr: 102)とも述べている。しかしながら、「貨幣の資本への転化」の展開を見るかぎり、このような理由に基づいて単純流通から資本の一般的定式を説き起こすことには大きな問題があると言わねばならない。

マルクスは、第二篇「貨幣の資本への転化」において、まず、第一篇「商品と貨幣」で論じてきた単純流通W—G—WにG—W—Gを外面的に対置する。そして、導入したG—W—Gが「無内容 inhaltslos」(K I: S. 162)であると断じ、「その両極がどちらも貨幣なのだから両極の質的な相違によってではなく、ただ両極の量的な相違によってのみ内容 Inhalt をもつ」(K I: 165)と述べて、G—W—G′に書き換える。このG—W—G′に対し、「商品交換に内在する諸法則」、すなわち、等価交換のもとでは、価値増殖は不可能であるとして、矛盾を設定する。そのうえで、「価値の源泉であるという独特な性質をその使用価値そのものがもっているような一商品」(K I: 181)、労働力商品を導入することによって、この矛盾を解決する。

このような「貨幣の資本への転化」の展開から分かるのは、次のことである。資本の一般的定式G—W—G′は単純流通W—G—Wからは決して導出されておらず、むしろ、単純流通W—G—Wと対立するものとして捉えられている。また、資本の一般的定式G—W—G′は単純流通W—G—Wの法則のもとでは、不可能だとされている。

単純流通W—G—Wから資本の一般的定式G—W—G′への展開は連続的なものではなく、むしろ、両者の間には、決定的な断絶が横たわっているのである。

マルクスは、労働力商品を導入することで、単純流通W—G—Wと資本の一般的定式G—W—G′の断絶が埋められ、前者から後者に転化することができると考えた。しかしながら、労働力商品の導入は、この転化という課題に応えるものではない。労働力商品が架橋するのは、可能だが無内容なG—W—Gと内容をもつが不可能なG—W—G′とのギャップであり、それによって、単純流通W—G—WとG—W—Gとの、したがって、資本の一般的定式G—W—G′との断絶を埋めることはできない。「貨幣の資本への転化」の課題と解答との間には明らかなずれがある。こうした難点を考慮するならば、資本の一般的定式G—W—G′の基礎であるという理由で、単純流通W—G—Wによって商品論をはじめることに対して根本的な疑念を抱かざるをえない。

問題はこれだけではない。マルクス自身が『原初稿』で指摘しているように、単純流通と単純商品生産社会とは、実は、相即不離の関係にある。

> 流通の立場からすれば、他人の諸商品、したがって他人の労働が領有されうるのは、自分の商品、自分の労働の譲渡によってのみであるから、流通の立場からすれば、流通に先行する商品の領有過程が労働による領有として現象するのは必然的である。（Marx 1858-61：48, 訳一〇九）

『原初稿』のこの節が「単純流通における領有法則の現象」と題されていることからも分かるように、この文章は単純流通の立場から見た領有法則について論じたものである。マルクスによれば、単純流通の立場から見れば、商品の領有は自己の「労働による領有」として現われるという。むろん、領有法則の「現象 Erscheinung」

（Marx 1858-61: 47, 訳一〇六）と題されていることからも分かるように、商品所持者が実際にどのようにして領有したのかが、ここで問題になっているわけではない。マルクスは、「彼らがどのようにしてそれらの商品の所有者になったのか、その過程は単純流通の背後で進行しており、流通が始まる前に消えてしまっている」（Marx 1858-61: 48, 訳一〇九）と述べている。それにもかかわらず、あるいは、それがゆえに、単純流通のもとでは、商品の領有は「労働による領有」として現象する。難解な論理ではあるが、いずれにせよ、ここで述べられているのは、冒頭商品論を単純流通論として展開するかぎり、「労働による領有」という現象は「必然的」であり、したがって、単純商品生産という現象は不可避的であるということである(38)。しかしながら、マルクスの言う通りだとすると、単純流通論として冒頭商品論を論じることは、前節で見たスミス批判の有効性を損なうことになりはしないだろうか。

　この点について、マルクスは、単純流通が単純商品生産社会を前提するということを主張しているのではなく、スミスを含めたブルジョア理論家たちが単純商品生産社会という「現象」に囚われていることを批判しているのだと解釈する向きもあろう(39)。しかし、この「現象」論は、スミスに対するイデオロギー批判としては有効だとしても、マルクス自身が、単純流通論として冒頭商品論を展開すべきだという積極的な理由にはならない。右で見たように、単純流通が資本の一般的定式の基礎でないとすれば、むしろ、そのような「現象」が生じる見地は採るべきではないということになる(40)。

(3)　余剰の交換——ロック再考

　マルクスは、スミスの必要交換論の背後に単純商品生産社会が想定されていると非難したが、その一方で、『資本論』冒頭商品論においては、スミスと同型の流通形式、すなわち、単純流通W—G—Wを採用した。これまでの検討を通じて明らかになったのは、単純流通は、単純商品生産社会批判とは合致せず、それどころか、批判の有効性を毀損することにもなりかねないということである。

ところで、マルクスは、スミスの必要交換論を批判したが、他方、ロックやヒュームの奢侈交換論についてはほとんど触れていない。生産とともに消費の問題を冒頭商品論から捨象するマルクスの方法からすれば、このことは当然とも言える。必要交換論と奢侈交換論の争点は、交換の目的であるWが必要か奢侈かという点であり、冒頭商品論から消費の問題が排除されてしまえば、両者の対立はほとんど意味をなさなくなる。また、形式的には、奢侈交換論も必要交換論と同じW—G—Wを描くのだから、冒頭商品論を単純流通論として説くマルクスの目に、両者の相違が重要なものと映らなかったとしても不思議ではない。事実、マルクスはヒュームを貨幣数量説の代表者と見なしており、したがって、ヒュームには流通をW—G—Wとして捉える傾向が顕著であったと見ているのである。[41]

しかしながら、他方で、マルクスは、「最も発達したブルジョア的経済においてさえ、流通手段としての金銀の機能とは違った、また他のすべての商品に対立した、貨幣としての金銀の特有な諸機能は、揚棄されないで、ただ制限されるだけであって、それゆえにまた重金主義と重商主義とはその権利を保持するのである」(Kr：134) と述べ、重商(重金)主義の貨幣把握の独自性を認めている。マルクスによれば、「金銀すなわち貨幣を唯一の富である、と宣言した」(Kr：133) 重商(重金)主義は、貨幣としての貨幣——蓄蔵貨幣の形成、支払手段、世界貨幣——を重視する立場をとるとされるが、このこととロックとヒュームを貨幣数量説として解釈することとは表面的には食い違っているように見える。なぜなら、貨幣を富と見る重商(重金)主義とは対照的に、古典派経済学に代表的に見出される貨幣数量説においては、「商品流通がもっぱらW—G—Wの形態で、この形態がまたもっぱら販売と購買との過程的統一という規定性で把握されるように、貨幣は、貨幣としてのその形態規定性に対立して、流通手段としてのその形態規定性において主張される」（Kr：136）とマルクスは述べているからである。したがって、マルクスの解釈に従えば、重商主義のなかには、二つの対立する貨幣観、すなわち、貨幣を富と捉える重商（重金）主義固有の貨幣理解と、流通を単純流通W―G―Wに解消する古典派的な貨幣数量説とが共存していることになる[42]。

もっとも、ヒュームの場合、貨幣は交換を円滑にするための「油 oil」（Hume 1752：309, 訳三三）にすぎないと明確に述べており、したがって、貨幣を富と見る古い重商（重金）主義の貨幣観からはもはや脱却していたと解すべきだろう。じっさい、論考「貿易差額について」では、正金の自動調節機構（貨幣数量説）が説かれ、重商主義の貿易差額論が明確に否定されている。ヒュームは、国力が貨幣量の多寡に依存するという重商主義的な見方を拒絶し、奢侈が欲望を刺激して余剰を生産する能力を高める点を重視した[43]。一方、ロックは、ヒュームのように貨幣と奢侈をはっきりとは区別しておらず、したがって、貨幣を奢侈を手に入れるためのたんなる手段だとは見ていない。このことは、ヒュームを奢侈論の完成者として評価する立場からすると、たんなる混乱と映るだろうが、見方を変えれば、そこには、ロック独自の貨幣観が現われているとも言えるのである[44]。

そもそも、ロックが、奢侈のない世界では、交換が行き詰まると考えた理由には、腐敗による制約の問題があった。ロックによれば、腐敗による制約とは、自然法が無駄や浪費を禁ずるということであるが[45]、その意味するところは、奢侈のない世界では余剰を貯蔵することが原理的に不可能であるということである。この見方の背後には、必要／奢侈の区別を耐久性のないもの／あるものの区別と重ねるロックに特有の観点がある。ロックによれば、貯蔵可能な耐久性のあるものが奢侈であり、それゆえ、奢侈のある世界において、はじめて余剰が腐敗の制約から免れることができるのである[46]。

このように見ると、何故ロックが貨幣と奢侈を区別しなかったのかが分かってくる。ロックは、ヒュームのように「生活上の装飾 ornament と快楽 pleasure とに役立つ財貨」（Hume 1752：302, 訳二二三）が奢侈だとは考えなかった。ロックの奢侈概念は必要を超える余剰という原義にきわめて忠実なものである。すなわち、必要を超える余剰の貯蔵可能な形態がロックの奢侈である。(47)「もし彼が、一週間もすれば腐ってしまうプラムを、優に一年間は食べられる木の実と交換したならば、彼は何の権利侵害も犯さなかったことになる」（Locke 1689：138, 訳二二六）と述べていることからも分かるように、ヒュームであれば、必要と考えるであろう木の実（食料）も、ロックにとっては、貯蔵可能な余剰という意味で、奢侈なのである。

ヒュームとロックは、同じく奢侈交換論を展開しているとは言え、詳細に見てみると、その内容はかなり異なっている。ヒュームの交換論は、必要を超える余剰を「生活上の装飾と快楽とに役立つ財貨」である奢侈と交換する――貨幣はその媒介（潤滑油）にすぎない――のだから、文字通りの意味での奢侈交換論である。他方、ロックの場合、腐敗しやすい貯蔵不可能な余剰を耐久性のある貯蔵可能な余剰と交換する。ロックの交換論は、余剰と余剰の交換であり、正確には、奢侈交換論というよりも、余剰交換論と呼ばれるべきものである。ロックは、このような耐久性のある貯蔵可能な余剰の典型が金・銀、すなわち、貨幣であると考えた。したがって、ロックが貨幣数量説を唱えていたか否かは措くとしても、(48)ロックにとって、貨幣が商品交換のたんなる媒介以上のものであったことは間違いない。ロックは、貨幣のもつ貯蔵可能性を重要視しているのである。もっとも、ロックの場合、余剰生産物の腐敗と貨幣の耐久性を強調しすぎたために、余剰の貯蔵可能性がもっぱら貨幣に帰属せしめられている。しかしながら、腐敗性／耐久性という素材上の属性に問題を解消してしまうべきではない。ロックのそもそもの意図からすれば、消費の限界を超える余剰は無用の余りであり、交換に投ずることができなければ、腐敗しようとしまいと無駄になってしまうことには変わりはないはずである。ロックの余剰交換論の意義は、貨幣の貯蔵可能性以前に、本来は無駄という否定的な意味しかもたない余り物を肯定的な余剰に転化させる機制と

しての交換に着目する点にこそある。(49)

このようなロックに通じる視角は、マルクスのなかにもないわけではない。とりわけ、貨幣の貯蔵可能性にマルクスが強い関心を抱いていたことは、様々なところから看て取れる。例えば、マルクスは、『批判』貨幣章に「貴金属」という一項目をわざわざ設け、「耐久性、相対的に破壊しにくいこと、空気に触れて酸化しないこと、金の場合はとくに王水以外の酸には溶解しない性質」(Kr: 126) が貴金属を蓄蔵手段に相応しいものにすると指摘している。また、『資本論』第一巻第三章第三節a「蓄蔵貨幣の形成」では、重商主義の貨幣観を一定程度評価しつつ、W—G—Wのたんなる媒介としてではなく、「自己目的」(K I: 144) として、蓄蔵貨幣が積極的に形成されることを強調しているのである。マルクスは、ロックを意識してのことではないにせよ、ロックが考えようとした問題を十分認識している。

しかしながら、マルクスは、この視点を十分に掘り下げることができなかった。このことは、マルクスが冒頭商品論を単純流通W—G—Wとして展開したことと密接に関連している。W—G—Wが商品流通の常態だとすれば、貨幣Gの滞留は商品流通の一時的な中断としてしかありえない。流通における貨幣を「自己目的」として捉えることは、冒頭商品論を単純流通W—G—Wとして展開する方法とは真っ向から対立する。マルクスは、ロック的な視角と単純流通論との間を揺れ動いているが、最終的には、後者を『資本論』の本流に位置づけ、前者を周辺的な問題として排除する。すなわち、「商品の命がけの飛躍」(K I: 120) の失敗や販売のあとに直ちに購買が続かない場合の「休止点」(K I: 127) は、『資本論』では、純粋な考察のためには「正常な進行」(K I: 122) を前提にしなければならないという理由で、アノマリーであるとされ、蓄蔵貨幣も「未開の単純な商品所持者」(K I: 147) にとっての富の形態であるとして歴史の彼方へと追いやられることになったのである。

すでに見たように、マルクスの単純流通論——ヒューム、スミスいずれの交換論とも形式的には共通する——

は、資本の把握に無視しえぬ困難をもたらす。単純流通W―G―Wを前提するかぎり、必要にせよ、奢侈にせよ、自分のための使用価値を最終目的にしてしか交換は行われないという市場についてのきわめて限定された見方に行き着くからである。この狭い見方にとどまるならば、使用価値の獲得ではなく、価値の増殖を目的とするような資本の運動は、市場にとって、非本来的な、あるいは、顚倒したものとして現われざるをえないだろう。マルクスは、『原初稿』において、W―G―Wを「自然的かつ理性的形式」(Marx 1858-61: 74, 訳一六二)と見なし、G―W―Gを「反自然的で目的に反するもの」と決めつけているという廉でアリストテレスを糾弾しているが、単純流通論を採るかぎり、マルクス自身にもこの批判は妥当してしまう。

単純流通論は、商品交換を余剰を自分にとっての必要(あるいは奢侈)と交換とするものと見なす。これに対し、ロックは、腐敗という不十分な論理を用いながらも、否定的なものにすぎない余り物が肯定的な余剰に転換されるところに交換の意味を見出した。この立場は、市場の出発点において、すでに資本の萌芽が埋め込まれていると見ることにつながる。市場は、スミスらが考えるように、たんなる使用価値の獲得を目指して発展してきたわけではない。必要に対する欲求でも余剰に対する欲望でもなく、余剰を貯蔵可能な形態で保持し、できうるならば、余剰を増やそうとする「欲動 Trieb」(K I: 147, 247)こそが資本主義的市場の基底をなしているのである。(50)

〈補論〉宇野弘蔵の冒頭商品論

『資本論』第一巻第一篇「商品と貨幣」に登場する商品を冒頭商品と言う。この冒頭商品について、マルクス派においては、E・ベーム゠バヴェルクとR・ヒルファディングの転形問題を巡る古典的論争以来、前資本主義的な単純商品生産社会における商品、すなわち、単純商品であるとする見解が長らく支配的であった[51]。この通説に対し、宇野弘蔵は、第二次大戦後の早い時期において、「資本家のいない商品経済の社会（単純商品生産社会）…というものは、たんなる空想の産物にほかならない」（宇野 1947：210）と批判し、冒頭商品は資本主義的商品であるべきだと主張した。他方で宇野は、冒頭商品は「資本家的関係を捨象した抽象的なるもの」（宇野 1947：214）であるとも述べ、後に流通形態論として結実することになる視角を示した[52]。

宇野は、単純商品生産社会を想定し、冒頭商品を単純商品と見なす通説を批判しただけではない。同時に、資本主義的商品から生産関係を捨象した商品形態は単純商品と共通性をもつとも主張した[53]。一見したところ、この共通性の指摘は、単純商品説に対する宇野の批判と矛盾しているように見える[54]。この点が後に宇野学派を二分する論争の火種となったのも故なしとしない[55]。

この点を考えるとき、宇野が冒頭商品＝単純商品説を批判した際の単純商品と、資本主義的商品から生産関係を捨象した商品形態との共通性が指摘される単純商品とでは、同じ単純商品という語が用いられているとはいえ、その含意が大きく異なっていることに注意しておく必要がある。宇野の批判対象としての単純商品は、精確に言えば、単純商品生産社会における商品であり、生産手段を所持し、自らの労働によって生産を行う独立生産者が相互に生産物を交換し合う社会における商品である。このような単純商品生産社会を想定することを宇野は「理論的ユートピア」（宇野 1950–52：56）であるとしてその空想性を批判した[56]。これに対し、宇野が冒頭商品との共通性を指摘した単純商品は、実在した「歴史的単純商品」（宇野編 1967：195）であり、例えば、古代における奴隷の生産した商品や中世における農民が生産した商品を指す。このように宇野は、単純商品という語を二つの異なる意味において用いているのである。

冒頭商品＝単純商品説の批判と、冒頭商品と（歴史的）単純商品の共通性の指摘が矛盾するという批判は、両者の違いを看過したものであり、したがって、宇野の主張は必ずしも矛盾していないとひとまずは言えようが、そのうえで問題となるのは、両者がその相違にもかかわらず、単純商品という同じ語で括られるのは何故かということである。これについては、次の宇野の言葉が手掛かりとなる。

ここ〔生産関係の捨象〕でいわゆる「歴史的単純商品」をとると、それはすでに抽象的な生産関係を想定することになる。この生産関係は時に単純商品の生産関係ともいわれているが、単純商品にそういう抽象的な生産関係があるわけではない。したがって多くの場合、そこでは直接の生産者が生産手段を所有して生産する、いわゆる独立の小生産者が想定されることになり、かえって商品形態の抽象的規定が困難になる。（宇野編 1967：195）

宇野の考えでは、歴史的単純商品から生産関係を捨象した場合、生産関係を完全に捨象することはできず、抽象的な生産関係が残らざるをえない。この抽象的な生産関係、すなわち、「単純商品の生産関係」は、単純商品生産社会の想定に容易に結びつく。おそらくは、この結びつきが単純商品生産社会における商品と歴史的単純商品を同じ語で表わす根拠をなしていると考えられるが、宇野は単純商品生産社会を想定することを批判する立場から、歴史的単純商品から出発することを否定する。宇野が採ったのは、歴史的単純商品ではなく、資本主義的商品を抽象することによって、単純商品生産社会の想定へと繋がる回路を遮断すると同時に、そうして得られた商品形態が歴史的単純商品と共通性をもつことを指摘するという二段構えの方法であった(57)。

宇野のこの方法は、それ自体としては一貫してはいるが、本書の立場からすれば、二つの点で疑問の余地がある。第一に、宇野が「歴史的単純商品」と呼ぶ、「古代社会、中世社会の商品」（宇野 1963：13）についての解釈である。宇野は、歴史的単純商品から生産関係を捨象して得られる流通形式を単純流通W—G—W′として理解している。この理解から、「W—G—W′では、W以前とW′以後とが不明なままにあり、W′がWといかなる関係にあるかはあきらかにならし」(宇野 1950-52：54)ず、したがって、「古代社会、中世社会の商品」からの抽象が抽象的な生産関係の想定、さらには、単純商品生産社会の想定に結びつくという宇野独特の論法が生じる。しかし、「古代社会、中世社会の商品」が、社会の内部から出てくるとするならばともかく、宇野のように「社会と社会との接するところ」(宇野 1953：14)に生じると考えるかぎり、その流通形式をW—G—W′として把握することは適当ではなく、また、「古代社会、中世社会の商品」を単純商品と呼ぶことも同様に妥当性を欠く。

第二に、本章でマルクスについて述べたこととも重なるが、冒頭商品が資本主義的商品から抽象されることを強調するにもかかわらず、その流通形態論を単純流通W—G—W′に基づいて展開している点である。資本主義的商品から抽象された冒頭商品は、流通形態としては、歴史的単純商品(古代社会、中世社会の商品)と共通性をもつという宇野の主張は、ここから引き出されている。われわれも宇野による共通性の指摘そのものは重要であると評価するが、しかし、それを単純流通W—G—W′の形式によって把握すべきではないと考える。次章で見るように、単純流通W—G—W′から出発することは、宇野が自らの流通形態論の導きの糸として高く評価した「商品交換は、共同体の果てるところ、共同体が他の共同体またはその成員と接触する点で、始まる」(K I：102)というマルクスの洞察を損なうことに帰着するのである。[58]

注

(1) 主流派経済学における財の稀少性が欲求の無限性＝非飽和性を前提としていることを想起せよ。

(2) K・ポラニーは、アリストテレスについて「人間はほかの動物同様、本来自給自足的なものである、というのがアリストテレスの描く像であった。したがって、人間の経済は人間の欲求 wants や必要 needs の無限性——今日の用語でいえば、稀少性の事実——から派生するものではなかったのである」（Polanyi et al. eds. 1957：66, 訳一八八）と述べている。また、N・クセノスも、アリストテレスを含めた古代ギリシア人にとって「必然性と欲求 need は、自然と正義が定めた限界の中におさまるものであった」（Xenos 1989：3，訳五）として、同様の見方を示している。こうした解釈が正しいとすると、欲求を有限なものとする見方は、一七・八世紀の思想家たちに固有のものではなく、むしろ、古代ギリシアにその淵源をもつ西欧の伝統的な欲求観であると言うべきかもしれない。

（3）この新たな欲求——奢侈に対する欲望——の勃興とそれに伴う社会変化についてはSombart（1912：Kap. 4）を参照。

（4）一七・八世紀における奢侈を巡る論争については、森村（1993：第三部第一章）、Berry（1994：chap. 6）、米田（2005：第八章）を参照。

（5）奢侈に対する否定的立場を代表する論者としては『人間不平等起源論』を書いたフランスのルソーが直ちに想起されるが、こうした否定的態度は、マキャヴェッリ的な「徳 virtù」を重視する「市民的人文主義 civic humanism」（Pocock 1975）という、一七・八世紀ヨーロッパの思想的潮流からすれば、むしろ当然であった。「私悪」が「公益」であるという逆説によって、奢侈をアクロバティックに肯定してみせたマンデヴィルの方が、当時としては異端であったと言えよう。

（6）今日では、needs という概念もまた「必要 necessities」に対する欲求という本来の意味が薄められていることに注意する必要がある。Illich（1992）を参照。

（7）マンデヴィルは、次のように述べて奢侈についての相対的な見方を示しているが、それは当時の常識では決してなく、むしろ、常識に対する挑戦であったことに注意すべきである。「人間を生き物として存続させるのに直接必要 immediately necessary でないものはすべて奢侈 Luxury であるとすれば（厳密にはそうであるべきだ）、世の中には、裸の未開人にあってさえ、奢侈のほかにはなにも見出すことができない」（Mandeville 1714：107, 訳一〇一）。

（8）Locke（1689：133, 訳二一九）参照。この邦訳では、want は欲求ではなく、「窮乏」（訳二一七）と訳されており、奢侈に対する「欲望 desire」との区別がより明確にされているが、他方で、両者の対照性は見えにくくなっている。なお、当時のすべての論者が、二つの情念を欲求 want と欲望 desire という用語で区別していたわけではないが、内容上の区別は概ねなされていたと言ってよい。

（9）Hobbes（1642：6, 訳八）。もっとも、ホッブズの欲求／欲望についての説明は、『市民論』と『リヴァイアサン』とでは異なっている。この点については、Strauss（1936：chap. II）参照。

(10) Rousseau (1754：182-183, 訳一六七～一六八)。ルソーの自尊心と自愛心については、内田 (1971：125-126) も参照。

(11) A・コジェーヴによる「動物的欲望」と「人間的欲望」の区別も参照されたい。コジェーヴは一九世紀初頭に書かれたヘーゲルの『精神現象学』のなかに、この区別を見出している。彼の解釈によれば、「動物的欲望」は自然的対象に向かうのに対し、「人間的欲望」は「非自然的な対象、所与の実在を超えた何ものか」(Kojève 1947：12, 訳一三) に、したがって、「他者の欲望」に向かう。コジェーヴのヘーゲル解釈の当否はともかくとしても、「人間的欲望」についての解説は、奢侈に対する欲望を理解するうえで示唆に富む。

(12) ロックは、所有権に対し有名な「ロック的但し書き Proviso」――「少なくとも、共有物として他人にも十分な善きものが残されている場合には」(Locke 1689：128, 訳二一二) ――を付帯したが、その他に所有権を制限するものとして腐敗による制約を挙げている。「人は誰でも、腐敗する前に、自分の生活の便益のために利用しうる限りのものについては自らの労働によって所有権を定めてもよい。しかし、それを超えるものはすべて彼の分け前以上のものであり、他者に属する」(Locke 1689：130, 訳二一五)。

(13) ロックは、奢侈品における腐敗の制約の解除を次のように指摘している。「彼は、それら〔貴金属やダイヤモンドのような〕耐久性のあるものを好きなだけ蓄積 heap up しても構わないのである。なぜなら、彼の正当な所有権の限界を超えたかどうかは、彼の所有物の大きさいかんにあるのではなく、そのなかの何かが無駄に腐ってしまったかどうかにあるからである」(Locke 1689：138, 訳二二六)。

(14) Hume (1752) の初版 (H版) から一七五八年版 (M版) まで「奢侈について Of luxury」と題されていた論考は、その後、「技術における洗練について Of refinement in the arts」と改題された。訳書二〇頁訳注(1)参照。

(15) ステュアートも同様に奢侈が勤労 industry を高めると考えているが、為政者の役割を重視している点にヒュームとの違いがある。小林 (1973：172) 参照。

(16) 「もし、彼らの熟練と勤労が増大すれば、彼らを維持するに足る以上の多くの余剰 superfluity が彼らの労働から生ずるに違いない。この結果、彼らには熟練と勤労とを〔さらに〕増大しようとする誘因がなくなる。なぜなら、彼らは右の剰余生産物を、自分たちの快楽ないし虚飾に役立ちうる財貨と交換することがまったくできないからである」(Hume 1752：285, 訳一〇～一一)。

(17) とくに、Smith (1754：I, iii, 2) を参照。また、『道徳感情論』では、奢侈の及ぼす影響についてのヒュームによく似た議論――ストア主義的色彩を帯びてはいるが――も展開されている (Smith 1754：IV, 1)。また、ルソーがスミスの

『道徳感情論』に与えた影響については、内田（1971：104-163）に詳しい。

(18) スミスは、奢侈品 luxury を富から除外する――もっとも、第一篇第五章や第二篇第二章などでは、「娯楽品 amusements」を富に含めている――一方で、「必需品 necessaries」に加えて、「便益品 conveniences」を国富のなかに含めた。このことは、スミスが必要（必需）と奢侈の単純な二分法をとっていないことを示唆している。すぐ後で述べるように、スミスは、奢侈ではなく必要に基づく交換論を展開したのだが、その場合の必要の範囲は、時代や場所によって変わりうる弾力的なものである。スミスにとって、必要とは、最低限度の生活必需品 subsistence だけを指すものではなく、「便益品 conveniences」を含めたより広い概念であった。なお、スミスと同様に、必要と奢侈の間に「便宜」の領域を設けている論者として一八世紀フランスの経済学者F・フォルボネがあげられる。フォルボネについて、米田昇平は次のように指摘している。「彼〔フォルボネ〕は奢侈的衝動に含まれる顕示性などの自己保存とは無縁の非合理的要素をできるだけ排除し、奢侈を境遇の待遇欲求という、いわば経済合理性の枠内に取り込もうとしたといえよう」（米田 2005：191）。

(19) 大内力は、無限の物質的欲望の前提が古典派経済学（スミス）とマルクスの第一の公準をなすと述べているが、この解釈は必要（必需）に対する欲求と奢侈に対する欲望の区別を看過している。大内力（1974：4）参照。スミスは、「食物〔のような必需品〕に対する欲望は、誰でもその胃の腑の容量に限りがあり、それに制限される」のに対し、「建物、衣服、馬車一式、家具什器等の便益品や装飾品に関する欲望には、一定の限度もなければ限界もない」（Smith 1776：181，訳I-二七四）と明確に述べており、また、便益品や装飾品（奢侈品）に関する欲望は、もっぱら「富んだ人 the rich」、すなわち、地主に関連づけられている。スミスにおいても、国民の大多数を占める「貧しい人 the poor」は、食物に対する有限の欲望の充足を求めて行動するとされている。

(20) 主流派経済学のいわゆる厚生経済学の第一定理では、競争均衡における財の交換は、交換を行う前に比べてパレート改善的であるとされるが、この定理が効用関数の局所非飽和性を前提としていることに注意する必要がある。厚生経済学の第一定理は、しばしばスミスの「見えざる手」の数学的表現として解釈されてきたが、スミスが欲求の有限性を認めていたとするならば、この解釈は適当でないことになる。

(21) 玉野井芳郎は、スミスの「必需品および便益品」が「国民の生活にとって死活的重要性をもつ」（玉野井 1978：107）ものであると指摘している。

(22) Smith（1776：27-28，訳I-二七～二八）参照。もっとも、論理的に言えば、自給自足から交換に基づく社会的分業を連続的に導出することはできない。両者の間には「生存の危機」という深く広い裂け目が横たわっており、前者から後者へ移行するためには、何らかの外的強制が必要である。詳しくは、次章第二節(2)を参照。

(23) ヒュームは、必要だけの世界では、「自ずから安逸の風習が広まるに至る」（Hume 1752：285, 訳一一）と述べている。

(24) 「生産的労働者も不生産的労働者も、また全然労働しない人たちも、すべてその国の土地と労働の年々の生産物によって等しく維持されている。この生産物は、たとえどんなに大きくても、決して無限ではありえず、必ず一定の限界をもっている」（Smith 1776：332, 訳Ⅰ-五一九）。

(25) 注18でも指摘したように、スミスは必ずしも必要に対する個々人の欲求が万古不易だと考えていたわけではない。次のように述べるスミスは、必要の弾力性を十分認識している。「私が必需品-必要 necessaries という場合、それは、生活を維持するために必要不可欠の財貨だけではなく、その国の習慣からして、たとえ最下層の人々でも、それがなければまともな人間としては見苦しいようなものすべてを含む」（Smith 1776：869-870, 訳Ⅲ-二九八）。

(26) このような考えは、スミスの資本蓄積論（『国富論』第二編第三章）に示されているが、ここで、その内容を概観しておこう。スミスによれば、「資本の蓄積と土地の占有」（Smith 1776：65, 訳Ⅰ-八〇）のある社会では、土地と労働の生産物は、賃金と利潤と地代とに分かれる。説明の簡単化のために、いま地代を措くとすると、生産力の上昇による生産物の増加は、利潤を増加させる。ところが、資本の所有者の利潤追求がもっぱら必要に対する欲求によって駆動されているとすると、必要が満たされれば、さらなる利潤を得ようとする積極的な理由はなくなる。こうした理由から、奢侈交換論に立つステュアートは、勤労の繁栄のためには、フリー・ハンズの労働や奉仕を雇い入れる「洗練や奢侈に対する富者の好み」（Steuart 1752：I-44, 訳第一・二編-三一）——本書の言い方では、奢侈に対する欲望——が不可欠だと説いた。これに対し、スミスは、奢侈の消費は不生産的労働の雇用を意味するのであって、富の増進には寄与しないと主張する。利潤が不生産的労働ではなく、生産的労働に向けられる場合に、資本は増加し、その結果として、国の富が増大する。言い換えれば、資本の所有者が、奢侈に対する欲望に囚われて「浪費 prodigality」に耽ることなく「節約 parsimony」（Smith 1776：337, 訳Ⅰ-五二八）し、生産的労働者を雇用する資本（賃金部分）を利潤から追加することによって国富は増大するのである。なお、スミスには、余剰の捌け口理論と呼ばれる独特の外国貿易論があるが、このことから、国内市場を必要交換論として、外国貿易を奢侈交換論として、理論化したと見る向きもあるかもしれない。しかし、スミスは、「外国貿易は、自国の余剰物資を輸出して他国の物資と交換し、それによって自国民の欲求 want の一部を満たし享楽を増大させる」（Smith 1776：446, 訳Ⅱ-一〇六）と言っており、外国貿易も基本的に必要交換論によって理解している。スミスの余剰の捌け口理論については、Hollander（1973：chap. 9）、森田（1997：46-48）も参照。

(27) A・ハーシュマンは、「アダム・スミスが彼以前の論者より遥かに「人類の大部分を占める民衆great mob of mankind」、すなわち平均的な人間の行動に感心があった」（Hirschman 1977 : 111, 訳一一二）ために、『国富論』では、ルソーの「自尊心（虚栄心）amour-propre」の問題が捨象されるようになったのだと指摘している。この視点の移行は、一七六〇年代の穀物取引論争、すなわち、生存に必要な穀物を自由な市場の取引に委ねてよいか否か、という論争とも密接に関連しているように思われる。I・ホントとM・イグナティエフによれば、スミス以前には「当時のヨーロッパにおける周期的な食糧不足やさらには飢饉、不完全雇用の遍在を前提とすれば、経済学者を自負する人々までもが、労働貧民の生活資料は、飢饉に備えて十分な備えを確保し、穀価高騰の年でも生活資料の価格を規制するための、為政者や中央当局による穀物市場の「統制」によってのみ守られうると考えたのは当然であった」（Hont and Ignatieff eds. 1983 : 13, 訳一六）という。必要の領域を完全に市場に委ねてしまうことには、大きな抵抗があったのである。これに対し、スミスは、「もし労働市場と食糧品市場がうるさい干渉から自由になれば、労働の価格と食糧品の価格は長期的には労働貧民が決して飢えないですむように均衡するであろう」（Hont and Ignatieff eds. 1983 : 14, 訳一六〜一七）と考えた。このスミスの考えは、当時の常識とは程遠く、きわめてスキャンダラスなものであったことに注意する必要がある。

(28) このことは、「商業のための生産物」として現われる場合の例として、「近代的工場」の賃労働者をあげていることから見ても明らかである。「近代的工場、例えば、綿布工場で働く一人の労働者を例にとってみよう。彼が交換価値をまったく生産しなかったとすれば、彼はおよそ何も生産しなかったことになろう。なぜなら、彼が手を触れて「これは私の生産物だ」と言うことができるような、手につかめるような使用価値は、何一つないからである」（Marx 1858-61 : 52, 訳一一七）。また、『直接的生産過程の諸結果』（以下『諸結果』）では、資本主義的生産の基礎のうえで、はじめて、すべての生産物が商品に転化するようになると、明確に述べられている。「ただ、労働者人口がそれ自身まだ客体的な労働条件に属しているとか、それ自身まだ商品生産者として市場に現われるとかいうことをやめて、彼らの労働の生産物のかわりにむしろ彼らの労働そのものを、または、より正確には、彼らの労働能力を売るようになるときにのみ、生産は、その全範囲から見て、その完全な深さと広がりとから見て、商品生産になるのであり、すべての生産物は商品に転化し、各個の生産部面の対象的な諸条件もそれ自身商品として生産に入るのである。ただ資本主義的生産の基礎の上においてのみ、商品は実際に富の一般的な基本的な形態になる」（Marx 1865 : 27-28, 訳一五四〜一五五）。

(29) スミスの「商業的社会」は資本主義社会（スミスの用語では「文明社会」）とは異なる。小林昇によればスミスの「商業的社会」は、「資本主義でも資本主義以前でもない、満開した商品生産の社会という、矛盾した不安定な概念である」

（小林 1973：167）という。「『国富論』は、資本主義の経済理論的分析を商品の交換価値の分析からはじめただけでなく、この分析に着手する直前に、資本主義社会の原型だとスミスが考えた、そうしてそういう抽象化ゆえに不自然であることを免れない、「商業的社会」、すなわち独立生産者のみが形成する満開した商品生産の社会の概念を、モデル化してすえたのであった」（小林 1973：169）。

（30） このことは、『批判』において、スミスの価値論の混乱を指摘した際に、はっきりと述べられている。「彼〔スミス〕にとって単純商品 einfachen Ware の立場では真実だと思われることが、単純商品に代わって、資本、賃労働、地代等々のいっそう高度で複雑な諸形態が現われてくるやいなや、彼にははっきりしなくなるのである。このことを彼はこう表現する、すなわち、商品の価値がそれに含まれている労働時間によって測られたのは、人間がまだ資本家、賃労働者、土地所有者、借地農業者、高利貸等々としてではなく、ただ単純な商品生産者 einfache Warenproduzenten および商品交換者として相対していたにすぎなかった市民階級の失われた楽園においてである、と」（Kr：44-45）。

（31） これは、『資本論』冒頭商品論においては単純商品生産社会が想定されるべきだという立場に対し、宇野弘蔵が一貫して主張してきたことでもある。宇野は、初期の著作においてすでに、次のように述べていた。「商品経済が一社会の根本的社会関係を規定するものになるためには、理論的にはもちろんのこと、具体的にもある程度まで支配的に、あらゆる生産物が、歴史的、具体的にいえばその社会の成員の大部分の人々の生活資料そのものが、商品として買われてはじめて個々の人々の使用に供せられるものにならなければならない。いわゆる単純なる商品経済は、その点で生活資料そのものはなお多かれ少なかれ自家で生産せられ、消費せられながら、その余剰が商品として販売せられるというような関係に立っている」（宇野 1947：211）。宇野の冒頭商品論については、本章末の〈補論〉で取り上げる。

（32） マルクスは、交換と分業の相互関係から資本主義社会を導き出すスミスの方法も同様の観点から批判している。「彼〔スミス〕は、現実的労働から交換価値を生みだす労働、すなわちブルジョア的労働の基本形態への移行を分業によってなしとげようと試みている。ところで、私的交換が分業を前提するというのは正しいが、分業が私的交換を前提とするというのは誤りである。例えばペルー人の間では、私的交換、商品としての生産物の交換はなにもなかったが、分業は極度に行なわれていたのである」（Kr：45）。

（33） マルクスの商品・貨幣論の対象が単純流通であるという解釈は、佐藤金三郎（1992：第III部第3章）、高須賀（1979：第1章）などによって提出されている。もっとも、『原初稿』に示されているこの方法をマルクスが一貫して採りつづけたかどうかははっきりしない。『資本論』では、スミス的な単純商品生産を想定しているかのような記述が散見されるのも事実である。この点について、佐藤金三郎は、『資本論』よりも『原初稿』を評価する立場から、「マルクスは、『要綱』以後、論理説からしだいに論理＝歴史説へ移行していったのではないか」（佐藤金三郎 1992：370）と推論している。

(34) 平田清明によれば、マルクスがここで用いている欲求（平田は欲望と訳す）Bedürfnis（仏語では besoin）という語は、「英語の want」にあたり、「不足または欠如」を意味している。これに対し、「より積極的な希求」を表わす語として、desire＝désir＝Verlangen（平田は欲求と訳す）がある。平田（1980：50）参照。

(35) マルクスは、資本-賃労働関係を前提とする再生産表式論において、必要と奢侈を次のように区別している。「消費手段。これは労働者階級の消費に入るものであり、また、必要生活手段であるかぎりでは、たとえその品質や価値から見て労働者のそれとは違っていることもあるにせよ、資本家階級の消費の一部をもなしている。…奢侈消費手段。これは資本家階級の消費だけに入るものであり、したがって、労働者の手には決して入らない剰余価値の支出分と取り替えることしかできないものである」（K II：402）。また、J・エルスターは、Heller（1976）に拠りつつ、マルクスの欲求概念は(1)肉体的欲求 Physical needs、(2)必要な欲求 Necessary needs、(3)奢侈的欲求 Luxury needs の三つに区分されるとしている。Elster（1985：69）参照。エルスターによれば、マルクスは、(2)によって労働力の価値を規定する一方で、(3)を労働者の生活水準には含まれないもの、労働者が購入できないほど高価なものに対する欲求として定義している。W・リースは、必要概念の維持が、マルクスにおいては、「個々の商品は、人間の欲求との関係で、ある客観的な性格をもっている」（Leiss 1976：77, 訳一四九）ことを意味していると理解したうえで、「その物的属性のみから生じてくる一見して明らかな客観的な性格だけをもっている商品などというものは存在しない」（Leiss 1976：77, 訳一五〇）と批判しているが、労働力の価値規定について、次のように述べていることから見ても、リースの批判は適当ではない。「いわゆる必要な欲求 notwendiger Bedürfnisse の範囲もその充足の仕方もそれ自身一つの歴史的な産物であり、したがって、だいたいにおいて一国の文化段階によって定まるものであり、ことにまた、主として、自由な労働者の階級がどのような条件のもとで、したがってどのような習慣や生活要求をもって形成されたか、によって定まるものである」（K I：185）。マルクスは、必要 Notwendigkeit/necessity とそれに対する欲求 Bedürfnis/Need が生物学的な意味での客観性をもつとは決して考えていない。マルクスは、人間の必要が文化や習慣によって媒介されていることを十分認識しながらも、それが階級関係を通じて形成される歴史的な産物であるかぎりにおいて、ある種の客観性をもつこと、したがって、恣意的な主観によって、自由に変えうるものではないことを強調しているのである。この点については、Heller（1976：29-32, 訳一四～一七）も参照のこと。

(36)「商品流通の直接的形式は、W—G—W、商品の貨幣への転化と貨幣の商品への再転化、買うために売る、である」（KⅠ: 162）。

(37) これとは別に、資本の循環に着目し、そのなかに単純流通と同じ形式を見出そうとする向きもあるかもしれない。確かに、マルクスも言うように、生産資本の循環は、「価値規定を度外視すれば、W—G—W（W—G・G—W）、すなわち単純な商品流通の形式である」（KⅡ: 70）。しかし、この解釈を採るにしても、商品・貨幣論が、なぜ他の資本循環ではなく、商品資本の循環から抽象されねばならないのかという点が問題とならざるをえない。

(38) また、マルクスは、生産だけでなく消費についても、「〔単純流通の〕運動は、直接的な使用価値を目あてにしている生産の余剰を捉えるだけであり、それはこうした諸限界の内部で行われるほかはない」（Marx 1858-61: 68）と述べ、単純流通論が必要交換論と結びつく傾向が強いことを示唆している。

(39) 例えば、佐藤金三郎（1992: 第Ⅲ部第三章）を見よ。なお、「現象」概念については、本書第二章注1も参照のこと。

(40) 宇野は、単純流通W—G—Wが、単純商品生産社会の想定に繋がる危険があることを認識していた。「W—G—Wの形式は、生産過程を捨象した抽象的規定である。したがってこれを理解する場合に、われわれが強いて生産過程を想定することになると、勢いいわゆる単純なる商品生産者を仮定せざるを得ないことになる。それはこの規定を理解する手段としては止むを得ないし、また或る程度便宜でもあるが、しかし危険を免れない。殊にこれを資本主義社会以前に具体的に歴史的なるものとして理解することは、無理でもあるし、正しいとはいえない。それはこの形式の抽象性を正しく理解し得ないことになるからである」（宇野 1952: 496）。

(41) Kr: 135-140 参照。

(42) このことはJ・M・ケインズによっても指摘されている。ケインズはこの共存を「一方の足を重商主義者の世界におき、他方の足を古典派の世界においていたため」（Keynes 1936: 343, 訳三四二）であると説明し、このことからロックを「双生児的貨幣数量説の父」と呼んだ。また、ヒュームについては、「古典派の世界へ一方の足と他の足の半分を入れていた」と述べ、より古典派経済学に近い立場を採っていたと解釈している。

(43) 神聖ローマ帝国の国力の停滞の理由を貨幣の不足に求める見解に対し、ヒュームは次のように述べている。「以上の難点に対して、私は、ここで貨幣の稀少から生ずるものと想像されている結果が、実は国民の生活態度と慣習とから生ずるのであり、またきわめてよくあるように、われわれは副次的な結果を原因と間違えているのだと答えよう」（Hume 1752: 318, 訳四一）。富裕が貨幣量ではなく、生産力（勤労 industry）によって決まるという点ではスミスと一致していたにもかかわらず、このように、ヒュームが必要よりも奢侈を重視したのは、奢侈に対する欲望の無限性の重視に加えて、次のような理由もあった。すなわち、ヒュームは、平時における不生産的労働者の存在が有事のための兵力の準備（予備軍）となりうると考えていた。「事柄を抽象的に考察すれば、製造業者が国家の力を増大させるのは、彼が十分な労働を、それも国家が誰の生活必需品 necessaries of life をも奪わずに要求できるような種類の労働を貯えるときに限られると言いうる。したがって、労働がたんなる必需品をつくる以上に用いられることの多いほど、国家はそれだけ強大になる。なぜなら、その労働に従事する人々はたやすく公役に向け変えることができるからである」（Hume 1752：286，訳一一～一二）。なお、ヒュームには、貨幣の増加が勤労 industry を刺激するという記述（Hume 1752：313，訳三七）もあるが、これはあくまで正金の自動調節機構が貫徹するまでの短期的な効果を述べたものにすぎない（いわゆる連続的影響説）。さらに、坂本達哉によれば、この連続的影響説さえ、奢侈による生活様式の洗練が前提とされているのである。すなわち、「ヒュームの連続的影響説とは、生産的な生活様式がすでに存在しているという暗黙の前提の上に、そうした国や地域であれば、貨幣の流入は物価上昇までの間隙に産業活動を刺激するであろうと主張する理論」（坂本 1995：223）なのである。

(44) ヒュームは経済発展を奢侈と結びつけているのに対し、ロックは貨幣に発展の原動力を見出している。このことを坂本は次のように指摘している。「これ〔ヒュームの発展段階論〕は、一見すると、『市民政府論』におけるロックの社会発展論と類似しているが、ヒュームでは、一連の発展過程において、貨幣は本質的な役割を果たしていない。貨幣は、社会的分業と交換の範囲と程度をより拡大・深化させるために、交換手段および価値尺度として、ある歴史の時点で、必要におうじて導入されると考えられており、経済発展に対しては二次的・従属的な役割しか認められていない。貨幣がなければ自給自足を超える生産活動は生じないと考えるロックとは、決定的に異なっている」（坂本 2011：208）。

(45) 「それら〔労働の成果〕が、彼が所有している間に適切に使用されることなく朽ち果ててしまったとすれば、つまり、彼が消費する前に果実が腐ったり、鹿の肉が腐敗してしまったりした場合には、彼は、万人に共通の自然法に背いたことになり、処罰を免れなかった」（Locke 1689：133，訳二一〇）。

(46) 生越利昭によれば、ロックは、貨幣のなかに、次のような三つの意味を込めている。「第一に、金銀・ダイヤモンドなどは、「それ自体有用でないもの」（§四六）、「嗜好や約束によって価値の与えられたもの」（§四六）、「人間の生活にはほとんど役に立たない」（§五〇の最初の部分）ということ、第二に、それらは腐敗しないものだ（§四七）ということ、第三に、貨幣の取得は、自らの労働の生産物の剰余との交換であるから、労働生産物そのものの蓄積であるということ、以上である」（生越 1991：161）。ロックにあっては、奢侈性、耐久性、余剰性という三つの性格が貨幣のうえに重ねられているのである。

(47) ロック自身は奢侈という語は用いておらず、「自分が必要とする needed もの以上のもの」（Locke 1689：133, 訳二一九）や「実際に有用であるとか、生活の支えとして必要 necessary Support of Life であるとかというよりも、むしろ、好みや合意によって価値を与えられるもの」（Locke 1689：138, 訳二二六）といった迂遠な表現をしている。

(48) マルクスは、ロックについて、貨幣数量説をときに肯定し、ときに否定していると述べており、ロックを貨幣数量説に完全に分類しているわけではない。Kr：135 参照。また、ロックの貨幣論を貨幣数量説と解釈することは、今日の経済学説史においては、ほとんど常識となっているが、これについては異論もある。例えば、羽鳥卓也は、「ロックの経済理論を貫く論理が重商主義に固有のものである」（羽鳥 1976：85-89）という理由から、ロックをD・リカードの機械的貨幣数量説の先駆とする通説に対し異議を唱えている。

(49) C・B・マクファーソンは、貨幣の導入によって生じる「自分が必要とするもの以上のものをもちたいという人間の欲望」（Locke 1689：133, 訳二一九）は「守銭奴的な退蔵の欲望でもなければ、なおまたたんにより多様かつ便利な日用品〔奢侈品〕を消費しようという欲望でもなく、土地と貨幣を資本として蓄積しようとする欲望であった」（Macpherson 1962：208, 訳二三六）と述べ、ここからロックは「貨幣をたんに交換の媒介〔W—G—W〕としてでなく、資本〔G—W—G′〕として見た」（Macpherson 1962：207, 訳二三五）と解釈している。この指摘は、われわれの立場からすれば、きわめて示唆的である。

(50) ヒュームも奢侈交換論を介して同様の結論に到達していた可能性がある。資本主義の勃興期にあって、ヒュームは、市場経済の発展を牽引するのが、富裕者、とくに、地主の奢侈的消費であると考えた。しかしながら、その一方で、「国民の数と産業活動 industry とが増大するにつれて、かれらの間の相互交通の困難が増大する」（Hume 1752：325, 訳五四）ため、仲介者としての「商人 *merchants*」の役割が重要になるとも述べている。ヒュームによれば、「精緻な嗜好 *delicacy* と産業活動 *industry*」（Hume 1752：296, 訳一四）は、外国貿易による「奢侈の快楽と商業の利益」によって、刺激されるのだから、奢侈を重視するということは、外国貿易を担う「貿易商人」の役割を強調することと表裏であるはずである。加えて、ヒュームは次のようにも述べている。「彼〔人間〕に与える仕事が儲けのあるものなら、ことに勤労の行使にはどんな種類のものにも利益が付与されるならば、彼はきわめてしばしば利得を眼中におくわけであり、こうして次第にそれ〔利得〕に対する情念 passion を獲得し、自分の財産が日毎に殖えてゆくのを見る快楽にまさる快楽を知らぬようになる。そしてこれこそ、何故交易が節約を増大させるのか、また何故商人のなかでは浪費家よりも吝嗇家の方が多く、地主の間ではちょうどその正反対であるのか、ということの理由なのである」(Hume 1752: 325, 訳五五)。ここには、必要に対する欲求とも奢侈に対する欲望とも異なる「〔利得〕に対する情念 passion」が指摘されているのである。

(51) この古典的論争は Sweezy ed. (1949) に再録されている。『資本論』第一巻の価値と第三巻の生産価格の矛盾を指摘するベーム=バヴェルクに対し、ヒルファディングは両者の相違が想定する社会の相違、すなわち、単純商品生産社会と資本主義社会の相違によるものであると反論した。戦前の日本においても、小泉信三らによりベーム=バヴェルクと同様の批判が繰り返されたが、櫛田民蔵は、Elementarform に「原始的形態」という訳語をあて、冒頭商品を「資本家以前の、所謂単なる商品生産時代の商品」(櫛田 1935: 154) として解釈することによって、こうした批判を回避しようとした。

(52) 宇野の採用したこの方法は、深浅精粗の差を措くとすれば、右で検討したマルクスのそれ——少なくとも『原初稿』までの——と近似している。先に見たように、マルクスは単純商品生産社会を想定するスミスを批判し、商品の考察においては資本主義社会を前提とすべきだと主張したが、他方で、生産関係を捨象した単純流通を冒頭商品論では前提とした。宇野の流通形態論は、このマルクスの方法を徹底化したものであると言える。

(53) 「かかる抽象的形態の商品〔冒頭商品〕はその背後に資本家的生産関係を有するものであって、この商品自身に資本家的生産関係を認めうるものでもなければ、さらに貨幣形態さえもそれ自身には与えられていないものとなってくるのであって、いわゆる単純なる商品、あるいはまたさらに進んで、物々交換における生産物のごとく交換によってはじめて商品となり、しかも交換されるとすでに商品ではなくなるというような瞬間的商品にさえ類似したものといえる」(宇野 1947: 215-216)。

(54) 岡崎栄松は、「「商品形態」を採ろうとすれば〔資本主義的商品のように〕上向の過程を内的・必然的なものとして展開することができない、また上向の過程を必然的なプロセスとして叙述しようとすれば、「商品形態」を捨てて「資本家的商品を抽象したもの」としての「簡単な商品」を採らねばならない」(岡崎 1967: 179) として冒頭商品＝資本主義的商品説と流通形態論の間の矛盾を指摘している。また、佐藤金三郎は、同様の矛盾を指摘したうえで、「宇野氏の立場に立つかぎり、われわれは冒頭商品＝資本主義的商品説を放棄するか、「流通形態論的立場」を放棄するかの二者択一の道に立たざるをえない」(佐藤金三郎 1968: 165) と述べている。宇野は岡崎の批判の有効性を一定程度認めたが (宇野 1963: 8)、自らの方法を改めることはなかった。

(55) 言うまでもなく、宇野学派における純粋資本主義論と世界資本主義論の対立を指す。この問題に対し、純粋資本主義論は、資本主義的商品から生産関係を捨象した冒頭商品と単純商品との共通性を否定ないし消極化しようとする傾向がある。例えば、大内力（1980：186）、大内秀明（1964：179）を参照。対して、世界資本主義論はむしろ宇野による共通性の指摘を積極的に評価する。例えば、伊藤（1981：44）、侘美（1980：115-116）を参照。純粋資本主義論と世界資本主義論については、沖（2003）（2005）で主題的に論じたことがある。

(56) 単純商品生産社会の想定に対するこの批判の背景には、単純商品社会の実在性——とりわけ、封建制から資本主義に至る過渡期としてのそれ——を否定する宇野の歴史認識がある。逆に、大塚久雄のいわゆる両極分解説——「封建制の解体のうちに形成されてくる中産的生産者層——小ブルジョア的商品生産者としての職人および農民——とその両極分解の進行」（大塚 1960：205）——が認められる場合には、むしろ単純商品生産社会の実在性が積極的に主張されよう。例えば、大島雄一は、大塚史学の成果を肯定的に評価しつつ、「単純商品生産段階」が「資本制生産＝世界資本主義の成立のための「必要な通過点」をなす」（大島 1974：254）と述べている。宇野の歴史認識を大塚史学と対比しつつ検討した、望月（1977）も参照されたい。

(57) 宇野は、歴史的単純商品の抽象だけでなく、資本主義的商品と歴史的単純商品との共通性から冒頭商品を導出することも否定している。後者は「横の抽象」（宇野 1963：18）と呼ばれるが、それは下向＝「縦の抽象」によらないために、「上向の動力」を自分の内にもっていないとされる。

(58) このマルクスの一節について、宇野は次のように述べている。「商品交換の発生の事実はともかくとして、私は、この言葉をもって商品経済の性格の基本的一面を明らかにするものと考えている。共同体の内部においていかなる制度の下にいかなる方法で生産されたかを問わず、その生産物が他の共同体との間で商品として交換されるということが、商品に特有なる関係を展開するのである」（宇野 1962：11）。

第二章　商品論の再構成

第一節　富としての余剰

(1)　富概念の再転換

マルクスは『資本論』を次のような言葉で書き起こしている。

資本主義的生産様式が支配的に行われている社会の富は、一つの「巨大な商品集合 ungeheure Warensammlung」として現われ、一つ一つの商品は、その富の要素形態 Elementarform として現われる。それゆえ、われわれの研究は商品の分析から始まる。(K I : 49)

「資本主義的生産様式が支配的に行われている社会」、すなわち、資本主義社会の富である商品の分析から『資本論』の研究は始まる。(1)『資本論』冒頭において、マルクスはこう言明するのであるが、その際、彼が「富Reichtum」(K I : 49) という語を用いていることは注目に値する。富に言及するにあたって、『国富論』を著したスミスの富把握がマルクスの念頭にあったであろうことはまず間違いない。(2)

スミスが『国富論』を執筆した目的の一つが、「富とは貨幣すなわち金銀のことだ」(Smith 1776 : 429, 訳II-七六) という重商主義的な見解を批判することにあったことはよく知られている。スミスは、『国富論』の冒頭で富を「生活の必需品と便益品」(Smith 1776 : 10, 訳I-一)、すなわち、労働生産物として規定した。貨幣は「流通の大車輪」(Smith 1776 : 289, 訳I-四四二) にすぎないという理解から、富は貨幣ではなく、貨幣で買うことのできる労働生産物であると主張したのである。ここでまず気がつくのは、スミスが、貨幣に代えて富の地位に据えたのが、商品ではなく、労働生産物であったということである。スミスは、商品という特殊歴史的な形態ではなく、歴史貫通的な労働生産物をもって富を定義しているのである。(3)

このスミスの富の定義は、『資本論』の叙述にも少なからぬ影響を与えている。『資本論』では、いま見た冒頭の章句に続いて、使用価値概念が検討に付されるが、そこでマルクスは、商品が「その諸属性によって人間の何らかの種類の欲求を満足させる物Ding」(4)(K I : 49)、すなわち、「有用物 nützliche Ding」であると述べ、「物Ding の有用性 Nützlichkeit」によって使用価値概念を定義する。(5)そして、この使用価値は、富の「社会的形態 gesellshaftliche Form」(K I : 50) に関わりのない、「富の質料的内容 stofflichen Inhalt」をなしていると言う。このように、マルクスは、「われわれの研究は商品の分析から始まる」という冒頭の宣言にもかかわらず、商品形態とは無関係な「物」、あるいは、労働生産物に遡行することによって、特殊歴史性を捨象された物の有用性から議論を開始しているのである。(6)この点にスミスの富概念の影響を看て取ることは困難ではない。

もっとも、右のように言ったあとで、すぐに「われわれが考察しようとする社会形態にあっては、それは同時に質料的担い手stofflichen Trägerになっている——交換価値の」（K I：50）と述べていることからすれば、マルクスの意図は、むしろ、富の質料的内容である使用価値が資本主義社会において変容を被ることを示すところにあったと言うべきであろう。じっさい、『批判』においては、「使用価値としての使用価値は、経済学の考察範囲外にある」（Kr：16）として、たんなる物としての使用価値が研究の対象から除外されると明言されている。マルクスの強勢は、使用価値が富の社会的形態に無関係な「富の内容」であることよりも、むしろ、それが資本主義社会においては「一定の経済的関係である交換価値が表わされる質料的土台」（Kr：16）となるところに置かれていると言ってよい。

しかしながら、この点をスミスに対するマルクスの画期と解するならば、それは誤りとまでは言えないものの、精確さを欠いている。スミス自身も決して富の歴史貫通的な定義に終始していたわけではないからである。スミスは、『国富論』第一篇第五章で冒頭の富の定義に修正を加え、「分業がひとたび徹底的に行き渡るようになったあと」（Smith 1776：47，訳I-五二）の社会（商業的社会）では、人々の貧富は労働生産物（の使用価値）ではなく、商品（の交換価値）によって決まるようになると述べる。「商業的社会」、すなわち、単純商品生産社会を想定しているという点で限界があるにせよ、スミスも、労働生産物の豊富さではなく、労働生産物のもつ「購買力」の大きさが、したがって、商品のもつ価値の大きさが富を規定するようになることを十分認識しているのである。(7)

そうであるとすれば、マルクスの富概念はスミスの延長上にあると言ってよいであろうか。この問いに答えるにあたって注意しておくべきことは、スミスによる富概念の転換が二重のものであったことということである。右で見たように、スミスは、富＝貨幣という重商主義的な見方を転換し、商品（労働生産物）こそが富であると述べたのであるが、この転換の裏面には、もう一つの重要な転換が伴っていた。すなわち、富をストックと見る立場からフローと見る立場への転換である。

例えば、『国富論』のなかで重商主義者として名指しされたT・マンは、富裕の程度が「財宝treasure」の多寡によって規定されるとした。マンの言う「財宝」とは、基本的に金銀すなわち貨幣を指しているが、一国の「財宝」すなわち貨幣ストックは、貿易収支が順であるときには増加し、その国はそれだけ富裕となる。(8) このように、マンをはじめとする重商主義者には、富をストックとして把握する傾向がある。

これに対し、スミスは富を「国民が年々消費する生活の必需品と便益品」(Smith 1776 : 10, 訳I-一)であるとした。スミスによれば、国民の富裕度は、年々生産され、消費される「必需品と便益品」、すなわち、労働生産物(商品)フローの集計量——精確には、それを人口で割ったもの——によって決まる。スミスの富は、貨幣ストックのような一時点において測られる存在量ではない。こうして、スミスは、富の内容を貨幣から労働生産物(商品)に転換する(第一の転換)と同時に、富の量的規定をストックからフローへと転換した(第二の転換)のである。

マルクスについて言えば、第一の転換に関しては、右で確認したように、基本的にスミスの立場を踏襲している。(9) しかし、ストックからフローへという第二の転換については、マルクスの立場は、スミスよりもむしろ重商主義に近い。このことをテクストによって確認してみよう。

マルクスは、『批判』の冒頭で、『資本論』と同様、資本主義社会の富——『批判』の言い方では、「ブルジョア的富」——が商品であると述べたあと、使用価値を規定するなかで、次のように述べた。

使用価値としての商品が、例えば一個のダイヤモンドであるとしよう。ダイヤモンドを見ても、それが商品であることは識別できない。それが美的にあるいは機械的に、娼婦の胸であるいはガラス切り工の手中で、使用価値として役立っている場合には、それはダイヤモンドであって商品ではない。使用価値であるということは、商品にとって必要な前提であると思われるが、商品であるということは、使用価値にとって無関係な規定であるように思われる。経済的形態規定に対してこのように無関係な場合の使用価値は、すなわち使用価値としての使用価値は、経済学の考察範囲外にある。(Kr：16)

引用末尾の文章「使用価値としての使用価値は、経済学の考察範囲外にある」は先程も取り上げたが、この文言は従来、マルクスの考察対象が財一般に通じる使用価値、すなわち、物の有用性ではなく、商品に特有の使用価値であることを示したものだと解されてきた。[10] むろん、その含意がまったくないとは言えないが、ダイヤモンドの例からも分かるように、この文章が直接意味しているのは、商品は、それが買い手に譲渡され、使用に供されたときには、もはや商品ではなくなるということである。娼婦やガラス切り工が使用しているダイヤモンドは、それがかつて商品であったとしても、すでに商品ではない。[11]

この区別は、スミスのように富をフローと見なした場合には、意味をなさない。フローとして考えるならば、買い手に譲渡されたあとの使用価値であっても、集計期間（例えば、年）内であれば、商品としてカウントされ、富に含まれる。反対に、ある一時点のストックとして捉えた場合、過去に商品であっても現在商品でない使用価値は富に含まれない。このことから、マルクスが資本主義社会の富を構成すると考えた商品は、売れる前の商品、すなわち、市場に出動しているが、売り手の許にあって未だ売れていない商品のストックであることが分かる。従来、商品に特有の使用価値として強調されてきた「他人のための使用価値」（KⅠ：55）という規定も、たんに「自分の生産物によって自分自身を満足させる」ような自家消費の除外を意味するだけではなく、譲渡以前の商品ストックを意味するものとしても捉えなおされる必要がある。[12]

(2) 余剰の貯蔵とその限界

未だ売れていない商品、すなわち、商品ストックが富であるという言い方は、われわれの常識からすれば奇異に響く。商品は売れることによってはじめて価値を実現することができるのだから、売れていない商品に価値はなく、したがって、それが富を構成することなどありえないのではないか。商品ストックとは畢竟、需要に見合わなかった商品の売れ残り、余り物であり、社会にとっては富であるどころか、不要なものにすぎないのではないか。こうした疑念が直ちに湧出してこよう。

確かに、余り物あるいは余剰とは、本来的には必要でないもの、不要なものである。不要なものを保有するということは、それ自体としてはたんなる無駄である(13)。むろん、これは余剰を一時点でのみ評価した場合の言い方であって、一時点を超えて持ち越されうることを考慮するならば、事情は変わってくる。すなわち、余剰は、貯蔵によって、現在にとっての不要という否定的なものから、将来にとっての必要、すなわち、準備ないし備蓄という肯定的なものに転化する可能性をもつ(14)。

しかし、貯蔵という契機を導入したとしても、余剰が一定の範囲内に閉じ込められていることに変わりはない。余剰の貯蔵は二重の意味で限界をもつからである。すなわち、第一に物の耐久性によって、第二に人間の欲求によって、余剰の貯蔵は限定を受ける。自然的諸属性と貯蔵技術の発展に応じてその程度は異なるとはいえ、物の耐久性には、一般に限度がある。また、人間の必要に対する欲求が有限であるとすれば(15)、現在の欲求に将来の欲求を接ぎ木したところで、せいぜい量的な拡大をもたらすだけであって、無際限な欲望に行き着くわけではない。このように余剰の貯蔵は二重の限界によって画されており、したがって、余剰をそれ自体として無際限に貯蔵することは、技術的にも困難であるし、また、積極的な意味をもたないのである。

余剰の限定が最終的に解除されるのは、余剰をそれ自体として貯蔵することによってではない。むしろ、余剰を手放すことによってである。ホッブズは「気前のよさと結びついた財産-富 Riches は力である」と述べたが、それは財産、すなわち、余剰の譲渡が「友人とサーヴァント」[16]（Hobbes 1651 : 62, 訳(1)-一五一）をもたらすからであった[17]。この仕組みは、二様に解釈することが可能である。第一に、余剰の譲渡は贈与として捉えることができる。すなわち、余剰の贈与が被贈与者に「負い目」を負わせ、贈与者との間に友人関係ないし従属関係を生みだしたと解しうる[18]。第二の可能な解釈は、余剰の譲渡を交換と見るものである。つまり、余剰と引き換えに、友情・服従を得る交換行為と見ることもできる。同一事態を二様に解釈できることからも分かるように、贈与と交換の区別は、余剰の譲渡がもたらすのが人の関係性である場合には必ずしも分明ではないが、物をもたらすような形態においては、両者は明確に区別される。

贈与がもたらすものが「友人とサーヴァント」ではなく物である場合、贈与は互酬となる。このとき、贈与が被贈与者に負わせる「負い目 Schuld」は「負債 Schulden」となり、被贈与者には返礼あるいは返済の義務が生じる[19]。負債や返済という言葉によって説明されることからも分かるように、互酬性とは広い意味での債権債務関係である[20]。互酬は、ある時点の贈与に別の時点の返礼が対応する異時点間の遣り取りであるが、これに対し、双方向の物の移動が同時に起こる場合、それは交換と呼ばれる。

互酬と交換は、貯蔵の二重の限界を突破する。第一の限界は、腐敗の危険にさらされている現在の余剰を、将来の余剰に置き換えることによって（互酬）、あるいは、耐久性の高い資産と取り替えることによって（交換）、解除される。また、互酬と交換は、狭隘な自分の欲求を離れて視野を他人にまで広げることによって、第二の限界をも克服しうる。自分の欲求を超えるものは、自分にとっては余り物にすぎないが、他人にとっては必要である可能性がある。互酬と交換を通じて、自分にとっての不要物は、他人にとっての有用物に転化しうるのである。先に触れた、マルクスの「他人のための使用価値」（K I : 55）という表現は、このことを商品交換に即して述べたものに他ならない。

第二節　商品交換と社会的再生産

(1)　ゲマインヴェーゼンの内と外

交換を通じて、自分にとっては不要な余剰は、他人にとっての有用物に転化しうる。マルクスの表現を援用すれば、「その所持者にとっての非使用価値」（K I：100）は同時に、「その非所持者にとっての使用価値」ともなる。ところで、ここでの自／他あるいは所持者／非所持者の区別は何を意味しているのであろうか。

周知のように、マルクスは、『資本論』交換過程論において、商品交換の発点が「共同体の果てるところ、共同体が他の共同体またはその成員と接触する点」（K I：102）であると述べていた。また、その直前では、商品交換の前提である「互いに他人であるという関係は、自然発生的な共同体の成員にとっては存在しない」（K I：102）とされている。これらのことからすれば、少なくとも原初の商品交換においては、自分あるいは所持者とは共同体およびその内部の成員を、他人あるいは非所持者とは他の共同体およびその成員を意味するとひとまずは言えようが、その際、次の点に留意する必要がある。すなわち、これまであまり注目されてこなかったことだが、商品交換の発点について述べられたときの「共同体」はGemeinwesenであって、一般に共同体《コミュニティ》を指すドイツ語であるGemeindeあるいはGemeinschaftではないということである。[21]

後に見る第三巻第二〇章の商人資本についての歴史記述を除けば、『資本論』には、ゲマインヴェーゼンに関する叙述はほとんど見られないが、いわゆる「ミル評注」から『要綱』に至るまでの諸著作においては、ゲマインヴェーゼンは重要な概念として頻出する。[22]とりわけ、『要綱』中の「資本主義的生産に先行する諸形態」（以下

「諸形態」）と呼ばれる断章では、資本主義に先行する三つの所有形態がゲマインヴェーゼン概念を基軸にして論じられている。「諸形態」においては、ゲマインヴェーゼンと共同体《ゲマインデ》は截然と使い分けられており、両者がマルクスにとって異なる意味をもっていることは明らかである。ゲマインヴェーゼンについてのマルクス自身の明確な定義はないが、前後の文脈から見て、それが維持・再生産に関わる概念であることはまず間違いない。ゲマインヴェーゼンは、社会とその成員であるところの諸個人を維持・再生産することを、すなわち、社会的再生産を目的とする「群棲体 Heerdenwesen」(23)（Gr：379）であり、再生産の自足性によって画される「経済的完結体」（Gr：388）であると推察される(24)。

このようなゲマインヴェーゼンの含意を踏まえて、「商品交換は、ゲマインヴェーゼンの果てるところ、ゲマインヴェーゼンが他のゲマインヴェーゼンまたはその成員と接触する点で、始まる」（K I：102）という交換過程論の周知の箇所を再読するならば、それの意味するところが、社会の存続に必要な物の生産の外側、すなわち、社会的再生産の外部で交換が行われる、あるいは、社会的再生産を交換が媒介しないということであることが分かる(25)。このことは逆に言えば、社会の維持・再生産に必要な物の残余、すなわち、余剰が交換されるということである。『批判』において、「使用価値としては直接に必要とされない部分」すなわち「過剰または余剰」が富の自然発生的な形態であり、それが「未発達の生産段階では、商品交換の本来の領域をなしている」（Kr：105）と述べていることの意味もこうした解釈のもとではじめて十分に理解することができる。

(2) 商業の分解作用とその障碍

マルクスは、『資本論』第二巻の再生産表式論において、「社会的総資本の流通過程」（K II：354）が「社会的再生産」（K II：391）を、したがって、資本主義社会の成員たる「資本家階級と労働者階級との再生産（すなわち維持)」(K II：391)を実現しうることを明らかにしている。[26] したがって、商品交換が資本主義においてもなおゲマインヴェーゼンの外部にとどまり続けるとマルクスが考えているわけではない。それどころか、資本主義とは、「彼〔個々人〕に対立している物象が真のゲマインヴェーゼンとなった」(Gr：400)社会であるとさえ言われる。[27] このことからすれば、ゲマインヴェーゼンの外部で余剰が交換されるというのは神話的言説の類であり、資本主義社会を分析対象とする『資本論』にとっては挿話ないし蛇足にすぎないと断じたくなるかもしれない。マルクスが、交換過程論で、商品交換がゲマインヴェーゼンの外部で発生したと述べたあと、すぐに、「物がひとたび対外的共同生活で商品になれば、それは反作用的に内部的共同生活での商品になる」(K I：102)と続けていることもこの解釈を裏づけているように見える。

交換過程論ではたんに触れただけの、この商品交換の反作用について、マルクスは、『資本論』第三巻第二〇章で改めて検討を加えている。

> 商業はもちろん、その間で商業が営まれるゲマインヴェーゼンに多かれ少なかれ反作用するであろう。商業は生産をますます交換価値に従属させるであろう。というのは、商業は享楽や生存維持を生産物の直接的使用よりもむしろその販売に依存させるからである。こうして商業は古い諸関係を分解する。商業は貨幣流通を増加させる。商業はもはやただ生産の余剰をとらえるだけではなく、だんだん生産そのものを食い取って行って、すべての生産部門を自分に依存させる。とはいえ、このような分解作用は、生産を行うゲマインヴェーゼンの性質によって大いに左右される。(K III：342-343)

ゲマインヴェーゼン間の商品交換が「商業 Handel」(K III：342)と言われていることが目につこうが、この点をいまは措く――後に取り上げる――とすると、ここで述べられているのは、第一に、ゲマインヴェーゼン間の商業は、ゲマインヴェーゼン内部に浸透するにあたって、ゲマインヴェーゼンの古い諸関係――それは当然にも社会的再生産を含む――を分解するということ、しかし、第二に、この分解作用は、「生産を行うゲマインヴェーゼンの性質」によって大きく左右されるということである。第一の点は、交換過程論における「反作用」の指摘とほぼ同じ内容であるとすると、注目すべきは第二の点である。商業による古い諸関係の分解は一様に作用するのではなく、「生産を行うゲマインヴェーゼンの性質」によっては、相当程度妨げられる。じっさい、「インドや中国」（K III：346）について、太古の昔――「古代インドの共同体」（K I：102）――どころか、彼が生きた一九世紀においてさえ、商業はゲマインヴェーゼン内部に容易には浸透しないと述べている(28)。このことから、マルクスにとって、ゲマインヴェーゼンの外部における余剰の交換はたんなる昔話ではなく、同時代性をもっていたことが分かる。

マルクスは、商業の分解作用に対する「障碍 Hindernisse」を「小農業と家内工業との一体性」（K III：346）に見出している(29)。マルクスが『資本論』を書いた時代には、イギリスによる強力な分解がまさに進行中であったが、農業と工業の結びつきゆえにそれは緩慢にしか進まなかったという。逆に、古代ギリシアのように、都市（工業）と農村（農業）の分離が進んでいる場合には、「その生産物は初めから商品であり、したがってその販売には商業による媒介が必要である」（K II：344）とされる。

このようなマルクスの歴史把握の当否はいまは措く。ここでの問題は、むしろ、ゲマインヴェーゼンと商業の分解作用との間の論理的関係であるが、残念ながら、マルクスは両者の関係について十分な考察を加えているとは言い難い。そこで、この主題を考究するための補助線として、R・ブレナーの所説を導入する。

かつて農業資本主義を提唱し、いわゆる「ブレナー論争」の発端となった、ブレナーは、より最近の論攷において、イギリスとオランダを除くヨーロッパの国々の封建制は何故資本主義を生み出さなかったのか、という問題を再論している[30]。

ブレナーは、異なった社会的所有関係――マルクスの「生産関係」に相当するブレナー独自の用語――は異なった再生産のためのルール――特定の社会的所有関係に応じてその社会の成員が生存のために採用する戦略の集合――をもっていると主張する。封建制における再生産のためのルールは資本主義におけるそれ、すなわち、交易による利得を追求して利潤を最大化することとはまったく異なる。封建制下の農民のルールは生存のために生産することであり、封建領主のルールは農民から徴収した租税を用いてより強力な政治的集団を建設することである。封建制下の農民と領主が利潤最大化という再生産のための資本主義的ルールを採用することは、たとえ可能であったとしても――じっさい可能であった――ありえない。なぜなら、そのことは自らの生存や地位を脅かすことになりかねないからである[31]。ここから、封建制から資本主義への移行についてのブレナー独自の解釈が引き出される。すなわち、イギリスとオランダにおける資本主義の成立は、再生産のための資本主義的ルールを意図的に採用した結果ではなく、封建制的社会的所有関係を維持しようとして生じた意図せざる結果なのである。

近代的経済成長への飛躍が起こったとすれば、それは封建制型の主体として封建制型の仕方で自らを再生産しようとする個々の領主や農民、領主共同体や農民共同体の諸行為の、意図せざる結果として起きたと理解されねばならない。換言すれば、再生産のための封建制的ルールを遂行しようとする封建制的個別主体の企てと封建制的社会的所有関係を維持しようとする封建制的集団の企てが実際にはその社会的所有関係を弱体化させるという意図せざる効果をもつという条件のもとで、資本主義的社会的所有関係は、そうした企ての両方または一方から生じたのである。このような転換が起こったところでのみ、その後、経済発展が生じたのである。なぜなら、資本主義的社会的所有関係が現れたところでのみ、社会的所有関係の新たなシステムによって課される再生産のための新たなルールを採用することに経済主体は意味を見出すからである。（Brenner 2007：89）

皮肉なのは、封建制の再建に一旦は成功するフランスや北東ヨーロッパがその後経済的には遅れをとることになり、古い諸関係の維持に失敗したイギリスとオランダが意図せざる結果として著しい発展を遂げることになったということである。封建制から資本主義への移行は、維持・再生産よりも利得最大化を主体的に選択した結果ではなく、領主や農民が「やむを得ず選んだ次善の策」（Brenner 2007：79）によって成し遂げられたのである。

このことは、マルクスが最後まで追求しなかったゲマインヴェーゼンと商業の分解作用との間の関係を明らかにする。ブレナーによれば、封建制下の農民は、交換のために生産することよりも自らの生存のために生産することを、生産性を高めるために社会的分業の一分肢として専業化することよりも生存に必要なものをすべて生産するために多角化することを選択した[(32)]。それは何故か。専業化することは、生存に必要な生活手段のほとんどを市場から入手せざるをえなくなることを意味するが、市場が十分な大きさにまで発展していないところでは、生活手段の安定的な供給を期待することができない。このような状況下では、分業は「生存の危機」（Brenner 2007：68）につながるおそれのある戦略であり、ゆえに決して採りうる戦略ではないのである[(33)]。

マルクスは、「工・農生産の一体性」が商業の分解作用を妨げるとしたが、その根拠を協業の効果、すなわち、「農耕と加工との直接的結合から生ずる大きな経済‐節約 große Ökonomie と時間の節減 Zeitersparung」（K III：346）に求めた。確かに、協業――この場合は、単純協業ではなく、分業に基づく協業であるが――は、規模の経済をもたらし、「多額の空費 faux frais」（K I：348）を節約させるが、そしてまた、イギリスの綿織物には大きな「流通過程の空費」（K III：346）――例えば、アメリカ大陸からイギリスまでの原綿輸送、イギリスからインドまでの綿製品輸送のための費用――が含まれるが、それだけでは、「頑強な抵抗」の説明としては十分ではない。「生存の危機」を避けるために専業化ではなく多角化を選ぶという戦略が、ゲマインヴェーゼンが商業の分解作用、すなわち、商品交換の「反作用」に対して設ける「障碍」の内実をなしているのである。(34)

もっとも、このことはゲマインヴェーゼンが商品交換と没交渉であることを意味するわけではない。「生存の危機」に直面しないかぎりでの交換、すなわち、余剰の交換は、社会的再生産というゲマインヴェーゼンの目的と十分両立しうる。両立しえないのは、社会の維持・再生産に必要なものの入手をゲマインヴェーゼン外部との交換というリスクの高い方法に委ねることである。逆に言えば、旧来の方法で社会的再生産を営むことが何らかの要因によって不可能にならなければ、ゲマインヴェーゼン内部の必要の領域に商品交換が浸透していくことはありえないのである。

第三節　〈間〉という外部と商人

(1)　交換過程論と価値形態論

商品交換とは本来的にゲマインヴェーゼン内部における必要の交換ではなく、ゲマインヴェーゼン外部における余剰の交換である、これがここまでの検討を通じて明らかにしてきたことであった。このことはこれまでも指摘されてこなかったわけではないが、大抵の場合、余剰の交換という事態は、資本主義のたんなる前史にすぎないものとして片づけられ、その結果、資本主義そのものを余剰を視軸として考究すること、すなわち、余剰の政治経済学はほとんど試みられてこなかった。それにはマルクス自身の態度も原因している。余剰の政治経済学は、

「商品交換は、ゲマインヴェーゼンの果てるところ、ゲマインヴェーゼンが他のゲマインヴェーゼンまたはその成員と接触する点で、始まる」（KⅠ：102）という交換過程論におけるマルクスの指摘から着想を得ているが、他方で、『資本論』の、しかも同じ交換過程論のなかに、これとは真っ向から対立する見方が存在する。というよりも、むしろ、この見方の方が、交換過程論の主旋律をなしている。これまで、余剰という視角の有効性が資本主義の起源に局限され、余剰の政治経済学を全面的に展開することが妨げられてきたのも理由のないことでない。

『資本論』の交換過程論は、大きく三つの部分に分けられる。まず、第一に、商品所持者の導入がもたらす諸矛盾およびその解決が論じられ、次いで、第二に、交換の歴史的発展——商品交換の始まりについての記述はここに含まれる——が、第三に、貨幣物神の謎が、それぞれ考察される。交換過程論は、このように三つの異なった内容を含んでいるのだが、方法的に見れば、全体を通して一貫している。すなわち、商品交換から貨幣を抜き取った世界をまず措定し、そこから貨幣のある世界への転化を説くという方法が共通して採られている。この転化が、第一の部分では、論理的に、第二の部分では、歴史的に展開され、さらに、第三の部分では、商品物神の貨幣物神への転化という側面から説かれる。視角の違いこそあるが、交換過程論では、総じて「交換過程の自然発生的形態」（Kr：35）として、「直接的生産物交換 unmittelbare Produktenaustausch」（KⅠ：102）あるいは「物々交換 Tauschhandel」（Kr：35）W—W′が設定されたうえで、そこから「商品交換 Warenaustausch」（KⅠ：102）W—G—W′への転化が論じられているのである。

このような交換過程論の方法は、一見したところ、価値形態論の展開と似通っている。価値形態論では、単純な価値形態「x量の商品A＝y量の商品B」（KⅠ：63）を起点として「貨幣形態の生成 Genesis」（KⅠ：62）が考察される。この単純な価値形態「x量の商品A＝y量の商品B」は、交換過程論の物々交換W—W′と対応しているように見え、したがって、価値形態論の単純な価値形態から貨幣形態への発展は、交換過程論における物々交換の商品交換への転化と照応しているように見える。こうした見方に立てば、価値形態論は、貨幣の発生という同じプロセスを交換過程論とは異なった視角から分析したものにすぎないことになる。(35)

むろん、これまでも、単純な価値形態と物々交換の差異に目が向けられてこなかったわけではない。何より、マルクス自身、「直接的生産物交換は、一面では単純な価値表現の形態をもっているが、他面ではまだそれをもっていない」（KⅠ：102）と言っており、物々交換と単純な価値形態との違いに注意を促している。また、価値形態論を巡る議論のなかでも、価値表現の主観的な性格に言及することで、単純な価値形態と物々交換の異質性が強調されてきたのである。(36)

とは言え、交換行為なき価値表現がありえない以上、両者の区別のみを過度に強調することはできない。(37)この意味で、価値形態論を交換過程論から類推することには、一定の根拠がある。(38)価値形態論の出自、すなわち、交換過程論との絡み合いのなかで形成されてきたという経緯――『批判』においては、交換過程論は価値形態論（の原型）と交錯するかたちで説かれており、そこでは、両論の関連性がはっきりと示されている――も、この類推の妥当性を裏打ちしている。こうして見ると、単純な価値形態と物々交換の相違についての認識にもかかわらず、交換過程論の方法が価値形態論の解釈に対して陰に陽に影響を与えることになったのも、当然のことであった。

自分にとっては「直接的使用価値をもっていない」（KⅠ：99）商品を「自分を満足させる使用価値をもつ商品と引き換えに、手放そうとする」、これが交換過程論の描く交換行為であった。この構図は、当然にも、価値形態論における単純な価値形態の解釈にも影を落とすことになる。すなわち、「一商品の価値が他の商品の使用価値で表現される」（KⅠ：66）という価値表現の機制は、「他人のための使用価値」（KⅠ：100）であり、自分にとっては「非使用価値」である商品の価値が、「自分を満足させる使用価値をもつ商品」、自分の欲求の対象である商品の使用価値で表現されるというかたちに捉えなおされてきたのである。[39] この解釈では、価値表現の材料である等価物は、畢竟、商品所持者にとって有用な物として理解されることになる。[40] しかしながら、他方で、貨幣は、「それ自身の使用価値や交換者の個人的欲求にはかかわりのない価値形態」（K I：103）を受け取らねばならない。このため、価値形態論は、個人的欲求が単純な価値形態から貨幣形態へと至るなかで変容していくことを解明する欲求の変容論としての性格を強く帯びることになる。[41]

欲求の変容論として価値形態論を説くことには、論理上の問題もあるが、[42] われわれにとってより重要なのは、それが、貨幣観、ひいては、市場像に与える影響である。欲求の変容論として価値形態論を捉えた場合、価値形態の発展は、直接的欲求が間接化していく過程と見なされることになる。この見方の延長上に出てくるのは、貨幣を直接的欲求の対象を得るための媒介的手段と見なす貨幣観であり、また、単純流通W—G—Wという表象と結びついた市場像である。

(2) 商人資本の先行性

貨幣の問題は、次章以降の検討に譲るとして、ここでは、市場像について検討しよう。単純流通的市場像は、貨幣の発生を直接交換（物々交換）の間接化に求める交換過程論の論理にその淵源をもっている。すなわち、直接交換W—W′のときには未分離であった譲渡と入手は、貨幣が介在することによって、販売W—Gと購買G—W′へと分裂し、間接交換W—G—W′がもたらされる。このような間接化の論理は、単純流通を市場の基底と見なす態度と結びついている点で受け入れ難い。

われわれがマルクスの「商品交換は、ゲマインヴェーゼンの果てるところ、ゲマインヴェーゼンが他のゲマインヴェーゼンまたはその成員と接触する点で、始まる」（K I：102）という言葉から取り出した余剰の交換という視角は、間接化の論理とは異なる方向性を示しているように思われる。

ここで重要なのは、ゲマインヴェーゼンにとっての余剰は、ゲマインヴェーゼンにとっての必要と交換されるわけではないということである。マルクスが『原初稿』で述べているように、「余剰は余剰そのものと交換される、すなわち直接的な必要 Bedürftigkeit の範囲を超えるもの、日常的なものとは反対の非日常的なものと交換される」（Marx 1858-61：43）。ここでの余剰の譲渡の目的は、欲求の充足ではなく、余剰の維持にあるのである。[43]

一見したところ、間接化の論理の出発点である余剰と必要の交換も、余剰と余剰の交換も、ある物を別の物と交換するという意味では、同じであるように見える。すなわち、一方のW—W′に他方のW′—Wが対立するという関係である。間接化の論理は、ここにいわゆる欲求の「二重の一致 double coincidence」（Jevons 1875：3, 訳三）の困難を読み込むことによって貨幣を媒介とする間接交換の発生を説明する。もっとも、余剰と余剰の交換から出発しても、以下に見る富の外来性という論点を見過ごすならば、同様の発想に行きつく。

マルクスは、初期の貨幣材料の一つが「外来の最も重要な物品」（K I：104）であったと指摘しているが、本来、外来品は富の象徴であった。このような外来品は、「ゲマインヴェーゼンが他のゲマインヴェーゼンまたはその成員と接触する点で」という表現が想起させるような、隣人との交換によって入手されるものとは必ずしも言えない。むしろ、稀少性が外来品の社会的評価を高めることを勘案するならば、その供給源は遠いほどよいことになる。

マルクスの表現は、ゲマインヴェーゼンとゲマインヴェーゼンの間、としばしばパラフレーズされるが、[44]これを隣接する二つのゲマインヴェーゼンの境界と理解してしまうと、この〈間〉が空間的な広がりをもたない線として表象されることになる。隣り合った共同体同士がその境界に物を置いて遣り取りする、沈黙交易の如きものが商品交換の原型として想定されることにもなりかねないのである。これとは反対に、〈間〉が空間的な広がりをもつ場であるとすれば、ゲマインヴェーゼン（の成員）同士が直接交換をするとは考え難い。ゲマインヴェーゼンとゲマインヴェーゼンの〈間〉には、大きな空間的懸隔があるのであり、そこに第三者が介在する必要性が生じてくる。なぜなら、空間的に隔たったゲマインヴェーゼンの〈間〉で直接取引を行うことには、輸送・保管技術と知識という二つの点で困難があるからである(45)。こうして、ゲマインヴェーゼンの〈間〉の交換は、ゲマインヴェーゼンの成員とは異なる、専業の商人あるいは商業組織に担われることになるのである(46)。

では、このような商人あるいは商業組織はどこから生じてくるのであろうか。社会的分業の一環をなすゲマインヴェーゼンの成員にはこのようなことはなしえないし、そもそもその動因がない。曲がりなりにも生存が保証されているゲマインヴェーゼンから離れて、リスクの高い商業活動にわざわざ身を投じる必要はないからである。ゲマインヴェーゼンの〈間〉の交換を担うのは、ゲマインヴェーゼンから排除された者たち、あるいは、ゲマインヴェーゼンをもたない者たちであり、したがって、商業という危険な方法に訴えざるをえない不安定な立場の者たちである。古来より商業が外国人や遊牧民族によって担われてきたのはこの証左であると言える。余剰と余剰の交換は、ゲマインヴェーゼン内部に基盤をもたない、〈間〉という外部に在る商人によって媒介される。ここから、間接化の論理とは別の論理が導き出される。

先ほど触れたように、間接化の論理の前提は、「欲求の二重の一致」の困難である。商品Aの所持者の欲求の対象である商品Bの所持者が、商品Aを欲求の対象としない場合、すなわち、商品Aと商品Bの直接交換が不可能である場合、商品Aの所持者は、商品Bの所持者の欲求の対象である商品Cを所持し、かつ、商品Aを欲求の対象とする者を探索することになる。条件に合致する者が運良く見つかれば、商品Aの所持者は、商品Cを媒介とする間接交換を行う。このとき、商品Cは、欲求の対象である商品Bを入手するための手段として機能することになる。商品Cが商品Bの所持者にとどまらず、広く欲求の対象とされるならば、商品Cは貨幣と呼ばれる。これが間接化の論理による貨幣生成の説明である。

しかし、この説明は、〈間〉の広がりを考慮した場合には成り立ちえない。遠く隔たったゲマインヴェーゼンの〈間〉では、相手が何をどの程度欲するかということ自体が得難い情報である。また、かりにそれを知りえたとしても、間接交換を可能にするような第三の商品を探索することなどほとんど不可能である。間接化の論理は、知識の獲得には時間と費用がかかるということを完全に無視している。すべての交換主体が一堂に会する取引所のような場所でも想定しないかぎり、この論理によって貨幣の生成を説くことはできないのである。

このことは、遠隔地間の交易における、商人の媒介の必要性を示唆するだけではない。貨幣に対する資本の先行性を、あるいは、単純流通に対する資本の運動の先行性を明らかにする。商人によって媒介される遠隔地交易は、統一された流通手段としての貨幣を必ずしも必要としない。なぜなら、異なるニーズをもつ多様なゲマインヴェーゼンの交易を媒介する商人は、自らの在庫（ストック）を最も交換性が高いと見込まれる単一の商品に絞り込むよりも、むしろ、さまざまなニーズに合わせて多様化すると考えられるからである。〈間〉という外部を遍歴する商人は、交換によって在庫品目を変化させながら、ゲマインヴェーゼンの余剰と余剰の直接交換を媒介する。(47) ここには、（流通手段としての）貨幣の資本への転化、あるいは、単純流通W—G—Wの資本の運動G—W—G′への転化とは対照的な、商人（資本）の先行性が見出されるのである。(48)

商人によって媒介された遠隔地交易において、統一的な流通手段が不可欠でない理由は、それが必要のための交換ではなく、余剰の交換であるからである。逆に言えば、統一的な流通手段としての貨幣が要請されるのは、必要の交換においてである。必要の欠如がもたらす、欲求の一意性と緊急性が特定の商品を即時に入手することを要請するからである。スミスからマルクスに至るまで、貨幣の生成を解こうとした論者たちが、決まって必要に対する欲求という前提から出発しているのはこのためである。

もちろん、自足的なゲマインヴェーゼンにおいても、このような欲求が生じる可能性がないわけではない。必要の充足を目指しつつも、何らかの要因によって、必要の欠如が事後的に生じることはありうる。さらに言えば、ゲマインヴェーゼンから排除された者たち――他ならぬ商人もここに含まれる――にとっては、「貨幣それ自体がゲマインヴェーゼンである」（Gr：147）とさえ言える。ゲマインヴェーゼンの閉鎖性はそこからの排除と表裏をなすのだから、こうした者たちの起源はゲマインヴェーゼンと同じぐらい古いはずである。とはいえ、このような関係が全面化するためには、ゲマインヴェーゼンの解体を俟たねばならないだろう。その意味では、（商人）資本のみならず、労働力商品化すらも貨幣の生成に先行するとさえ言いうるのかもしれない。

〈補論〉社会的再生産と余剰

「社会的再生産 gesellschaftlichen Reproduktion」は、『資本論』第二巻の再生産表式論（K II：391, 392, 476, 485）で用いられている概念である。この概念をマルクスは定義していないが、再生産表式において示される構造、すなわち、社会の総生産物が生産物相互の絡み合いのなかで再生産される構造を指していると見てよいであろう(49)。

社会的再生産については、軸足をどこに置くかによって、二つの異なる捉え方がありうる。第一は、人間（あるいは労働者）の生存を軸にした捉え方である。この場合、社会的再生産とは、社会の成員たる人間の生存および「繁殖 Fortpflanzung」（K I：281）のために必要な物およびその生産に必要な物＝生産手段の再生産のことを指し、したがって、余剰はその残余を意味する。これはスミス、リカードら古典派経済学者の立場であり、マルクスも基本的にはそれを継承していると言ってよい。

第二の見方は、P・スラッファによって提示されたものであるが、それは物の再生産を視軸とする。この見方では、社会的再生産は物の生産に必要な生産手段（投入物）の再生産を意味し、その残り、すなわち、純生産物が余剰となる。労働者を含めた社会の成員には、この余剰が分配されることになる。[50]

この第二の見方は、生産手段の補塡と生活手段の取得を、したがって、物の再生産と人間の生存を同列に扱うという第一の見方がもっていた理論的困難を明るみにするという点では確かに意味があった。与えられた技術水準のもとでは産出との間に確定的な量的関係が認められる生産手段（投入物）とは異なり、人間の労働力の発揮である労働については、彼／彼女が消費する生活手段との間にこうした量的関係を想定することはできない。その要因は仔細に見れば二つある。まず第一に、この量的関係の不確定性は、前章でも触れた、マンデヴィル以来の線引き問題から生じる。人間の生存に必要な物（必需）とそれを超える物（奢侈）を截然と区別することは困難であり、したがって、労働量に対応する生活手段の大きさを客観的に規定することはできない。それは、一定の場所と時代において、所与と見なしうるものにすぎないのである。

だが、生活手段の大きさが与えられたとしてもなおも残る問題がある。第二の要因であるが、それは人間の生存が労働力の再生産ではないことに関わる。確かに、人間の生存は労働の前提であるが、労働量の多寡は、さらに言えば、労働がなされるか否かは、人間の生存とは、したがって、生活手段の消費とは関係がない。労働量が二倍になったからと言って、二倍の生活手段を消費するわけではないし、また、労働をしないからと言って、生活手段なしに生きられるわけではない。労働あるいは生産と生存とは別の事柄であるという当然のことが、社会的再生産についての第一の見方からは抜け落ちてしまう。

しかし、第二の見方にも問題がないわけではない。第二の見方は、必要の範囲を生産手段の補塡に限定し、その生産手段が生み出す純生産物に必要と余剰の区別を設けようとはしない。しかし、純生産物がすべて余剰であるとすれば、生産手段の補塡が必要であるとしても、それは余剰のために必要であるにすぎない。余剰のために必要なものとは、結局は余剰なのであり、したがって、第二の見方では、社会的再生産全体が余剰の再生産に還元されてしまう。(51)ここでは、第一の見方のように生存は生産と同一視されてはいないが、代わりに生存の問題が完全に欠落してしまっている。

このように二つの見方にはそれぞれ長短があるが、本章では、社会の維持・再生産と商品交換の相剋を明らかにするという目的から、第一の見方を採っている。生存の問題を欠くことはこの課題にとっては致命的だからである。その際、第二の見方によって明らかにされた難点を踏まえ、次の二つの点に注意を促しておく。第一に、客観的に見れば生産手段にも生活手段にも入らないようなもの、例えば、祭祀や戦争なども社会形態によっては社会の維持・再生産にとって必要でありうること、第二に、必要生活手段の大きさは労働量とは無関係にゲマインヴェーゼン全体の人口(52)——当然にもそれは労働者に限定されない——によって規定されること、この二点に留意する必要がある。

注

(1) 行論上、ここでの検討は差し控えるが、マルクスは、資本主義社会の富について、巨大な商品集合「である ist」と言わずに、巨大な商品集合「として現われる-現象する erscheint als」と述べていることに注意する必要がある。廣松渉は、ここでの「現象 Erscheinen」を「〃非実体的な〃一定の諸関係の在り方 Anwesenheit」(廣松 1987：265) であるところの本質の現われと解釈している。また、M・ハイデガーは、現象 Erscheinen というドイツ語について、それを偽の現象である「仮象 Schein」と区別したうえで、「おのれを示すものを介して、おのれを示さないものが通示されること」

(Heidegger 1927：39, 訳(上)-八二) であると述べている。

(2) 『批判』では、『資本論』冒頭とほぼ同じ文章のあとで、「商品はまず、イギリスの経済学者の言い方で言うと、「生活にとって必要な、役にたち、または快適な何らかの物」であり、人間の欲求の対象であり、最も広い意味での生活手段である」(Kr：15) と述べられている。MEGA編集者の注解によれば、マルクスが引用した文章自体は、J・R・マカロック編の『国富論』に付された、マカロックの注であるようだが、「イギリスの経済学者」で事実上指しているのはスミスであると見てよいであろう。

(3) ここで、リカードの富概念についても簡単に触れておこう。リカードにとって、富は使用価値とほぼ同義である。それゆえ、「価値は本質的に富と異なっている」(Ricardo 1817=1821：273, 訳三一五) と言われる。もっとも、リカードの場合、富を表わす語として用いられるのはwealthではなく、richesである。この点について、玉野井芳郎は、「リカードウにおいては、「富《ウェルス》」は多くの場合、貨幣性をあらわしているかのごとき「富《リッチズ》(riches)」ということばで置きかえられ、これと同一視すらされている」と述べている。玉野井は、「リカードウにくらべるとスミスの体系には、市場経済が論じられる場合にも、市場経済の背後に横たわる人間生活の〈審級性〉の世界が大きく顔を出している」(玉野井 1978：106) として、スミスを積極的に評価している。

(4) マルクスの「欲求」概念については、本書第一章第三節(1)を参照。

(5) マルクスはここで、使用価値概念に有用性と商品体という二つの契機が含まれることを示唆していると言ってよいが、この点については、本書第三章第一節(3)で改めて論じる。

(6) この点はマルクスの方法上の不備としてこれまでもたびたび指摘されてきた。先駆的な指摘として、宇野 (1947：216-220) 参照。

(7) マルクスもこの点を高く評価している。「ここ〔『国富論』第一篇第五章〕で強調されているのは、分業によって引き起こされた変化である。その変化とは、すなわち、富はもはやその人自身の労働の生産物のうちにではなく、この生産物が支配する他人の労働の量、すなわちこの生産物が買いうる社会的労働の量のうちに存するということ、そしてこの量は、この生産物そのものに含まれている労働の量によって規定されている、ということである。事実上ここで言われていることは、ただ、私の労働は社会的労働としてのみ、したがって私の労働の生産物は等量の社会的労働に対する支配としてのみ、私の富を規定するという、交換価値の概念だけである」(Marx 1861-63：369, 訳(5)-六一～六二)。

(8) Mun (1664：chap. 2) 参照。因みに、「財宝treasure」のドイツ語はSchatzであるが、この語は日本のマルクス経済学では蓄蔵貨幣と訳されており、財宝という元々の含意は薄められている。本書では、必要に応じて、Schatz を蓄蔵貨幣-財宝と表記することにする。マルクスの蓄蔵貨幣概念については、本書第四章で詳論する。

(9) 実は、この点にも留保が必要である。詳しくは、第四章で論じるが、マルクスは、重商主義的な貨幣観をある意味では引き継いでいるとも言えるからである。

(10) 例えば、伊藤（1981：67）参照。

(11) 右の引用のあと、マルクスは「使用価値がこの範囲に入ってくるのは、使用価値そのものが形態規定である場合だけである」（Kr：16）と述べているが、このことの意味は、資本の展開を俟ってはじめて解き明かすことができる。本書第四章第三節(1)を参照。

(12) マルクス死後、F・エンゲルスによって『資本論』第一巻第四版に付加された「商品になるためには、生産物は、それが使用価値として役立つ他人の手に交換によって移されなければならない」（KⅠ：55）という文章は、ストックとしての富というマルクスの視角を不明確にしている。マルクスの立場からすれば、むしろ商品は、それが使用価値として役立つ他人の手に交換によって移されると、商品ではなくなる。

(13) 狩猟＝採取社会においては、過少生産構造が常態であるという人類学の知見が示しているのは、このことである。狩猟＝採取社会は、必要を上回る余剰の獲得・生産が技術的に可能であったとしても、労働時間を抑制して余暇を確保することを優先する傾向がある。こうした社会においては、余剰はたんなる無駄でしかなく、決して富と見なされないであろうが、より重要なのは、そこでは貯蔵がなされないということである。遊動する狩猟＝採取民にとっては、余剰の貯蔵は可動性を低下させるという意味で、致命的な欠陥をもつからである。Sahlins（1972：chap. 1）参照。

(14) 因果の方向を特定することは難しいが、貯蔵が定住と表裏の関係をなしていることは間違いない。定住と貯蔵の関係については、Testart（1982）、西田（1986）を参照のこと。定住を農耕と結びつける通説とは異なって、両者はともに、狩猟＝採取民、とりわけ、定置漁具を用いる漁撈民に定住の出発点を見出している。定置漁具を用いることによって漁撈民は可動性を喪失したこと（まさしく固定資本の問題である）、また、サケのような供給量の季節的変動が激しいものを食糧とする社会は貯蔵技術の発展を不可欠とすることなど、興味深い指摘がある。

(15) 余剰概念は欲求の有限性を前提とする。詳しくは、前章第一節(2)を参照。

(16) 水田訳（岩波文庫）では servant を「召使」と訳しているが、ホッブズの論理が奴隷から賃労働まで含む広義の servant に適用可能であることを示唆するために、ここでは敢えて「サーヴァント」とカタカナで表記している。なお、奴隷・召使（用益給付）と賃労働との関係については、本書第五章第一節(1)で改めて論じる。

(17) スミスはホッブズのこの言葉を批判的に引用し、富（余剰）がもたらすのは購買力であると述べている。Smith (1776：48, 訳Ⅰ-五四) 参照。スミスの立場からすれば、余剰そのものは富ではなく、それと引き換えに入手しうる必需品こそが富なのである。

(18) 「負い目 owing」が人の関係性を作り出すことについては、Sahlins (1972：222, 訳二七三) を参照。

(19) F・ニーチェによれば、「負い目 Schuld」という感情は「負債 Schulden」に由来するという。Nietzsche (1887：52, 訳四三一) を参照。このことからすれば、「負い目」が友情あるいは服従をもたらすのは、負債の返済がなされなかった場合であると言うべきかもしれない。この点は、M・モースによって次のように指摘されている。「与えることは彼の優越性を示すことであり、また、彼がより偉大で、より高くあり、主人であることを示すことである。貰って何らのお返しをしないとか、あるいはより多くのお返しをしないということは従属することであり、家来や召使になること、小さくなること、より低い地位（従僕）に落ちることである」(Mauss 1950：270, 訳三八四)。

(20) このことは、債権債務関係が交換に先行しうる、あるいは、少なくとも同時的に発生しうることを示している。例えば、古代および中世の日本において広範に見られた出挙の制度を想起せよ。出挙の起源についてはそれを収奪の一形式と見なす屯倉制支配説と共同体の物的再生産の維持にその本質を見る共同体的機能説があるが、次節で見るゲマインヴェーゼンという観点からは、後者がとりわけ興味深い。出挙については、小田 (1986) を参照。

(21) ここでの「共同体」が Gemeinwesen であることの重要性を指摘したものとしては、例えば、望月 (1977：38-39) を参照。

(22) 『要綱』（MEGA版）の翻訳では、Gemeinwesen は「共同体組織」、Gemeinde は「共同体」、Gemeinschaft は「共同集団」と訳し分けられている。一方、『資本論』の多くの訳書では、Gemeinwesen と Gemeinde のいずれも「共同体」と訳されている。Gemeinschaft は、『資本論』ではほとんど見られない。『要綱』における Gemeinwesen と Gemeinde の区別については、渡辺 (2005) も参照されたい。本書では、ドイツ語の Wesen の多義性を踏まえ、Gemeinwesen を敢えて日本語には訳さず、不格好ではあるが、ゲマインヴェーゼンとカタカナで表記することにする。Wesen の多義性については、内田 (1971：26-28) を参照。

(23) 「群棲体」とは、「血統、言語、習慣などにおける共同性 Gemeinshaftlichkeit」を指すが、マルクスによれば、それは「彼らの生活の客体的諸条件の取得の、また自己を再生産し対象化する彼らの活動（牧人、猟人、耕人等々としての活動）

の初発の前提である」（Gr：379–380）という。

(24) 平田清明は、マルクスのゲマインヴェーゼン概念を次のように説明している。「Gemeinwesen とは、諸個体の社会的生産活動における人格的共同関係、または、そのような共同的生産＝生活活動をもって本質とする諸個人の共同的な gemeinschaftlich 存在様式を指す」（平田 1971：114）。また、森田桐郎は、ゲマインヴェーゼンとは生産関係の単位であり、その圏域は、国家のような政治的単位とは必ずしも一致しないと指摘している。森田（1970：310–311）参照。

(25) 社会的再生産概念については、本章〈補論〉を参照。

(26) 宇野弘蔵はより明確に、再生産表式は、商品経済が「あらゆる社会に共通する再生産の原則を実現しうることを明らかにする」（宇野 1950–52：244）と述べ、それによって宇野のいわゆる価値法則が「否定しえない絶対的基礎を与えられる」（宇野 1950–52：245）としている。

(27) 精確に言えば、ゲマインヴェーゼンが「群棲体」という形態をとるのは、狭義の、あるいは、本源的なゲマインヴェーゼンにおいてである。資本主義のもとでは、こうした「群棲体」としてのゲマインヴェーゼンは解体されるが、だからといって、ゲマインヴェーゼンそのものがなくなるわけではない。資本主義においても、物象化された形態であれ、ゲマインヴェーゼンは存在している。「ミル評注」におけるゲマインヴェーゼンの用法（Marx und Engels 1844：452–453, 訳九六〜九八）を見られたい。世界史的発展は「ゲマインヴェーゼン貫通史観」として把握さるべきと主張する森田・望月（1974）も参照のこと。

(28) 交換過程論で、商品交換の始まりについて言及した際に、マルクスは「自然発生的なゲマインヴェーゼン」（K I：102）の例として古代インドの共同体を挙げているが、まさにそのインドについて、マルクスは一八五三年六月二五日付の『ニューヨーク・デイリー・トリビューン』に寄稿した論説のなかで「インドではこれまでどんなに政治の姿が変わったようにみえても、その社会的条件は、最古の時代から変わることなく、一九世紀の最初の一〇年代にまで及んだ」（Marx 1853：128, 訳一二四）と述べている。

(29) 「諸形態」にも同様の指摘がある。「最もしぶとく、最も長くもちこたえるのは、必然的にアジア的形態である。このことはアジア的形態の前提に、すなわち、個々人が共同体に対して自立していかないこと、自活的生活圏域、農業と手工業との一体性、等々〔が存在すること――訳者〕という、その前提に根ざしているのである」（Gr：391）。

(30) Brenner（2007）参照。なお、「ブレナー論争」の主要論文は Aston and Philpin eds.（1985）に収録されている。

(31) ブレナーは、自らの論文の副題でもある「アダム・スミスはどこで間違ったのか」という問いに対して次のように答えている。「アダム・スミスに足りなかったのは――最も一般的なかたちで言えば――彼の基本的メカニズムをあたかも普遍的に妥当するものであるかのように提示してしまった点、あるいは、より厳密には、経済成長を生み出す彼のメカニズムが妥当する社会・経済状況と妥当しない状況とを特定することができなかった点である」(Brenner 2007：57)。

(32) マルクスは、古代ローマについてであるが、同様のことを指摘している。「古代〔ローマ〕人のもとでは、どのような形態の土地所有等々が最も生産的であり、最大の富をつくりだすか、というような追究が見出されることは決してない。富は生産の目的としては現われないのである」(Gr：391)。

(33) いわゆる「交通革命」以前の交通機関が未発達な段階では、食糧は遠隔地間の交易の対象になりえないという問題もある。このことをスミスは次のように指摘している。「そもそも地味豊かで耕作の容易な内陸の地方は、その耕作者を養うのに必要な量を超えて、大量の余剰食料を産出するものだが、陸上輸送に費用がかかることと、河川航行が不便であることのために、この余剰食料を他地方に送るのは多くの場合困難であろう」(Smith 1776：408-409, 訳II-訳四七)。

(34) このことはヨーロッパ封建制だけでなく、もっと最近の例にも当てはまる。J・C・スコットが一九三〇年代の東南アジアの農民のなかに見出したのは封建制ヨーロッパにおいて採用されていた再生産のためのルールと同じものであるように思われる。スコットはこのルールをモラル・エコノミー、生存維持倫理、「安全第一」原理などと呼んでいる。彼によれば、「安全第一」原理とは、農民が「自分の産出の極大化よりも、災害に見舞われる可能性を極大化すること」を、あるいは、「食用にならない商品作物よりも食糧作物の方」(Scott 1976：18, 訳二一～二二)を選好することを意味する。これはブレナーが描いた封建制的行動様式とまったく同じである。「収穫の不確実性と「商売の失敗」の受け入れ難いコスト――すなわち、飢餓の可能性――を考慮すれば、農民は再生産のためのルールとして専業化による交換価値の最大化を採用することはできず、むしろ「安全第一」、「生存のための生産」というルールを採用した」(Brenner 2007：68)。

(35) 価値形態論では貨幣成立の「如何にして wie」が、交換過程論では「何によって wodurch」が――因みに物神性論では「何故 warum」が――論じられていると解釈する久留間鮫造は、価値の表現W＝W′と価値の実現W－W′との間に対応関係を見出している。久留間(1957：91-96)参照。

(36) 価値表現の主観性は、いわゆる「逆関係」(K I：63)を否定する文脈で強調されてきた。例えば、宇野は次のように指摘している。「〔亜麻布二〇エレ＝上衣一着という簡単な価値表現は〕「等式を逆に」すれば他方の商品の価値が表示されることになるというようなものではない。亜麻布の価値は、その所有者によって、その所有者の需要する一着の上衣に対して、交換に提供されるものとして表示され、その供給をなすわけである。それは飽くまでも亜麻布を商品として所有する者の主観的な評価として行われる価値表現である」（宇野 1962：179）。宇野によれば、亜麻布二〇エレ＝上衣一着は、「上衣商品の所有者に対しての申入れとしての主観的評価にすぎない」（宇野 1962：182）のであって、「簡単なる価値形態を示す亜麻布二〇エレ＝上衣一着の等式は、亜麻布と上衣との物々交換を指示するわけではない」。

(37) 価値形態論では価値尺度としての貨幣の形成が、交換過程論では流通手段としての貨幣の形成が説かれているという独特の解釈に立つ武田信照は、価値表現過程（価値形態論）が「固有の矛盾をもつ独自の運動過程」（武田 1982：353）であると主張する。価値尺度と流通手段の区別についての武田の指摘は示唆的ではある――この点についての本書の立場は次章で示される――が、「価値尺度としての貨幣の形成根拠と流通手段としての貨幣の形成根拠とはそれぞれ異なっている」（武田 1982：352）というのは行きすぎであろう。その根拠を「商品交換の一定の段階では価値尺度としての貨幣のみが存在したという歴史的事実」（武田 1982：353）に求める論法にも問題がある。

(38) 商品の価値表現が商品所持者の交換要求から離れてはありえないという理解から、『資本論』の交換過程論を否定し、価値形態論を独自に再構成した宇野の所説が直ちに想起されようが、宇野を批判した久留間の立場も、この点では、大きく異なっているわけではない。久留間は、価値形態論と交換過程論がともに貨幣の生成を扱うものであることを前提にしたうえで、貨幣生成という同一の対象を異なった視角――「如何にして wie」と「何によって wodurch」――から説くべきだと主張していたにすぎない。久留間（1957：91-96）において、価値の表現と実現をパラレルに論じていることからも分かるように、価値表現と交換行為を表裏のものと見る傾向は、むしろ、宇野以上に強い。

(39) 周知のように、価値形態論における欲求の契機を重視したのは、宇野である。宇野は、「リンネルが相対的価値形態にあって上衣が等価形態にあるという場合、リンネルは何故上衣を等価形態にとるに至ったか、それにはリンネルの所有者の欲望というものを前提しないでもよいだろうか、そういう関係を離れて斯ういう形があり得るだろうか」（向坂・宇野編 1948-49：157）という問題提起から出発し、商品所持者の欲求を組み込んだ独自の価値形態論をつくり上げた。宇野によれば、「もともと一商品の価値が他の商品の使用価値で表現されるということは、単に使用価値を異にする他の商品によって価値が表現されるというのではなく、一商品の所有者が、已れの欲する商品の一定量に対してならば、これこれの量の、その商品を引渡してもよいという意思表示をなすものであって、等価形態にある商品は、その使用価値によって需要せられているのである」（宇野 1962：180）という。これに対し、久留間が「『リンネルが何故上衣を等価形態にとるに至ったか、《ママ》』というようなことを問題にすること自体が、価値形態論の固有の目的からみて果して必要なことかどうか」（久留間 1957：51）と疑念を呈し、宇野の価値形態論を批判したのもまた周知のことに属する。しかしながら、「『リンネルが何故上衣を等価物にとるに至ったのか」はリンネル所有者の欲望を考慮に入れないでは理解されえない、ということには疑問の余地がない」と述べていることから分かるように、久留間においても等価物が欲求の対象であるというのは自明のこととされている。われわれが問題にしているのは、宇野－久留間論争で争われた、価値形態論では、商品所持者の欲求は捨象されるか否かという論点ではない。商品所持者の欲求を価値形態論で説くべきか（宇野）、交換過程論で説くべきか（久留間）、という叙述の順序ではなく、等価物を欲求の対象と見なす両者に共通の認識そのものを俎上に載せようとしているのである。

(40) この理解は、使用価値概念の解釈とも密接に関連している。馬渡尚憲が指摘したように、マルクスは、使用価値概念を多義的に用いている。すなわち、マルクスにおいては、「商品の「使用価値」という用語が、有用性の特殊なあり方、有用性一般、商品体の三重の意味で区別なく使われている」（馬渡 1978：4）。馬渡は、マルクスの用法を三つに分類しているが、前二者を有用性の下位区分として括れば、有用性と商品体の二つに大別されると言えよう。このうち、従来、大勢を占めてきたのは、使用価値を有用性（欲求の対象）とする解釈であり、この解釈は、馬渡によって指摘されるまで、その自明性を疑われたことすらほとんどなかったのである。このことは、交換過程論の方法が価値形態論に与えた影響がいかに根深いものであったかを示している。このような先入見から離れて価値形態論を再読するならば、等価物の使用価値が商品体 Warenkörper を指していることは明らかである。「価値関係の媒介によって、商品Bの現物形態は商品Aの価値形態になる。言い換えれば、商品Bの身体 Körper は商品Aの価値鏡になる」（K I：67）。

(41) 小幡道昭は、宇野にも潜在していた欲求の変容という契機（宇野 1950–52：38 など）を先鋭化させ、価値形態の発展を欲求の分節化のプロセスとして再定式化している。小幡（1988：49–50）参照。他方、価値形態論から欲求を捨象したはずの久留間も、論理的にではないが、価値形態論における欲求の変容を指摘している。久留間によれば、「簡単な価値形態では商品の価値はまだその所有者の欲望から独立した形態をもっていない」（久留間 1957：90）が、「商品の価値の形態が商品所有者の個人的欲望によって制約されるということは、価値そのものの本性にもとることであり、価値の形態としての致命的欠陥を意味しなければならぬ。したがって価値形態は、簡単な価値形態にはとどまりえないで貨幣形態にまで発展しなければならないのであり、ここにはじめて、商品所有者の個人的欲望との結びつきから解放されることによって、価値形態として完成することになるのである」（久留間 1957：91）。

(42) 高須賀義博は、欲求の変容を説く宇野の価値形態論について、「等価形態にたつ商品が、価値表現をする側の商品所有者の直接的欲望の対象から非直接的欲望への転換が論理的に説明できない限り、完結した理論とはいえない」（高須賀

1979：58）として批判している。高須賀は、宇野が拡大された価値形態から一般的価値形態への移行に際して導入する「共通の等価物」は非直接的な欲望の対象という点で拡大された価値形態ひいては簡単な価値形態成立の基本前提と異なっている」と指摘する。もっとも、宇野もこの論点には気がついており、「みんなが欲しがるものは剰余生産物なのだ、という、ここのところは形式的に説明できますか」という関根友彦の疑問に対し、「あらゆる人々に共通な、欲求の対象となるのがそういうもの〔剰余生産物〕になるというのは、逆にいえば直接に役にたつものではあらゆる人々に共通に欲求されるとはいえないことになる」（宇野 1972：88）という逆説を指摘している。

（43）もっとも、交換によって手に入れられるものが、「消費対象として直接的な必要を充足するわけでもなく、作動因として直接的生産過程に入ってゆくわけでもない」（Marx 1858-61：42, 訳九六）とすれば、それが社会的再生産を阻害しないという「否定的な側面」では意味をなすと言えようが、余剰と余剰の交換がより積極的に駆動されるとは断じ難い。前章で見たように、これこそが一七・八世紀の思想家たちを悩ませた問題であり、彼らはその解答を必要に対する欲求とは別の、奢侈に対する欲望に見出したのであった。マルクスが、「財宝-蓄蔵貨幣の形成 Schatzbildung」の素材上の要件として、耐久性に加え、「美的諸属性」をも挙げることによって、金銀は「余剰の肯定的諸形態」（Marx 1858-61：42, 訳九九）となると述べているのもこうした意味であろう。

（44）宇野による次のような定式化がその典型である。「もともと商品経済はマルクスのいうように共同体と共同体との間の生産物の交換から発生したものであって、それはいわば物によって人間の社会関係を拡大するものとして、漸次に共同体に分解的影響を及ぼしつつその内部に浸透していったのであった」（宇野 1964：8）。なお、宇野の「間」については、沖（2011）で論じたことがある。

（45）この点は本書第四章第三節(2)で再論する。

（46）マルクスはこの〈間〉をエピクロスの神々が住むとされる「中間界《メタコスミアー》」に譬えている（KⅠ：93, KⅢ：342）。沖（2011：95-97）参照。

（47）『資本論』冒頭における富の規定、すなわち、商品ストックとしての富という規定は、この商人の在庫を念頭に置いて読むとき、はじめて十分に理解することができる。この点については、本書第四章第三節(1)を参照。

（48）安富歩は、「貨幣と商人が交換の場面における知識の伝播・形成に果たす役割が等価である」（安富 2000：139）ことから、「貨幣と商人の双対性」を唱えている。なお、商人による余剰の交換の媒介において、統一的な流通手段は不可欠ではないが、商人が在庫商品を評価するための統一的な価値尺度は必要である。価値尺度と流通手段の関連については、次章で論じる。

(49) 社会的再生産が再生産表式において示される構造を指すとするならば、その淵源はF・ケネーの『経済表』にまで遡る。その意味で、松嶋敦茂が「もし社会が存続し年々再生産されているとすれば、どのような関係が存在していなければならないか」という問題を解明しようとする、「ケネー、D・リカード、マルクスによって定礎・確立され、現代ではレオンチェフ、ノイマン、P・スラッファらによって継承され発展させられた「経済」のとらえ方」を「社会的再生産システム」としての経済把握」(松嶋 1996：30) と呼んでいるのは至当である。

(50) スラッファによれば、労働者の賃金には、必要生存資料である生存賃金のほかに、剰余生産物から分け前である剰余賃金が含まれるが、彼は、このうちの生存賃金だけを投入に含める「古典派経済学の着想」を放棄し、賃金を利潤と同様に剰余として扱う「慣例的な方法」に従うと述べている。Sraffa (1960：9-10, 訳一四～一六) 参照。小幡も剰余の概念が「社会的生産物のうちから補塡部分を控除した残りの部分、すなわち純生産物全体に対して、第一義的には適用される」(小幡 1988：146) として、同様の考え方を示している。

(51) このことは第一の見方の余剰理解にも見直しを迫る。簡単な数値例を使って説明しよう。米一〇〇キログラムを生産手段として投入し、米二〇〇キログラムを産出するような社会を考えてみる。この社会の純生産物は米一〇〇キログラムであるが、このうち、米五〇キログラムを必要生活手段として消費するとする。このとき、社会の維持・再生産に必要な米は一五〇キログラムであり、残余の五〇キログラムが余剰となるというのが第一の見方であった。しかし、一〇〇キログラムの生産手段のうち、五〇キログラム（規模に関して収穫一定の場合）は余剰の生産に必要なものであるから、結局は余剰である。この社会にとっての余剰は米一〇〇キログラムであると言うべきなのである。

(52) この意味で、マルクスが再生産表式において、意外にも、必要生活手段のなかに「資本家階級の消費の一部分」(K II：402) を含めていることは示唆的である。

第三章　貨幣機能の二重構造

第一節　価値形態論と価値尺度論

(1)　貨幣諸機能の相互連関

古典派経済学が貨幣をもっぱら流通手段として捉えたのとは対照的に、マルクスは、『資本論』において、貨幣の諸機能を詳細に分析することで、重層的な貨幣理論を展開した。マルクスの貨幣論の基底には、古典派経済学の一面的な貨幣把握の反映である貨幣数量説への批判意識が伏在している。じっさい、「商品価格は流通手段の量によって規定され、流通手段の量はまた一国に存在する貨幣材料の量によって規定される」（K I：137）という流通手段的・数量説的貨幣観に対するマルクスの批判は、一方の価値尺度論と他方の貨幣蓄蔵論によってなされたと一応は言ってよい。

しかしながら、貨幣の多面性の指摘に満足して、貨幣諸機能相互がいかなる関係に立つかという視点を欠くならば、かえって貨幣の認識に深刻な瑕疵をもたらすことになる。例えば、紙幣の分析は貨幣理論の有効性を占う試金石をなすものであるが、紙幣を流通手段に限定しつつ価値尺度機能については素朴なかたちで金貨幣に訴える、あるいは、金の代理物としての紙幣は蓄蔵貨幣たりえないとして紙幣と金貨幣を流通の内と外に機械的に振り分ける、といった態度は、価値尺度と蓄蔵貨幣を重視するとは言いつつも、両規定を流通手段との関連のうちに位置づけないがゆえに、十全な貨幣把握に達しているとは認め難いのである。むろん、問題の核心は紙幣の分析にあるのではなく、貨幣そのものの理解にある。現代の紙幣を巡る論争の行き詰まりは、貨幣の諸機能のすべてが金という同一の素材のうえに重ね合わされていたときには潜伏していた問題が、紙幣の分析に際して顕現したものにすぎない。

もっとも、貨幣の機能間の関係は、『資本論』においても、明確に示されているわけではない。そこでは、価値尺度、流通手段、蓄蔵貨幣などの諸機能は、概ね並列的に説かれており、それら相互の関連を『資本論』の叙述から読み取ることは相当に困難である。マルクスの貨幣機能論は、現代の主流派経済学の貨幣論と同様の諸機能の分類学に終始しているようにも見える。しかしながら、『資本論』に先立つ『要綱』や『批判』に遡行してみれば、貨幣の諸機能の規定が形成史的にも内容的にも相関しつつ醸成されていったということはほとんど疑いえない。とりわけ、『要綱』においては、貨幣の諸機能のみならず、価値形態論さえもが貨幣機能論の彫琢のなかで形成されてきたことが看取しうるのである。

本書ではこのような『要綱』の視角を援用しつつ、『資本論』貨幣論の再読と展開を試みるが、差し当たってこの章では、従前最も等閑視されてきた価値尺度と流通手段の節合に焦点を絞る。それによって、価値尺度と流通手段は代表という特異な機制によって結節されるということ、また価値尺度機能自体も同様の機制を含んでおり、二機能は二重構造をなすものであることが明らかにされる。さらに、貨幣機能の二重構造を検討するなかでマルクスが提起しなかった問題、すなわち、貨幣における信頼の問題に触れることになる。

(2) 表現と取り違え

マルクスは、『要綱』において、価値尺度としての貨幣を論じるなかですでに「一般に、他の商品の交換価値がそれで表現されている商品は、交換価値としては、関係としては表現されず、その自然的性状の規定された分量として表現されているだけである」(Gr：134) として、『資本論』価値形態論の最も重要な規定の一つ、相対的価値形態にある商品の価値が等価物の自然的形態によって表現されるという規定につながる視角を提出している。『要綱』では、価値形態論は直接には論じられていないが、その萌芽とも言うべき視角は価値尺度論のいたるところに見出される。マルクスの価値形態論は、たんに価値尺度論と密接に関連しているというだけではなく、その理論上の源流を価値尺度論と同じくしているのである。

しかしながら、その後の『資本論』に至って、価値形態論が精緻化され、独立して論じられるようになると、価値尺度論は、その理論的内容を吸い取られることになった。じっさい、『資本論』の価値尺度論は形式的な叙述に終始しており、その内容も『要綱』からすれば、遥かに縮減されている。このような『資本論』価値尺度論の簡潔さは、その理解を容易にしているというよりも、むしろ困難にしているように思われる。『資本論』価値尺度論の検討に際しては当該箇所を論じるだけでは十分でなく、価値形態論をも併せて参照する必要があるのはこのためである。もっとも、ここでは価値形態論そのものが考察の対象ではないのだから、価値尺度論に関わる点に限って見ていくことにする。(1)

「x量の商品A＝y量の商品B」(KⅠ：63) という単純な価値形態の分析において、マルクスは次のように述べている。

商品Aが、価値体としての、人間労働の物質化としての商品Bに関係することによって、商品Aは使用価値Bを自分自身の価値表現 Wertausdruck の材料にする。商品Aの価値は、このように商品Bの使用価値で表現されて、相対的価値の形態をもつのである。（K I：67）

マルクスは、商品Aはその価値を商品Bの使用価値で表わし、商品Bの使用価値は商品Aの価値表現の材料として役立つと述べている。商品Aの価値は商品Bの価値によってではなく、その使用価値によって表わされるというわけだが、しかし、これは商品Aの価値と商品Bの使用価値が等置されるということではない。当然のことだが、商品Aの価値は商品Bの使用価値ではないからである。

マルクスが価値形態論で追求したのは価値そのものではなく、価値の形態であり、またそこで提起されているのは、何故商品Aの価値の内容が商品Bの使用価値という形態をとるのかという問題、すなわち、表現 Ausdruck/expression、表象 Darstellung/representation の問題である。マルクスが古典派経済学を弾劾するのもまさにこの問いの欠如ゆえであった(2)。

しかし、価値の内容を分析するだけでは十分ではなく、価値の形態を改めて問題にしなければならないということは決して自明ではない。商品価値の分析に際しその形態を討究せねばならないのは何故であろうか。

マルクスは価値形態論に先立ってなされた商品の二重性の規定、すなわち、使用価値と交換価値の区別を使用価値と価値の区別に訂正しつつ、次のように述べている。

商品は、その価値が商品の現物形態とは違った独特な現象形態、すなわち交換価値という現象形態をもつとき、そのあるがままのこのような二重物〔使用価値と価値〕として現われるのであって、商品は、孤立的に考察されたのでは、この交換価値という形態を決してもたないのであり、つねにただ第二の異種の一商品に対する価値関係または交換関係のなかでのみこの形態をもつのである。(K I：75)。

ここで言われているのは、価値はそれが現われるためには交換価値という現象形態をとらねばならず、したがって、価値の分析にあたっては一商品を孤立的に考察するのではなく、二商品間の関係を考察せねばならないということである。価値はその純粋性において現前 present することはなく、他商品の使用価値という形態で再-現前＝表現 re-present されるほかはない。価値はそれ自体としては現前できないという価値の独自な対象性が他の使用価値による表現を必要とし、また、それゆえに価値形態の分析が必要とされるのである。

しかしながら、このような表現の機制はそのままの相で映じるわけではない。商品Aの価値は商品Bの使用価値で表現されるが、マルクスによれば「この価値表現の内部では、商品Aの現物形態はただ使用価値の姿として、商品Bの現物形態はただ価値形態または価値の姿としてのみ認められている」(K I：75) というのである。[3] 等価形態に即していえば、「使用価値がその反対物の、価値の現象形態になる」(K I：70) のである。マルクスはこの事態を「取り違え Quidproquo」(K I：71) と呼んでいる。[4]

ここで注意すべきなのは、取り違えが商品所持者の錯視や誤認によるものではなく、価値表現に伴う不可避的な事態であるということである。かりに商品Aの所持者が商品Bはたんなる使用価値にすぎないことに想い至ったとしても、自らの商品の価値を商品Bの使用価値で表現するならば、商品Bの使用価値を商品Aの価値の形態として取り扱うことになる。取り違えの問題は認識の次元ではなく行為の次元に関わる。行為の次元では、表現の機制と取り違えとは表裏の関係にあり、後者のみを認識の問題として揚棄することはできないのである。

この取り違えはまた、因果性の取り違えでもある。商品Aがその価値を商品Bの使用価値で表現するから商品

Bの使用価値は価値形態＝交換価値として現象するのに、商品Bの使用価値が交換価値そのものだから商品Aは自らの価値を商品Bの使用価値で表現するように見えるのである。このような原因と結果の取り違えによって、価値という社会的な属性が等価形態にある商品の自然的属性として現象するようになる。マルクスは、このことを「フェティシズム Fetischismus」（K I : 87）という言葉で表現している。

このような価値表現は、実のところ単純な価値形態では不可能である。マルクスによれば、価値とは、商品間の「同等性 Gleichheit」（K I : 66）である。単純な価値形態においては、それは商品Aと商品Bという二項間の同等性関係であるほかはないが、このような商品Aの商品Bに対する同等性としての価値を商品Bの使用価値によって表現することはできない。それは、集合全体を集合のメンバーで表現するようなものである。あるいは、類をその下位範疇である種で表現するようなものである。商品Bの使用価値（種）は決して価値（類）ではなく、それゆえ単純な価値形態における価値表現は、また、その裏面としての取り違えは、不可能である。この事情は拡大された価値形態においても変わることはない。

しかしながら、一般的価値形態に至ってはそうではない。一般的価値形態においても相対的価値形態にある商品の価値が等価物の使用価値によって表現されるという二項関係は同じであるが、しかし、ここで等価物が表現する価値は一商品の価値ではない。それは、諸商品の価値、マルクスの言葉で言えば「商品世界 Warenwelt の価値」（K I : 80）であり、それゆえにこの等価物は一般的等価物と呼ばれるのである。ここで留意すべきは、マルクスが一般的等価形態への移行を商品世界からの「排除 Ausschließung」（K I : 83）として特徴づけている点である。一般的等価物は商品世界の価値を表現しており、また、自らは商品世界のメンバーから排除されている。ここでは価値関係における同等性は単純な価値形態と同じではない。単純な価値形態における価値関係は二項関係の同等性であり、それゆえ不可能な表現であった。一方、商品世界から排除されたものとしての一般的等価物が表現するのは商品世界の価値であり、したがって、商品世界の同等性である。商品世界からの排除とは同等性からの排除に他ならない。

それゆえ、一般的価値形態においては表現の機制が次のように改められる。商品世界の価値が一般的等価物の使用価値によって表現される。この表現では商品世界の同一性を商品世界の外部にある使用価値で表現するのだから、単純な価値形態のように価値（類）と使用価値（種）が同じ水準で対立することはない。取り違えについても同様である。単純な価値形態では、等価物の使用価値が自らを含む商品世界の価値形態と取り違えられることは不可能であった。しかし、一般的価値形態においては等価物の使用価値が自らを除いた商品世界の価値の形態として現われる。一般的価値形態における表現が唯一可能な表現であり、また、取り違えも一般的価値形態においてはじめて可能になるのである(5)。

(3) 価値尺度の素材性

『資本論』において、以上のような一般的価値形態の諸規定は貨幣形態にそのままに受け継がれ、さらには価値尺度論の基底をなしていると考えられる。それゆえ、一般的等価形態における表現と取り違えは価値尺度機能の規定として捉えなおすことができる。すなわち、価値尺度論の冒頭において「商品世界にその価値表現の材料を提供する」（K I : 109）という価値尺度機能の基本規定が確認されると同時に「価値尺度機能のためには、ただ想像されただけの貨幣が役立つとはいえ、価格はまったく実在の貨幣素材 Geldmaterial によって決まるのである」（K I : 111）という価値尺度の素材性 Materialität が指摘されることになる。価値表現の材料という価値尺度規定が表現の機制から直接に導かれることは明らかである。一方、価値尺度における素材の須要性は取り違えに基づいてのみ理解可能である。すなわち、貨幣の素材＝自然的形態が商品世界の価値形態として現われるがゆえに、貨幣素材は価値尺度機能の基軸をなすのである。マルクスが『要綱』で次のように言うとき、価値尺度における取り違えが鋭く意識されていることは明らかである。「諸交換価値の単位としての、それらの尺度としての、それらの一般的な比較点としての貨幣の規定においては、貨幣の自然的物質である金や銀が本質的なものに見えるのである」(Gr：136)。

しかしながら、価値尺度としての貨幣は、表現としては一般的等価物と同じ形式を含みながらも、その使用価値の内実は大きく変質している。『資本論』では、一般的等価物と価値尺度としての貨幣の相違は、一般的等価形態から貨幣形態への移行として論じられるが、マルクスによれば、貨幣形態では、「客観的な固定性と一般的な社会的妥当性」(KⅠ：83)を獲得することによって、特定の商品の「現物形態〔使用価値〕に等価形態が社会的に癒着する」(KⅠ：83、括弧内引用者)というのである。そして、この癒着によって、貨幣は「形式的使用価値」(KⅠ：104)を受け取ることになる[6]。

ところで、マルクスは貨幣論に先立つ商品論の冒頭近くにおいて「ある一つの物の有用性は、その物を使用価値にする」(KⅠ：50)と述べていた。すなわち、マルクスにあっては、物の有用性が使用価値の積極的契機をなしているのである。この規定を踏まえたうえで、形式的使用価値の形式性の意味を有用性の消極化と解するならば、形式的使用価値とはたんなる形容矛盾にすぎないのではないかという疑念が当然にも湧出してこよう。

しかしながら、マルクスは右の言句に続けて次のように述べている。「しかし、この有用性は空中に浮いているのではない。この有用性は、商品体の諸属性に制約されているので、商品体なしには存在しない。それゆえ、鉄や小麦やダイヤモンドなどという商品体そのものが、使用価値または財なのである」[7](KⅠ：50)。このようにマルクスは有用性に加えて、商品体という契機を使用価値規定に導入している。もっとも、ここでは有用性と商品体の不可分性が述べられているにすぎず、有用性と商品体が積極的に区別されているわけではない。確かに、商品体の内容とは有用性をもたらすところの諸属性の束にすぎず、商品体から有用性を、したがって、諸属性をすべて取り去るならば、商品体には何も残らない。しかしながら、他方で、価値尺度において貨幣が備える価値形態という社会的属性は、その商品体のいかなる属性にも還元できない。形式的使用価値というマルクスの概念は、このような有用性に解消しきれない商品体の過剰性を示唆しているのである。

この有用性に還元されえない商品体の過剰を物質性-素材性 Materialität と呼ぶことにしよう。貨幣形態への移行、すなわち、「客観的な固定性と一般的な社会的妥当性」（K I：83）の獲得は、貨幣の有用性の意味を消極化し、したがって、その使用価値を形式化するが、他方で、表現の機制はなおも内容（価値）を表現する形態を必要とする。価値尺度の素材性とは、このような相反する二つの要請、使用価値（有用性）が不要であると同時に使用価値（商品体）が必要であるという二重の要請によってはじめて見出されるものなのである。

商品の価値は純粋性において現前することができないがゆえに、貨幣の素材性によって表現されねばならない。価値の純粋性はいわば素材性によってつねにすでに汚染されており、それゆえ価値は不純である。価値尺度の素材性とは、このような価値の不純性の謂に他ならないのである。(8)

第二節　価値尺度論と流通手段論

(1)　名目主義と金属主義——宇野価値尺度論の検討

貨幣は観念的な抽象物にすぎないとする名目主義と実在的な素材に他ならないとする金属主義との対立は、それが古代ギリシアにまで遡ることを思えば、貨幣学説史そのものであったと言える。貨幣学説史のなかで両者の対立は理論上のいわば分水嶺をなしており、決して交わることのない河流であった。

ところで、マルクスの貨幣理論は、この対立軸に照らすと、金属主義の系譜に連なるとこれまで理解されてきた。確かに、価値尺度の素材性というここまでの論点もマルクスが貨幣金属主義の陣営に与することを証するように見える。しかし、マルクスを金属主義的に解釈する場合には、決まってマルクス価値尺度論における次のような指摘は看過されてしまっている。すなわち、「価値尺度機能においては、貨幣は、ただ想像されただけの、すなわち観念的な ideelles、貨幣として役立つのである」（K I：111）という価値尺度の観念性 Idealität である。価値尺度論を価値形態論の延長上に位置づけ、それを交換的等置としてではなく表現として捉えるならば、価値尺度の観念性は明らかである。(9) もっとも、価値尺度としての貨幣が観念的であるとしても、マルクスが「目に見えない価値尺度のうちに、硬貨が待ち伏せしているのである」（Kr：54）と述べていることから、結局は金属主義であったと結論づけることは不可能ではない。

このようにマルクスが往々にして金属主義に位置づけられてしまうのは、価値尺度論と流通手段論との関連が明確にされていないことに起因している。事実、価値尺度と流通手段との関係は『資本論』ではほとんど触れられていない。マルクスにおいて、両者はいかなる関係にあるのか。

例えば、『要綱』においては価値尺度の観念性 Idealität は流通手段の実在性 Realität との対蹠から押さえられていた。(10) また『批判』では次のように述べられている。「貨幣がただの計算貨幣としてだけ役立ち、金がただ観念的な金として役立つにすぎない価値の尺度としての貨幣の機能にとっては、すべてがその自然的素材に懸かっている。…逆に貨幣がたんに表象されているだけでなく、現実的な物として他の商品とならんで存在しなければならない流通手段としての貨幣の機能においては、その素材はどうでもよいのであって、すべてはその量に懸かっている」（Kr：99–100）。こうしてみると、価値尺度と流通手段との関係が、一方の観念性と実在性の対蹠、他方の素材性と非素材性の対蹠のうちに対立的に捉えられていることが分かる。

しかし、価値尺度を観念的かつ素材的とし、流通手段を実在的かつ非素材的とするだけではその関連は明確でないどころか、かえって両者の截断にすら繋がりかねない。このような問題を明示したわけではないが、宇野弘蔵の価値尺度論はそれに対する一つの解決を示したといえる。

宇野がマルクスの価値尺度論をそもそも問題としたのは、それが価値尺度としての特殊な性格を明らかにすることなく、「貨幣の積極的な第一の機能を不明確なままに残した」（宇野 1959：60）からであった。宇野によれば、「貨幣の第一の機能は、商品価値の「貨幣形態」に対して、自ら商品価値を実現するものとしての購買にある」（宇野 1959：59–60）とされ、外部的には計量できない商品の価値を尺度する「貨幣の側からの購買による「価値尺度」」には、商品所持者による主観的な価値表現である価値形態論とは反対に、「社会的な、客観的なもの」（宇野 1959：55）としての規定が与えられることになる。

宇野はこのようにマルクスの価値尺度論を捉え返すことによって価値尺度の観念性を否定し、価値尺度と流通手段とを実在性のもとに統一したと言える。両者は共に商品を購買する実在的な貨幣であるが、前者が「個々の商品の価値を実現する」（宇野 1950–52：63）のに対し、「流通する全商品に対して貨幣として機能する」ものが後者とされる。こうして宇野は価値尺度と流通手段との紐帯を明確にし、両者を統一的に理解する道を開いたと言えるが、他方で、マルクスの貨幣論の一つの可能性を閉ざすことにもなった[11]。それは、流通手段の非素材性という視角であり、鋳貨論・価値章標論へと繋がる視角である。価値尺度と流通手段の購買手段への統一によって両者は実在性と同時に素材性を付与され、畢竟、鋳貨・価値章標の理解は困難とならざるをえない。宇野は流通手段を素材的に捉えたうえで、それが「商品と商品との間の一時的な転形物」（宇野 1950–52：44）であり、「WがW′へ転換する過程の一時的形態」（宇野 1950–52：61）であるかぎりにおいて非素材的な鋳貨によっても果たされることができるとしている。もちろん『批判』で流通手段が「電気火花のような実在性」（Kr：94）と表現されているように、媒介性から鋳貨・価値章標を説くやり方はマルクスに由来するものである。しかし、鋳貨準備金と蓄蔵貨幣の区別の困難性を想起するだけでもこのような説明が説得的でないことは明らかである[12]。

むろん、現実の所有の移転が争われる流通においては、観念的な価値尺度とは異なり実在性を備えた貨幣が要請される。そして、この実在性が何らかの素材的な性格を具備することは言うまでもない。しかし、ここから直ちに流通手段は実在性と素材性を共に具えた貨幣であると結論するならば、鋳貨・価値章標は非本来的な貨幣として扱われざるをえまい。しかしながら、『批判』で流通手段としての貨幣が鋳貨と表現されているように、マルクスにとっては、流通手段としての貨幣は、むしろ、本来的に鋳貨・価値章標なのである。そして、このことは価値尺度と流通手段の節合の論理に深く関わっているのである。

(2) 代表の機制

価値尺度において素材性が須要であるのはそれが商品価値を表現するからであったが、それゆえにまた観念的であるにすぎなかった。対して、流通手段としての貨幣は、価値尺度としての貨幣によって観念的に表わされた価値を実現する。価値尺度と流通手段をこのように規定すれば、二つの過程の区別は明らかである。両者はそれぞれ貨幣への観念的転化と現実的転化と呼ばれるが、マルクスによれば、それらは決して同じ法則によって規定されておらず、それゆえにその相互関係が研究されねばならないというのである[13]。流通手段の実在性（現実的転化）に伴う素材は、価値尺度の観念性（観念的転化）における素材性とは区別されるのであって、そのうえで両者の関係が探られねばならない[14]。

価値尺度と流通手段を同視するのが金属主義だとすれば、両者は異なっているだけでなく、何らの内的関係ももたないとするのが名目主義である。したがって、名目主義的観点からすれば、価値尺度と流通手段はまったく外的な要因によって結びつけられる。これに対し、両者は本来的に区別されるが、必然的な関係をもつというのが本書のとる立場である。

価値尺度と流通手段との関係とよく似た構造を価値形態論においてすでに見た。価値形態論の問題は、異なる水準にある価値（類）と使用価値（種）とがある必然的な関係をもつということであったが、この両者の関係を可能にするものこそ表現の機制であった。価値尺度と流通手段も観念的転化と現実的転化という二つの異なる水準に位置づけられるだけでなく、前者の素材性が後者によって表現されるという同型の関係にある。この機制を価値形態論（価値尺度論）における表現と区別するために、代表 Vertretung と呼ぶことにしよう[15]。

ここで確認しておかねばならないのは、表現／代表するものと表現／代表されるものとの間の関係である。表現／代表の機制において両者は同一である必要がないどころか、本来的に異なっていなければならない。内容と形態との非同一性が表現／代表の機制の本質をなすのである[16]。マルクスが価値形態論で言っているように「二〇エレのリンネル＝二〇エレのリンネルは決して価値表現ではない」（K I：63）。

それゆえ、価値尺度と流通手段の対蹠的区別は必ずしも両者の紐帯の截断に繋がるわけではない。価値尺度と流通手段の非同一性が代表によって結節されるならば、両者は決して矛盾しない。実在的な流通手段が何らかの素材的性格を具えることは間違いないが、その素材は決して貨幣としてのそれではなく、それゆえ、流通手段としては非素材的である。貨幣の素材性は価値尺度の素材性であり、流通手段の恣意的な素材はそれを代表しているにすぎないのである[17]。

しかしながら、なおも次の二つのことに触れておかねばならない。第一に、ここでの代表と価値形態論（価値尺度論）における表現との相違であり、第二に、取り違えの問題である。

価値形態論において商品価値が他の商品の使用価値で表現されねばならないのは価値の特殊な対象性、すなわち、価値がそれ自体現前することができないからであった。対して、価値尺度の素材性は現前の可能性を否定されてはいないように見える。流通手段の非素材性とは素材の恣意性の謂に他ならないが、このことはまた価値尺度の素材性が現前することを少なくとも理論的には妨げない。金属主義の立場が可能であるのもまさにそれゆえである。[18] 確かに、価値尺度の素材性が流通手段として現前する場合には、両者は素材上の同一性をもつのであって、代表の関係は成立していないように見える。しかしながら、価値尺度の素材性、例えば金が、同時に流通手段である場合にも、価値尺度としての金と流通手段としての金は代表関係にあると考えるべきであろう。このことは、摩滅の問題を考えてみれば、はっきりする。すなわち、摩滅においては、観念的素材と実在的素材の差異が明確に現われるのであり、前者は観念的であるがゆえに摩滅することも破壊されることもないが、後者は実在的であるがゆえに素材の損耗を免れない。価値尺度と流通手段の同一性はまさに理論＝理念《イデア》として以外にはありえないのである。

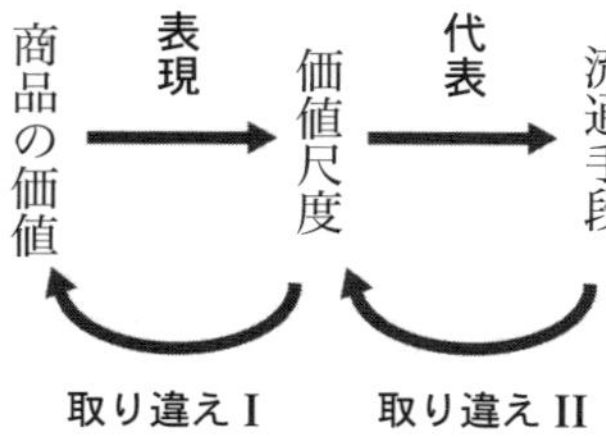

代表の機制においても、価値の表現において見たのと同様の取り違えが現われる。すなわち、流通手段としての貨幣は価値尺度の素材性を代表するが、それによって流通手段は直接に価値を代表しているように見えるのである。[19] 価値尺度の素材性が商品世界の価値形態と取り違えられているからであるが、このような外観を理論的に表現したものが貨幣名目主義に他ならない。さらに、代表に伴う取り違えがある。すなわち、流通手段の素材が価値形態と取り違えられる。このように表現と代表の二重構造に対応して取り違えも入れ籠状をなすのである。[20]

表現と代表の二重構造を踏まえれば、価値表現の機制は価値尺度としての貨幣に素材の一意性を要請するが、流通手段は単一である必要はないということが分かる。なぜなら、価値尺度の一意性が複数の流通手段を比較可能にする参照点を提供するからである。

第三節　貨幣と信頼

(1)　代表に対する信頼

価値尺度の素材性を流通手段としての貨幣が代表するといっても、代表が成立する必然性が内的に与えられるわけではない。というのも、代表するものと代表されるものの恣意的関係は、価値尺度の素材性が様々なものによって代表されることができると同時に、何ものによっても代表されない可能性も含んでいるからである。

翻って見れば、流通手段としての貨幣には一般にその通流に伴う信頼 Vertrauen の問題があり、代表の成否が争われるのもこの場所をおいてほかにないということは容易に予察されよう[21]。そして、価値尺度の素材性が直接に現前し、価値尺度と流通手段の同一性が保証されると観念されるところの金貨幣においてさえ、信頼が介在する点においては実は選ぶところがないのである。なぜなら、金貨幣においても、受領に際して、その都度秤量し、品位を鑑定するといった極端な場合を除けば、その通流可能性は多かれ少なかれ信頼に依存せざるをえないからである。

このような信頼はどのようにして成立するだろうか。これについて、信頼は具体的な確認行為に基づいていると考えることが一見妥当に見える。すなわち、鋳貨・価値章標において、代表の機制に対する信頼は、価値尺度の素材性、例えば、金との交換によって確認されるという見方である。しかしながら、鋳貨・価値章標の金属との交換はそれが通流しないことを意味するのであって、代表を確認すること（金との交換）は代表が成立しないことと同義である。代表に対する信頼を確認することは、代表に対する不信を表明することなのである。そうであれば、代表に対する信頼の根拠を確認行為に求めることはきわめて自然に見えて、実は反対に代表の不可能性に行き着くことになる。

そもそも、信頼について、このように確実な根拠を探ろうとすること自体、重大な考え違いをしているとは言えまいか。信頼とは、経験や知識に基づいてなされる計算とは基本的に異質なものである。たとえ、過去に金と交換することができたという経験があったとしても、新たに鋳貨・価値章標を受け取るときには、これまでの経験を計算する以上のことが、すなわち、信頼が働いている。むろん、経験や知識が無意味だというわけではない。それらは、信頼の確度を高める効果をもつが、だからといって、信頼に付き纏う不確定性を完全に消し去ることはできない。経験や知識をどれだけ積み重ねたとしても、最後の一点においては、信頼の問題が残らざるをえない。逆に言えば、経験や知識によっては計算できないときにはじめて、信頼するか否かが問題になるのである。[22]

それゆえ、代表の成否は本質的に偶有的なものと言えようが、なおも以下のような代表の機制における信頼の対象のずれを指摘しておくことは重要である。[23]

すでに見たように、表現の機制においては、価値尺度の素材性が諸商品の価値形態と取り違えられるのであった。代表の機制においては、さらに、流通手段の素材が価値形態と取り違えられる。このような取り違えの入れ籠構造は、代表という「回り道 Umweg」（Kr：95）を短絡する効果をもたらすことになる。すなわち、流通手段は、「あたかも商品の価値を直接に代表しているかのように見える」（Kr：95）。本書における表現と代表の区別に基づいて言えば、諸商品の価値を表現する価値尺度の素材性を代表する流通手段が、直接に価値を表現しているように見えるのである。

このような取り違えは、信頼の対象にずれを引き起こすことになる。すなわち、代表に対する信頼は、価値の形態であること、すなわち、直接的交換可能性の形態であることに対する信頼と取り違えられるのである。[24] このような信頼の対象のずれは、二つの事情から助長される。

価値尺度の素材が価値形態であるのは、素材のもつ有用性のゆえにではなく、諸商品が価値表現したことの結果であった。貨幣が形式的使用価値をもつと言われるのもこの意味においてである。もっとも、形式的使用価値は有用性を備えた素材と癒着しており、したがって、実質的使用価値（有用性）から離れて形式的使用価値がありうるわけではない。しかしながら、流通手段が積極的に代表しているのは、価値尺度の実質的使用価値（有用性）ではなく、価値表現によって付与される形式的使用価値、すなわち、商品に対する直接的交換可能性であるという事情が、あたかも、素材から分離した直接的交換可能性を純粋に代表しているかのように擬さしめるのである。

信頼の対象のずれを助長するいまひとつの事情は、先ほど触れた、信頼の確認行為に関わる。代表に対する信頼において、その確実さを確認することは、代表そのものの否定を意味していた。だが、信頼の対象がずれるということは、確認行為もずれるということである。直接的交換可能性に対する信頼を確認する行為は購買である。信頼の対象のずれに応じて、流通手段を受領する際に働いていた信頼が、購買によって、事後的にではあるが、確認されることになるのである。このような直接的交換可能性に対する信頼は、信頼の再帰性という独特な構造を具えている。直接的交換可能性とは、他人が貨幣を受領するということであるが、彼らが貨幣を受け取るのもまた、直接的交換可能性を信頼しているからである。直接的交換可能性に対する信頼は、信頼に対する信頼という再帰的構造をなす(25)。このような信頼の再帰的構造が、流通手段の受領性が代表に対する信頼によってではなく、流通手段そのものの交換可能性に対する信頼によって、自己言及的に支えられているかのような外観を生み出すのである。

このような外観は、分析的に見るならば、マルクスが言うように「虚偽 falsch」（Kr：95）であるが、当事者の行為が生み出す必然的な虚偽なのである。

(2) 貨幣価値に対する信頼

貨幣における信頼の役割を重視したジンメルによれば、貨幣には二つの信用前提 Kreditvoraussetzungen が存在するという。

> 金属貨幣は信用貨幣の絶対的な対立物として理解されるのがつねであるが、実際には金属貨幣にも独特な仕方で絡み合って二つの信用前提が潜んでいる。第一に、日常の取引の内部においては、鋳貨の品位の吟味はごく例外的にしか行われない。貨幣を発行する政府への公衆の信頼がなければ、あるいは時によっては鋳貨の名目価値に対して実質価値を確定できる人々への彼らの信頼がなければ現金取引さえ行うことができない。…第二にそこになければならないのは、いま受け取られた貨幣は同じ価値のために再び支出されるという信頼である。ここでもまた決定的であることは、…経済圏への信頼であり、経済圏は提供された価値量を、そのために受け取った中間価値である鋳貨と引き替えに、いかなる損傷もなく再びわれわれに補償するということである。(Simmel 1922: 164, 訳一七〇)

ジンメルのいう第一の信用前提は(1)で見た代表に対する信頼に対応している。これに対し、第二の信用前提とは、代表に対する信頼とは明確に区別される信用前提である。それは貨幣の価値に対する信頼であり、代表に対する信頼が流通手段に対する信頼であるとすれば、貨幣価値についての信頼は価値尺度としての貨幣に関わる信頼である。二つの信用前提は価値尺度と流通手段の間の取り違えのために、往々にして混淆されてきた。

ところで、価値形態論の論理を想起すれば、貨幣の価値を測ることに困難があることは明らかである。なぜなら、すでに確認したように、貨幣形態は、貨幣が商品世界から除外され、価値を表現される立場から排除されることによって成立したものだからである。かりに「物価表を逆に読めば、貨幣の価値の大きさがありとあらゆる商品で表わされているのが見いだされる」（K I：110）ということを認めるならば、価値表現における尺度の一意性のもつ意味を見失うことになる。[26] 価値表現の論理に忠実であろうとすれば、むしろ、「他の商品の統一的な相対的価値形態に参加するためには、貨幣は等価物としてのそれ自身に関係させられなければならない」（K I：110）と言うべきであるが、もちろんこのような同義反復的な表現は無意味であるほかはない。「二〇エレのリンネル＝二〇エレのリンネルは決して価値表現ではない」（K I：63）のである。直接的交換可能性を独占し、価値表現の材料となった貨幣には、自らの価値表現に特有の困難があるのである。

もっとも、マルクスの言うように貨幣の価値はその生産源において決定され、「この〔貨幣の〕価値は、価値尺度としての貨幣の機能では、したがって価格決定に際しては、すでに前提されている」（K I：131）とすれば、貨幣価値を尺度することの困難は、さして問題にならないと思われるかもしれない。しかしながら、生産によって市場に登場し、消費によってそこから脱落する一般商品とは異なり、過去からの膨大なストックが市場に滞留しつづける貨幣の価値は、生産性によって一義的に決まるとするわけにはいかない。この点に関して、マルクスの「幻想的 illusorisch」（K I：132）価値概念は示唆的である。そこでマルクスは「ブルジョア社会の比較的未発展な状態」（K I：132）という留保をつけてではあるが、生産源における貨幣素材の価値の変動が貨幣価値に直接影響せず、素材価値から乖離した幻想的価値をもつ可能性を認めているのである。[27][28]

このように、貨幣価値が、生産力によって決定される客観的な水準から遊離する可能性をもつことに加え、尺度の不在が貨幣価値を知悉することを困難にするとすれば、貨幣価値に対する信頼が成り立つことはほとんど不可能なように思える。いやしくも資産性を備えた商品であるならば、貨幣と交換しないで手元に持ち続けている方が、貨幣価値の如き得体の知れないものを信頼するよりも、余程理に適った行動に思えるかもしれない。しかしながら、商品の価値性質を想起すれば、このような行動は決して合理的なものでないことが分かる。

商品が価値をもつのは、それが自分のためではなく、「他人のための使用価値」（KⅠ：55）をもつからである。価値尺度としての貨幣は、このような他人のための使用価値としての商品の価値を表現する。しかしながら、価値尺度の観念性が示しているように、価値を表現しただけでは、他人のための有用性も未だ潜在的であるにとどまる。潜在的な価値が現実のものとなるためには、流通手段としての貨幣によって購買されねばならないのである。もともと、商品は、自分にとっては使用価値をもたない余剰であるから、商品になったのであり、もし売れなければ、たんなる無駄になってしまう。貨幣価値に対する不信に駆られて、商品を固持することは、合理的に見えて、実は、きわめて不合理な行為なのである。(29)

しかしながら、商品にとって、潜在的な価値の実現、すなわち、販売が必然的であるとしても、そのことは貨幣価値に対する盲信を意味するわけではない。商品所持者が、販売にあたって、貨幣価値の変動に関心をもつのは当然のことである。彼／彼女は、自分の商品を貨幣と交換しなければならないが、その貨幣の価値を知悉することができないというディレンマに直面している。このディレンマの解消は、尺度のない貨幣の価値を何とか知ろうとするシシュフォス労働によってではなく、あくまで商品の価値表現に定位することによって果たされる。すなわち、商品をできるだけ高く売るという行動がそれである。

貨幣の価値は不変ではないのだから、現在の貨幣額は、過去の同じ貨幣額と等価ではないかもしれない。したがって、商品が以前と同じ価格で売れたとしても、同じ価値を実現できているとは限らない。しかし、商品所持者は、同じ価値の実現しか目指さないわけではない。できうる限り、より大きな価値を求めて行動しているのである。すなわち、商品価格の上昇が見込まれれば販売を差し控え、下落が予想される場合には一刻も早く売り抜けようとする。この商品価格の騰落が商品価値の変動によるものか、貨幣価値の変動によるものかを知る術はないが、いずれの場合でも、商品所持者が採りうる行動に変わりはない。そして、このような行動は、結果的に見れば、貨幣価値の変動によるリスクに対処しながら、貨幣価値に対する信頼を貫くことになっているのである(30)。

ここでも認識のレヴェルと行為のレヴェルの差異が肝要である。例えば、貨幣価値が低下していくときに、商品をできるだけ高く売ることは、認識の上では、より多くの価値を獲得しているつもりでも、行為の上では、貨幣価値の低下に対応しつつ、価値を維持していることになるのである。

注

(1) 価値形態論については、本書間奏IおよびIIを参照されたい。

(2) 「古典派経済学の根本的欠陥の一つは、商品の、また特に商品価値の分析から、価値をまさに交換価値となすところの価値の形態を見つけだすことに成功しなかったということである。A・スミスやリカードのような、まさにその最良の代表者においてさえ、古典派経済学は、価値形態を、まったくどうでもよいものとして、あるいは商品そのものの性質には外的なものとして、取り扱っているのである」(KI：96)。

(3) その使用価値（商品体 Warenkärper）がそのまま価値形態となった等価物のことをマルクスは「価値体 Wertkärper」(KI：66) と呼んでいる。この「価値体」概念を巡ってはかつて論争があった。久留間鮫造が、自然形態そのものが価値の定在になったもののことを「価値物」(久留間 1957：7) と表現したことに対し、批判がなされたのである。久留間(1979：99) では、この批判を受け入れて「価値物」を「価値体」と訂正している。

(4) 中野正は取り違えを「契機の交替関係」(中野 1958：186) として論じている。そのうえで、中野は、価値表現においては、受動的な材料になっている等価物が、契機の移行（取り違え）に伴って積極的な価値存在として能動的な在り方を示すようになると指摘している。

(5) 『資本論』初版で、マルクスは、一般的価値形態（形態III）において、等価物（リンネル）の使用価値が類形態として現われることを次のように指摘している。「形態IIIにおいては、リンネルはすべての他の商品にとっての等価物の類形態として現われる。それは、ちょうど、群をなして動物界のいろいろな類、種、亜種、科、等々を形成している獅子や虎や兎やその他のすべての現実の動物たちと相並んで、かつそれらのほかに、まだなお動物というもの、すなわち動物界全体の個別的化身が存在しているようなものである。このような、同じ物のすべての現実に存在する種をそれ自身のうちに包括している個体は、動物、神、等々のように、一つの一般的なものである」(Marx 1867：27, 訳六三～六四)。

(6)『批判』にも、流通手段としての貨幣に絡んではあるが、同様の指摘がある。「金にあっては、それ自体は一つの現実的な使用価値であるとはいえ、その使用価値は、ただ交換価値の担い手としてだけ、したがって現実の個人的欲求とは何の関係もない、ただ形式的な使用価値として存在するにすぎない」(Kr：71)。

(7)馬渡尚憲は、マルクスにおいて「商品の「使用価値」という用語が、有用性の特殊なあり方、有用性一般、商品体の三重の意味で区別なく使われている」(馬渡 1978：4) と指摘している。また、安部隆一は、使用価値をもっぱら有用性と捉える解釈が大勢を占めていた時期に、使用価値を物 Ding とする視角を先駆的に提示したが、その理論的意味は十分に深められることはなかった。安部 (1951) 参照。

(8)表現においては意味 (価値) の純粋性が汚染されているという点については、Derrida (1967) を参照されたい。

(9)形成史的に見れば、むしろ逆に価値尺度の観念性こそが価値形態論における等価物の観念的性格の淵源であることが分かる。例えば、中野は『資本論』初版について「マルクスは価値形態における等価存在を「反省規定」とし、貨幣形態＝価格においては、とくにその観念性を強調しながらも、価値形態の未完成な段階においてはかならずしもこの点を明確にしていない」(中野 1958：201) と述べている。言うまでもなく、初版における第IV形態は現行版における貨幣形態とは異なるのであり、ここで中野のいう「貨幣形態＝価格」は価値尺度を指す。

(10)Gr：120-121 参照。

(11)ここでは宇野価値尺度論の功罪のうちの功の側面には行論上ほとんど触れていない。その一つは貨幣による購買の積極性と商品における販売の受動性 (命懸けの飛躍) という非対称性を明確にしたことにあるが、この観点は本章では価値表現の取り違えによるイニシアティヴの交替として捉えなおされている。

(12)この意味で、山口重克が鋳貨・価値章標を媒介性から説く方法を否定し、その説明には信用論を媒介とせざるをえないと述べているのはむしろ至当である。山口 (1984：補章) 参照。宇野の価値尺度論を前提としたうえで、鋳貨ないし価値章標を論じようとする場合、その説明には何らかの外的要因を持ち込まざるをえないからである。

(13)「貨幣は、観念的に、個々人の頭のなかだけではなく、社会の…表象のうちで、すでに貨幣に転化されている商品だけを流通させる。こうした貨幣への観念的転化と現実的転化とは決して同じ法則によって規定されてはいない。両者相互の関係が研究されねばならない」(Gr：118)。

(14) このような価値尺度の観念性と流通手段の実在性の区別はおそらくはステュアートに淵源している。ステュアートは計算貨幣と鋳貨を明確に峻別したうえで、「観念的貨幣 ideal money」(Steuart 1767：274, 訳第三・四・五編-八)としての前者は「何らかの実体というべきものがこの世になかったとしても存在しうる」としている。また、『批判』では、F・ガリアーニによる同様の指摘が肯定的に引用されている (Kr：71)。

(15) 大内力は、マルクスの vertreten と repräsentieren の相違に触れ、前者を「銀行券のように兌換によっていつでも金にかわりうる貨幣が金の代わりに流通する」(大内力 1981：166) 場合に、後者を「不換紙幣のように背後に金があるとしても、ただそれを象徴するにすぎないものとして流通する」場合にそれぞれ対応させている。本書では、この区別はとっておらず、いずれの場合も含めて、代表 Vertretung と呼んでいる。大内の意味での repräsentieren は、われわれの用語法で言えば、表現 Ausdruck あるいは表象 Darstellung に近い。ここでの表現（表象）Darstellung と代表 Vertretung の区別については、Spivak (1988) に多くを負っている。

(16) マルクスはフランスの代議制を分析するなかで、代表するものと代表されるものの非同一性を指摘している。「民主派の代表者といえばすべて商店主であるとかこれの信者であるとか思ってはならない。彼らは、その教養とその個人的地位からいって商店主たちと天と地ほどかけはなれているかもしれない。…ある階級の政治上および文筆上の代表者の彼らの代表する階級に対する関係とは一般にこのようなものである」(Marx 1852：142, 訳五八)。

(17) J-J・グーによれば、貨幣の三機能、すなわち、価値尺度、流通手段、貨幣としての貨幣（蓄蔵貨幣）――彼の言葉では、原型 archetype、章標 token、財宝 treasure――は観念性、象徴性、現実性という三つの異なる象限に属するという。きわめて重要な指摘であるが、残念ながらグーは三者間の連関については十分に考察を深めていない。Goux (2001) 参照。

(18) J・メファムは流通手段の恣意的な素材が名目主義の起因ともなりうることを指摘している。「貨幣実体〔貨幣素材〕の恣意性…、すなわち、鋳貨の物理的性質と貨幣的性質の間には必然的、自然的関係がないという事実は、貨幣がたんなるシンボルにすぎないという誤った観念を惹起した」(Mepham 1972：228)。

(19) 価値章標 Wertzeichen という言葉がまさにこの事態を表わしている。しかし、マルクスが確認しているように価値章標は正確には価格章標である。「価値章標は、直接にはただ価格章標であり、したがって、金章標であり、ただ回り道をして商品の価値の章標であるにすぎない」（Kr：94）。

（20）　表現と代表の入れ籠構造は、記号理論にいうデノテーション（外示）とコノテーション（共示）の関係と正確に照応している。価値尺度における価値の内容と形態の表現関係は外示であり、価値尺度と流通手段の代表関係は共示である。表現と代表の入れ籠構造はL・イェルムスレウの言う「メタ言語」の構造と同断である。Hjelmslev（1943）参照。

（21）　貨幣における信頼の重要性はS・H・フランケルによって詳論されている。Frankel（1977：30-42，訳五三～七八）では、G・ジンメルの貨幣観に基本的に因りつつ、貨幣が「信頼 trust/Vertrauen」に基づくものであるという認識が示されている。

（22）　ジンメルは信仰の例を引きながら、対象についての知識が乏しい場合にも信頼が成立することを指摘している。「人が「ある人を信じる」と言いながら、いったい彼の何を信じるのかをさらに追加もせず、あるいはまたそれについて明確に考えさえもしないのは、きわめて微妙で奥深い言い方である。それはまさに、存在者についてのわれわれの観念とこの存在者そのものとの間には、初めから関連や統一性があるという感情であり、存在者についての表象の一種の首尾一貫性であり、この表象への自我の傾倒における確実性と無抵抗性であり、この表象はなるほど挙示できる理由に基づいて成立するが、しかしこの理由から成り立ちはしない」（Simmel 1922：165，訳一七一）。

（23）　このような代表の偶有性を蓋然性にまで高めることは、市場の内発力だけでは難しい。したがって、代表の諸形態を分析する際には、種々の制度的要因が考慮されねばならない。

（24）　このずれを押さえておくことは、債務証書（手形）の信用貨幣化を考える際に、重要な意味をもってくる。本来、債務証書が受け取られるのは、その債務性、すなわち、貨幣による支払いの確実さを信頼してのことである。そして、この信頼は、現実の支払いによって確証される。ここでは、行為の水準において、信頼の対象は一致している。しかしながら、転々流通によって、債務証書が信用貨幣化してくると、信頼の対象のずれが生じてくることになる。すなわち、債務証書に対する信頼は、支払いによってだけではなく、購買によっても確認される。むろん、このことは、信用貨幣の受領性の基礎がその債務性にあることを否定するわけではないが、両者はつねに一致するわけではなく、受領性と債務性がずれる可能性もあるのである。沖（1999）も参照されたい。

（25）　信頼の機能を複雑性の縮減と捉えるN・ルーマンは、システム信頼（コミュニケーション・メディアに対する信頼）としての貨幣に対する信頼が再帰性の契機を含んでいることを明らかにしている。ルーマンによれば、信頼の再帰的形式において「信頼する者は、直接他人を信頼するのではなく、信頼が「それにもかかわらず機能する」ところの根拠を信頼している」（Luhmann 1973：75，訳一二六）。すなわち、信頼の再帰性において信頼されているのは、他人の信頼ではなく、信頼の機制そのものである。また、ルーマンは信頼の再帰的形式の潜在性も指摘している。すなわち、「このメカニズムの再帰性とそれに伴う高度なリスクは、大抵〔意識にのぼることなく〕潜在的な状態にとどまっている」（Luhmann 1973：77，訳一三〇）のであって、「このような潜在性が信頼形成を容易にしているのであり、統御し難い不安…から守ってくれているのである」。

(26) このことは、いわゆる物価指数によっては、貨幣の価値を測ることができないことを意味する。このことを小幡道昭は加重平均に不可避の「指数のパラドックス」（小幡 2005：67）によって説明している。同様の指摘は、中矢（1997：131）にもある。

(27) この点については行沢健三の次のような批判がある。「ところで、この平衡化過程の叙述は、金の価値を所与とするマルクスの想定のうえで理論的につじつまが合っているが、現実の過程としては必ずしも説得的ではない。というのは、生産源で直接に金と交換される商品（これを商品Aとしよう）を売った商品所持者は、いまや同一量の商品と引きかえに今までよりも多い貨幣（収入）を手にしているが、そのかれが、他の商品の購入にさいして、何故旧来の価格ではなくて新しい価格に従って支払うかの論理あるいはメカニズムが明らかでない。あるいは、むしろ、それ以前に、何故生産源において金の生産者が商品Aの所持者に新しい金の価格に従った対価を支払うかについて詳しい説明がない」（行沢 1972：36）。しかしながら、われわれはこれを行沢の如くマルクスの理論的不備として消極的に見るのではなく、貨幣価値の特殊性の現われとして積極的に捉えなおすものである。

(28) D・フォーリーは貨幣価値と貨幣商品（金）の価値を概念的に区別するという重要な視角を提示している。「マルクス主義理論の発展において、貨幣商品の価値とは区別される貨幣価値の決定の問題はあまり注意を惹いてこなかった。ほとんどのマルクス主義理論家は貨幣価値の問題は一般的等価物の理論と価格標準の概念によって解決されたと思い込んでいる。彼らは貨幣価値と貨幣商品の価値の本質的な差異を見ていない」（Foley 1983：9-10）。フォーリーによれば、金本位制下においてさえ金価値が貨幣価値を規制するためには裁定取引や鋳造といった過程を経ねばならないのであり、そのコストに鑑みれば貨幣価値が金価値から一定程度乖離しつつ変動することは避けられないのである。

(29) もっとも、本書第四章第三節(1)で見るように、資産性に増殖という契機を導入するならば、商品を保持することに積極的な意味がもたらされる。

(30) できるだけ高く売るというのは市場における一般的な行動であるが、こうした行動をどの程度展開できるかは、個々の置かれている立場によって異なる。そして、このような差異を生み出すのが、流通における余剰の存在である。この点については、次章で詳論する。

間奏Ⅰ　貨幣のイデオロギー

貨幣の二つの身体

貨幣の歴史を繙けば、それがきわめて多様な形態をとってきたことが看て取れる。原始貨幣を別にしても、金・銀などの貴金属（地金）、金属鋳貨、国家紙幣、銀行券など様々な形態の貨幣がこれまでに存在した。また、このような貨幣が纏う形態の変化に応じて、貨幣理論も変容してきたのである。例えば、貴金属に対しては貨幣金属主義が、紙券に対しては貨幣名目主義が対応した。J・シュムペーターは『経済分析の歴史』のなかで貨幣学説史を古代ギリシアから始まる金属主義と名目主義の対立の歴史として整理したほどである。しかしながら、金属主義と名目主義のいずれも、貨幣の形態的な転形に目を奪われ、それらに通底する本質的諸条件を看過するという点では同断の陥穽に嵌っている。

ところで、マルクスの貨幣理論は、彼が『資本論』貨幣章冒頭において「簡単にするために、本書ではどこでも金を貨幣商品として前提する」（KⅠ：109）と述べているために、貨幣金属主義の系譜に連なるものと理解されてきた。マルクスを金属主義陣営に配することについては、マルクス派もその反対派もほとんど見解の一致をみている。しかしながら、その場合、次のような側面は無視されるか、たんなる混乱にすぎないものとして棄却されてきたのである。すなわち、マルクスは貨幣諸機能のうち、価値尺度を物質的だが観念的なものとして、流通手段を実在的だが非物質的なものとして規定している。(1) マルクスは金属主義と名目主義を交錯させるが如き屈折した貨幣観を示しているのである。もっとも『資本論』の整理された叙述に慣れ親しんだ目には、実在的非物質性とは価値章標についての説明にすぎないと映るかもしれない。しかしながら、明らかにマルクスは実在的非物質性を流通手段の本質規定として捉えており、私見によればこの点は『資本論』においても変わることはないのである。

確かに、われわれが日々購買の手段として用いている触知可能な貨幣（流通手段）は、金属貨幣、紙幣等の種々の形態をとって現われる。しかしながら、マルクスにとって、これら具体的な諸形態は決して貨幣の物質性-素材性ではないのである。マルクスは、貨幣の物質性-素材性 Materialität の概念を価値尺度としての貨幣に限定して使用している。貨幣は流通における具体的な素材とは異なる物質性-素材性をもっているのであり、それは恰も貨幣が経験的な身体のほかに第二の身体を有するかのようである。そして、マルクスは、この貨幣の第二の身体の問題を価値形態論及び価値尺度論において執拗に論じている。(2)

価値形態のトロポロジー

貨幣の第二の身体の問題は、マルクスによってすでに論じられているとはいえ、それはテクストの中に顕在的なかたちで現われているわけではない。この潜在的な論点を炙り出すために、ここで、価値形態論をトロポロジー（譬喩）という視角から考察してみよう。(3)

H・ホワイトは『メタヒストリー』のなかで、マルクスの価値形態論をトロポロジーの諸形態として論じている。(4) すなわち、ホワイトは価値形態論の四つの形態を隠喩《メタファー》、換喩《メトニミー》、提喩《シネクドキ》、アイロニーにそれぞれ対応させる。

ホワイトによれば、単純な価値形態（形態Ⅰ）は、二つの商品の間の隠喩的関係であるという。隠喩とは相似性 similarity に基づく修辞であるが、価値形態においては二商品の相似性＝同一性としての価値が表現されている。形態Ⅰを隠喩的な表現と捉えることによって、相似性（価値）の内容とそれを表現する形態との区別が明確になるというのがホワイトの中心的論旨だが、ここでは隠喩のもつ含意をいま少し敷衍してみよう。

一般に隠喩が用いられるのは、表わされる内容に固有の表現が存在しない場合である。他に適切な表現があるならば、わざわざ隠喩に頼るには及ばない。商品の価値が他の商品の使用価値という隠喩によって表現される場合にも、同様の事情がある。マルクスによれば、価値はそれが現われるためには他の商品の使用価値による表現、すなわち、交換価値という現象形態をとらねばならず、したがって、価値の分析にあたっては一商品を孤立的に扱うのではなく、二商品間の関係を考察せねばならないのである(5)。価値はそれ自体としては現前 present できないのであって、他商品の使用価値というメタフォリカルな形態で再-現前＝表現 re-present されるほかはない。

さらにまた、形態Ⅰを隠喩として捉えることによって次のことが明らかになる。例えば、「二〇エレのリンネル＝一着の上着」という表現は「二〇エレのリンネルは一着の上着のようだ」と直喩的に言っているのではない。それは「二〇エレのリンネルは一着の上着である」と言っているのである。もちろん、二〇エレのリンネルは一着の上着ではないのだから、これは不可能な表現である。しかし、他方で、価値の現前不可能性は他の商品による表現を必要とする。それゆえ、価値表現は否定されてはまた他の商品による表現を求めるという無際限な試みを続けることになる。すなわち、拡大された価値形態（形態Ⅱ）である。

ホワイトによれば、形態Ⅱは換喩的である。隠喩が相似性に基づくのに対して、換喩は隣接性 contiguity に関わる(6)。もっとも、ホワイトは拡大された価値形態の際限のない系列をA＝B、B＝C、C＝D、D＝E、…n というように記述しており、基本的に誤解している。また、換喩の内容を全体の部分への還元にのみ限定している。

そうであれば、形態IIは還元されるべき全体性をすでに備えていることになるが、しかし、マルクスによれば「拡大された相対的価値形態は、単純な相対的価値表現すなわち第一の形態の諸等式の総計から成っているにすぎない」(K I: 79) のである。したがって、ホワイトの議論を再構成するとすれば、換喩的関係は等号(繋辞)によって繋がれる両辺、相対的価値形態と等価形態の間にあるのではなく、等価形態の系列に現われる諸商品相互の関係に存すると解すべきであろう。

形態IIにおいても個々の等式の両辺の関係は隠喩的である。これに対し、一着の上着、一〇ポンドの茶、四〇ポンドのコーヒー、…と無際限に続く等価形態の系列において、例えば、一着の上着と一〇ポンドの茶は相似的ではない。二商品が相似性をもつとは、それらの価値が等しいということに他ならないが、形態IIにおいて一着の上着、一〇ポンドの茶等々は価値を表現される位置に立っていないのである。ここで注意すべきなのは、形態IIの表現相互の独立性である。形態IIにおいて等価形態の諸商品は「または oder」によって結ばれており、そこでは「およそただそれぞれが互いに排除しあう制限された等価形態があるだけである」(K I: 78)。「二〇エレのリンネル＝一着の上着」と「二〇エレのリンネル＝一〇ポンドの茶」は別々の表現であり、ここでは一着の上着と一〇ポンドの茶の間の相似性についてはいささかも言及されていない。したがって、等価形態の系列の拡大は相似性(価値)に基づくのではない。等価形態の系列は一着の上着と一〇ポンドの茶が共に使用価値であることを、したがって、商品世界の市民として隣人同士であることを意味するにすぎない。それらは文字通りの意味で隣接しているのであり、それゆえ、形態IIは換喩的である。[7]

形態IIにおいても相対的価値形態と等価形態の関係は隠喩的であり、その不可能性も解決されてはいない。ここで隠喩が不可能であるのは相似性(同一性)が確保されないからであるが、一般的価値形態(形態III)ではこの点が決定的に異なる。形態IIIにおいては諸商品の相似性が現われ、隠喩的表現が可能になるのだが、しかし、それは相対的価値形態と等価形態の間にではなく、相対的価値形態に立つ諸商品の間に成立する。そして、形態IIIにおいて隠喩を可能にする相似性とは一般的等価物、二〇エレのリンネルそのものである。

形態IIIにおいて重要なのはマルクスのいわゆる「取り違えQuidproquo」（KI：71）についての理解である。マルクスによれば、「価値表現の内部では、商品A〔相対的価値形態〕の現物形態はただ使用価値の姿として、商品B〔等価形態〕の現物形態はただ価値形態または価値の姿としてのみ認められている」（KI：75）という。等価形態に即していえば、「使用価値がその反対物の、価値の現象形態になる」（KI：70）のである。しかし、使用価値とは差異性そのものであり、それが同時に相似性（価値）の現象形態であることはできない。それゆえ、形態I及びIIにおいて隠喩は不可能であった。これに対し、形態IIIでは一商品、例えば、リンネルは、商品世界からの「排除Ausschließung」（KI：83）によって、リンネル自身を含む商品世界ではなく、リンネルを除いた商品世界の価値の形態として現われる。[8] ここでは、リンネルは商品世界の内部で他の諸商品に対立する使用価値（差異性）としてではなく、商品世界の外部において諸商品の相似性を表現する形態として在る。

以上の機制は種と類という観点から言い換えることができる。リンネル（種）が商品世界からの排除によって価値（類）の現象形態と取り違えられ、商品世界の諸商品の使用価値（種）はその相似性＝価値（類）をリンネル（種→類）によって表現されるようになる。この事態をマルクスは『資本論』初版において次のように言い表わしている。「形態IIIにおいては、リンネルはすべての他の商品にとっての等価物の類形態として現われる。それは、ちょうど、群をなして動物界のいろいろな類、種、亜種、科、等々を形成している獅子や虎や兎やその他のすべての現実の動物たちと相並んで、かつそれらのほかに、まだなお動物というもの、すなわち動物界全体の個別的化身が存在しているようなものである」（Marx 1867：27，訳六三～六四）。ここで、リンネル（類）は他の商品（種）を表現しているのであり、その意味で、形態IIIは提喩的であると言えよう。[9]

貨幣のフェティシズム

一般的等価物が種でありながら類と取り違えられる、あるいは、その使用価値が価値と取り違えられるという事情は、諸商品の価値表現を可能にする一方で、一般的等価物の使用価値にも屈折した性格を与えることになる。マルクスによれば、客観的固定性を獲得した一般的等価物、すなわち、貨幣は「商品としてのその特殊な使用価値、例えば金が虫歯の充填や奢侈品の原料に役立つというような使用価値」（K I : 104）のほかに「形式的使用価値 formalen Gebrauchswert」を受け取るという。ここで、商品としての特殊な使用価値とは有用性のことであるが、むろんこの有用性は空中に浮いているわけではない。マルクスの言うように「有用性は、商品身体 Warenkörper の諸属性に制約されているので、商品身体なしには存在しない。それゆえ、鉄や小麦やダイヤモンドなどという商品身体そのものが、使用価値または財なのである」（K I : 50）。しかし、そうであれば、貨幣はその特殊な使用価値とは別の形式的使用価値をもつことなどできないのではないか。

確かに、商品身体とは結局のところ有用性をもたらすところの諸属性の束にすぎず、それらを商品身体から取り去るならば何も残らない（貨幣の第一の身体）。しかし、形式的使用価値概念はまさにそのような有用性に解消しきれない剰余＝過剰性を指示している。そして、この剰余こそわれわれが先に指摘した貨幣の第二の身体に他ならない(10)。

このような剰余の概念の決定的な重要性は、フェティシズム――「商品の物神的性格とその秘密」と題された『資本論』の一節で詳述されている――についての次のような二様の読み方を比較してみれば明らかになる。

フェティシズムに対する第一の読み方は、マルクスが「人と人とが自分たちの労働そのものにおいて結ぶ直接に社会的な諸関係としてではなく、むしろ人と人との物象的諸関係及び物と物との社会的諸関係として現われる」（K I : 87）と述べていることに関わる。それによれば、孤島のロビンソン、中世封建社会、原始共同体、未来の共産主義社会といった資本主義以外の社会では、人と人との関係が直接的で透明なものとして現われるのに対し、資本主義社会においてはそれが物と物との関係に物象化されて現われる。商品の謎のような性格――それは貨幣において集約的に現われる――は労働における人と人との関係が物と物との関係に変装されたことによるのである。フェティシズムについてのこの読解のベースにあるのは、明らかに初期マルクスの「疎外」概念と同一の構図であり、それは意識の問題（上部構造）から現実の問題（土台）へと移されてはいるが、構図そのものは基本的に変わらない。この場合、人と人との関係が本質としてあって、それが物と物との関係という現象として現われるのであり、フェティシズムとは本質と現象の「取り違えQuidproquo」の問題になる。すなわち、フェティッシュ的錯認とは物象だけを見て、本質としての人間を看過することにある。

これに対し、フェティシズムには第一の読みとは明らかに異なる読み方がある。それは、同じ物神性論における次のようなマルクスの記述に基づく。「人間が彼らの労働生産物を互いに価値として関係させるのは、これらの物が彼らにとっては一様な人間労働のたんに物象的外皮として認められるからではない。逆である。彼らは、彼らの異種の諸生産物を互いに交換において価値として等置することによって、彼らのいろいろに違った労働を互いに人間労働として等置するのである」（KⅠ：88）。ここでは、人と人との関係（社会的労働）がまずあって、その物象的外皮として物と物との関係（価値関係）が現象するのではない。物と物との関係とは、物象化されなければありえたであろう人と人との直接的関係の疎外態なのではなく、逆に人と人との関係を可能にするものである。さらにマルクスは続ける。「彼らはそれを知ってはいないが、しかし、それを行うのである」。フェティシズムは人と人との関係（本質）を物と物との関係（現象）と誤認すること（認識のレヴェル）にあるのではなく、商品交換という行為のレヴェル、すなわち、物と物との関係そのものに存する。(11)

第二の読みにおいては、フェティシズムとは、構造的な物と物との「関係」をその要素である諸商品、「物」

の属性と取り違えることと解釈される。フェティシズムはとりわけ貨幣において顕著であるが、そこでは、貨幣の直接的交換可能性が、物と物との関係において一般的等価形態という位置を占めた結果であるにもかかわらず、貨幣そのものの属性であると取り違えられるのである。ここで、第一の読み方と第二のそれとの間の根本的な違いに注意すべきである。すなわち、第一の読みがヘーゲル流の本質-現象関係、表出因果性に拠るとすれば、第二の読みはアルチュセール派の「換喩的因果性」に基づいている。L・アルチュセールによれば、換喩的因果性とは「不在の原因の概念」であり、「結果の存在ばかりを視野に入れるときには結果のなかに構造がまるっきり不在である」という事態を指している[12]。商品交換という行為の水準において、貨幣の直接的交換可能性の原因としての価値形態（形態Ｉ）は不在である。この原因の不在がたんなる誤認や見逃しによるものでないことは、例えば、上着でリンネルを買おうとしてみれば分かる。そもそも、マルクスが啓蒙主義を批判するときに問題としていたものこそ、このようなフェティシズムをたんなる誤認と捉える見方ではなかったか[13]。

換言すれば、第一の読み方が問題なのは、貨幣の第一の身体のみに拘泥して、第二の身体を見ないからである。貨幣の第二の身体は不在の原因の痕跡であり、貨幣の完成形態から遡行的に分析し、形態Ｉまで至ることによってしか見出されない。物と物との関係は人と人との関係が物象化されたものにすぎないと言うとき、人はフェティシズムを暴露しているのではなく、むしろフェティシズム（第二のそれ）に陥ってしまっているのである。

第二の読みにおけるフェティシズムは、とりわけ、紙幣のような非物質的貨幣において顕著である。そこでは、人々は紙幣の直接的交換可能性が紙の有用性や諸属性に基づくものでないことを十分知っている。しかし、知っていつつも紙片を貨幣として用いるならば、直接的交換可能性を貨幣の属性――ただし、第一の身体の属性ではなく、第二の身体のそれ――と取り違えることになる。電子マネーのような純粋に非物質的な貨幣でさえ、第二の身体に憑かれている。それゆえ、貨幣の第一の身体が貴金属、紙、電子情報と徐々にその物質性を薄めてきたからといって、第二の身体の物質性が弱められているわけではない。第二の身体の物質性は、流通すれば摩滅する貴金属よりもむしろ非物質的貨幣において純粋なかたちで現われている。(14)

貨幣とイデオロギー

貨幣の第二の身体を看過して、たんに第一の身体の変更によって貨幣を廃棄できると考える「労働貨幣」(J・グレー)の試みに対し、マルクスは次のような問いを投げかけている。「労働時間が価値の内在的尺度であるのに、何故それとならんでもうひとつの価値の外在的尺度があるのか? 何故すべての商品は排他的な一商品でその価値を評価し、こうしてこの商品が交換価値の十全な定在に、貨幣に転化されるのか?」(Kr:67)。この問いを探求したのが価値形態論であり、右の如く貨幣の第二の身体とはそこから直接に引き出されたのであった。それゆえ、貨幣批判が必要であるとすれば、それは労働貨幣の如く貨幣の第一の身体にではなく、第二の身体に向かわねばならない。

しかしながら、われわれの行論はここで一つの障碍に突き当たる。貨幣の問題を第一の身体にのみ還元すること、それは貨幣についてのイデオロギーであるといってよいが、それを批判することによって、われわれは貨幣を抗し難いものに仕立て上げてしまったのではないか。あるいは、カントロヴィッチが国王二体論を政治神学と呼んだように、われわれの思考も貨幣神学とも言うべきものに陥っているのではあるまいか。

この問題に答える前に、そもそもの議論の発点に立ち戻ってみよう。貨幣の第二の身体とは商品世界の相似性=同一性を表現するところの貨幣の剰余を意味するものであった。言い換えれば、貨幣は諸商品のユニークな物質性=差異性を糊塗し、それを横領して自らの剰余と化したのである。その意味で、貨幣とはT・アドルノの言う意味においてイデオロギーの一形式であると言える。(15)

マルクス派の古典的イデオロギー概念――それはほとんど虚偽意識と同義語である――は、アルチュセールによって決定的に転回されたと言える。アルチュセールによれば、第一に、イデオロギーとは「諸個人が自らの現実的な存在諸条件に対してもつ想像的な関係を表わしている」(Althusser 1970 : 296, 訳三五四)。第二に、「イデオロギーは、物質的なイデオロギー装置のなかに存在し、この装置は物質的な儀式によって調整される物質的な諸実践を命令し、これらの諸実践は、信仰に従ってまったく意識的に行動する主体の物質的な諸行為のなかに存在する」(Althusser 1970 : 302, 訳三六二)。これら二つから、イデオロギーが現実的諸条件のたんなる歪像ではないことが明確にされるとともに、その存在が物質的な実践の中に正当なかたちで位置づけられたのであった。

さらに、アルチュセールは、二つのテーゼのいずれにおいても主体の概念が決定的な役割を果たしていることを看取し、次のように指摘した。「主体というカテゴリーはあらゆるイデオロギーにとって構成的である」と同時に「あらゆるイデオロギーは主体としての具体的諸個人を「構成する」ことをその機能としている」(Althusser 1970 : 303, 訳三六三)。ここから引き出されるのが、有名な「呼びかけ」による主体の構成という機制である。

アルチュセールのイデオロギー的「呼びかけ」の難点についてはすでに多くの指摘があるが、ここで問題にしたい点はアルチュセールが「諸個人はつねにすでに主体として、イデオロギーに呼びかけられている」(Althusser 1970 : 306, 訳三六八)と述べていることに関わる。アルチュセールの言うように、諸個人が「つねにすでに」イデオロギーに呼びかけられており、また「イデオロギーは外部をもたない」(Althusser 1970 : 306, 訳三六七)とすれば、われわれはイデオロギーに抗うことなど到底できそうにない[16]。また、アルチュセールの「大文字の主体」を中心としたモデルは、「階級闘争の場」(Althusser 1970 : 284, 訳三三九)というイデオロギー装置についての彼自身の定義に反して、単一のイデオロギーへの従属を不可避にしてしまう[17]。

実のところ、われわれの行論もアルチュセールのイデオロギー論と同じ困難に逢着している。そして、このことは決して偶然の符合ではない。アルチュセールの問題は、イデオロギーの外部を認めず、かつ単一の「大文字の主体」を想定するところに淵源していた。そうであれば、われわれの行論に対する反省も同じ点から加えられなければならない。すなわち、貨幣の単一性とその外部の問題である。

貨幣の第二の身体は商品世界の同一性の表現であり、また同一性は必然的に単一性を含意するのだから、貨幣は定義上単一である。(18) 貨幣はその単一性でもって特殊的欲求の対象としての諸商品（素材的富）を同一化する。それによって貨幣は特殊的欲求の実現を延期するだけでなく、それを抽象して自らの身体を富の個体化されたものとして、すなわち、一般的富として表わす。まさしくマルクスの言うように「貨幣は諸商品のなかの神」(Gr：146) であり、それはアルチュセールの「大文字の主体」（やはり神に譬えられる）と同型の構造を有している。

しかし、類似はここまでである。アルチュセールにおいてイデオロギーは外部をもたないとされたが、これとは異なり、貨幣には外部がある。

貨幣は空間的外部と時間的外部の二つの外部をもっている。貨幣が商品世界の同一性を表現しうるのは、それが価値を表現される立場から排除されているからであったが、それにもかかわらず貨幣が価値を表現される契機が存在する。すなわち、一方で、世界市場において、貨幣は他国の貨幣によって価値を表現される。他方で、蓄蔵貨幣が形成されるとすれば、現在の貨幣は将来の貨幣によって不断に表現されるようになる。貨幣は本来的に外部をもっているのであり、商品世界はアルチュセールのイデオロギーのように安定した閉鎖体系ではないのである。

注

（1）例えば、Gr：140, Kr：99-100 等の記述を参照せよ。

（2）絓秀実はE・H・カントロヴィッチの『王の二つの身体』を援用しつつ、王の第二の身体と貨幣の関連を指摘している。絓（2001：313）参照。また、S・ジジェクは次のように述べている。「貨幣の物質的性格の問題、それは貨幣を形作る経験的、物質的な素材の問題ではなく、崇高な物質、すなわち物理的な身体の崩壊を超えて生き残るもう一つの「破壊不可能で不変の」身体の問題である。貨幣のこのもう一つの身体は、あらゆる拷問を耐え抜き、その美しさを損なわないまま生き残る、サドの犠牲者の死体のようなものである。「身体の中の身体」のこの非物質的な肉体はわれわれに、崇高な対象の厳密な定義を与えてくれる」（Žižek 1989：18, 訳三二）。ここでジジェクは明らかにカントロヴィッチの議論を下敷きにしている。Žižek（1989：145ff, 訳二二五以下）も参照のこと。しかしながら、ジジェクがこの点を「マルクスが解決しなかった問題」と言っているのは正しくない。

（3）本書第三章第一節では、この問題を別の角度から検討しておいた。

（4）White（1973：287-297）。なお、ホワイトのトロポロジーの基本的定義は White（1973：31-38）で与えられている。

（5）KⅠ：75 参照。

（6）R・ヤコブソンは談話の進行を相似性による隠喩的方法と隣接性による換喩的方法とに区別したうえで、失語症を相似性の異常と隣接性の異常の二つの型に分類している。Jakobson（1963）参照。なお、相似性と隣接性はF・ド・ソシュールの言う連合関係と連辞関係にそれぞれ対応する。

（7）換喩は隠喩（相似性）に基づいて成立するのではなく、むしろ隠喩に先立つ。J・ラカンは一九五五-五六年のセミネールにおいて、換喩（シニフィアンの分節化）を俟って隠喩（シニフィエの転移）がはじめて可能になることを指摘している。「シニフィエの転移が起こり得るためには、シニフィアンを配列できることがまず第一に必要です。つまりシニフィアンの形式的な分節化がシニフィエの転移よりも主要なことです」（Lacan 1981：261, 訳(下)-一二四）。価値形態論においてもまた、形態Ⅰで不可能であった隠喩は、形態Ⅱの換喩を経て、形態Ⅲにまで至ってはじめて可能になるのである。

（8）厳密に言えば形態Ⅱから形態Ⅲへの移行は二重である。すなわち、まず、隠喩の不可能性が相似性の再現前を要請し、次いで、それに応えるかたちで一商品が排除されるのである。

（9）ホワイトも同様に形態Ⅲを提喩として解釈しているが、その説明は正確ではない。ホワイトによれば、形態Ⅱの（ホワイト的な）換喩によって担保された全体性が等式の顚倒によって一商品に集約され、提喩的に統合されるという。しかしながら、この解釈は形態IIと形態IIIの間に質的な切断を見ないがゆえに基本的に誤っている。また、全体がその性質を象徴する部分によって表現されるという提喩の定義も適当ではない。ここでは、佐藤信夫の「外延的に全体をあらわす類概念をもって種を表現し、あるいは、外延的に部分をあらわす種概念によって類全体を表現する」（佐藤信夫 1978：194）という定義を採用した。なお、ホワイトが形態IVの理解として提出したアイロニーについてはここでは扱わなかったが、それは形態IVよりもむしろフェティシズムの問題に関わるように思われる。

(10) 貨幣の剰余は、S・A・クリプキがラッセル流の記述理論に抗して、「固定指示子」の固定性＝同一性は諸属性の束（確定記述）によっては確保されないと主張したときに触れていた問題と関わる。Kripke (1980) 参照。実際、ジジェクはクリプキの固定指示子の剰余を貨幣のそれと同様、ラカンの「小文字の対象a」に準えている（Žižek 1989：95, 訳一五一）。しかし、クリプキ-ジジェクでは、剰余は貨幣そのものの固定性＝同一性から論じられるが、われわれの理解によれば、それは諸商品の同一性＝固定性の問題である。諸商品の固定性＝同一性（価値）が諸商品そのものの諸属性にはもちろん、貨幣（金）の諸属性にも解消できないところに貨幣の剰余（第二の身体）が宿るのである。

(11) 野口真による sachlich と dinglich の区別に即せば、前者は第一の読みに、後者は第二の読みに対応すると言えよう。野口 (1980：171) 参照。野口によれば、sachlich は persönlich に対立する術語であり、dinglich は使用価値としてある物体的性質（属性）を指している。

(12) Althusser et al. (1965：II-65, 訳(中)-二五五) 参照。この概念はラカン派のJ-A・ミレールに由来する。

(13) 「一定の生産様式の基礎の上で物が受け取る社会的性格、または労働の社会的規定が受け取る物的性格を、たんなる章標だとするならば、それは、同時に、このような性格を人間のえてかってな反省の産物だとすることである。それこそは、一八世紀に愛好された啓蒙主義の手法だったのであって、この手法によってその発生過程をまだ解明することができなかった人間関係の不可解な姿から少なくとも差し当たり奇異の外観だけでもはぎ取ろうとしたのである」(K I：105-106)。

(14) 貨幣の第一の身体（流通手段）と第二の身体（価値尺度）は、後者が前者によって代理-代表されるという関係にある。この点は、本書第三章第二節において詳説した。そこでは、二つの身体の代理-代表関係を価値形態（価値尺度）における表現-表象 Darstellung と区別するために、代表 Vertretung と呼んでいる。商品-貨幣関係において表現／代表の機制は二重化しており、いわば入れ籠状をなすのである。なお、Darstellung と Vertretung の意味上の差異については、Althusser et al. (1965：II-64-65, 訳(中)-二五四〜二五五) も参照されたい。アルチュセールによれば、Vertretung はその後ろにいる何ものかを想定しているが、Darstellung では背後には何もなく、それは「換喩的因果性」と言い換えられる。

(15)「同一性は、イデオロギーの原型である」(Adorno 1966：151, 訳一八〇)。もっとも、アドルノの定義をイデオロギー一般に適用するならば、T・イーグルトンが批判するようにそれは問題含みの概念となる。「その〔アドルノの〕イデオロギー観は、ポスト構造主義の理論家がよろこびそうな流儀で、すべてのイデオロギーを、形而上的絶対概念と超越的基盤に依拠するふりをするものと規定してしまう。だが、西欧資本主義の現実のイデオロギーの状況は、むしろかなり異種混淆的で矛盾したものを共存させており、「形而上的」ディスクールと多元的ディスクールとがさまざまな割合で混ざりあった混合体となっている」(Eagleton 1991：128, 訳二六九)。しかしながら、それは貨幣に限定して用いられるならば、いまなお有効である。

(16) 橋本(1994：208)参照。

(17) アルチュセールのイデオロギー論のこのような反動的性格は、彼の弟子であったJ・ランシエールによって指摘されている。Ransière(1974)参照。ランシエールの批判は「自己批判」以前の仕事に向けられているが、後期アルチュセールにも概ね妥当する。

(18) 貨幣の単一性とは、貨幣の第二の身体のそれであって、経験的な貨幣(第一の身体)の複数性を排除するものではない。たとえ、複数の貨幣素材が流通していたとしても、貨幣の第二の身体についてみれば、貨幣は単一である。マルクスの言うように、「法律によって二つの商品が価値尺度の機能を与えられている場合には、事実上つねに一つの商品だけが価値尺度としての地位を保つ」(Kr：59)のである。

第四章　蓄蔵貨幣の形成と資本の運動

第一節　市場と貨幣

(1)　市場の無政府性

一八五七年に始まった世界恐慌の只中で作成された研究ノート、『要綱』をマルクスはプルードン主義者A・ダリモンの批判から始めている。そこで、マルクスが批判の対象としたのは、地金の流出を恐慌の原因と捉え、労働貨幣（時間票券）の採用によってそれを回避しようというダリモンの主張であった。マルクスはダリモンの主張の背後に実体経済の均衡という想定が隠されていることを鋭く看取し、そのうえで、価格の「たえまない振動 Oscillation」（Gr：72）を通じて実体経済に能動的に働きかけるという市場経済の無政府的な性格を強調したのである。マルクスは、経済学についての本格的な研究に着手した『要綱』段階から、中立的な貨幣観や市場についての均衡論的な立場とは無縁であったと言ってよい(1)。

ところが、『要綱』の随所に見られるこうした視角は、『批判』を経て『資本論』へと至るなかで徐々に後景へと追いやられていくことになる。この変化の背後には、商品に対しては労働価値説を、貨幣に対しては貨幣数量説を採用する古典派経済学の二分法を批判しようというマルクスの意図が見え隠れする。[2] すなわち、マルクスは労働価値説を貨幣にも適用することによって価値論を一元化しつつ、「蓄蔵貨幣貯水池」(K I : 148) による貨幣流通量の調整機能を指摘することによって、「商品価格は流通手段の量によって規定され、流通手段の量はまた一国に存在する貨幣材料の量によって規定される」(K I : 137) という数量説的見解を退けたのであった。[3] しかし、このようなマルクスの主張は数量説批判としても十分なものであったとは言い難い。というのは、数量説が貨幣を実物のヴェールであって、名目的物価水準に作用するにすぎないものと考えたのに対し、マルクスは労働価値の一方的な規制を強調することによって、少なくとも表面上は、物価水準にすら影響を与えることのない静態的な市場像を提示することになったからである。

こうして数量説批判という要請から表面上は払拭されたかに見える市場の無政府性についての認識は、しかし、貨幣論の極限に位置する二つの理論領域、価値形態論と蓄蔵貨幣論において屈折したかたちで現われることになる。

すなわち、一方で、『要綱』段階の反均衡論的視角の基礎にあった、価値(労働量)と価格(価値形態)は「絶えず異なっており、両者〔価値と価格〕が一致することは決してないか、またはまったく偶然に、そして例外的にしかない」(Gr : 73) という理解は、価値の実体の分析に終始する古典派経済学に対する批判意識と相俟って、価値の形態をそれ自体として考察の対象に据える価値形態論へと結実することになる。

他方、貨幣を介した商品交換においては、販売と購買との間にずれが生じ、したがって、「これら二つの行為は、いまでは、空間的にも時間的にも相互に分離された、相互に無関心な存在形態を獲得しているので、それらの直接的な同一性はなくなっている」(Gr：82) という認識は、蓄蔵貨幣論への扉を開くことになった。

しかしながら、両論は共に市場の無政府性の認識から出発しながらも、『資本論』へと至るなかで、その問題意識を等しく醸成していったとは言い難い。すなわち、価値形態論が市場の無政府性を解明する可能性を蔵した理論領域として彫琢され、貨幣論から独立していく一方で、蓄蔵貨幣については、『要綱』で主題的に論じられていた貨幣の富としての性格や自己目的性といった問題系が後退し、数量説批判という課題から、『資本論』においては主として流通に必要な貨幣量を調整する「蓄蔵貨幣貯水池」として受動的な性格を担わされることになる。また、叙述の面でも、『要綱』においては貨幣の第三規定とほぼ同義であった蓄蔵貨幣についての記述が、『批判』以降大幅に圧縮され、「現実の金」(Kr：102) という観点から再構成された「(貨幣としての) 貨幣」の下位カテゴリーに組み込まれることになったのである。

(2) 蓄蔵貨幣の形成

スミスをはじめとする古典派経済学がもっぱら流通手段のみに基づく貨幣論を展開し、重商主義 (重金主義) をたんなる妄想として退けたのに対し、マルクスは重商主義を一定程度評価している。マルクスによれば、「最も発達したブルジョア的経済においてさえ、流通手段としての金銀の機能とは違った、また他のすべての商品に対立した、貨幣としての金銀の独特な諸機能は、揚棄されないで、ただ制限されるだけであって、それゆえにまた重金主義と重商主義とはその権利を保持するのである」(Kr：134)。マルクスの蓄蔵貨幣規定の背景には、こうした富としての貨幣という重商主義的視角に対する積極的評価が横たわっている。

貨幣をたんに流通手段として捉える立場からすれば、貨幣は商品を購買するための手段としてのみ受領される。したがって、貨幣が蓄蔵されるとしても、それは、本来の富である商品を将来購買するために一時的に保有されているにすぎない。これに対し、重商主義的立場からすれば、貨幣は将来の購買の準備としてではなく、それ自体が富として自己目的的に蓄蔵されることになる。[4]

資本主義社会の富を「巨大な商品集合」（KⅠ：49）と理解するマルクスは、商品（労働生産物）を富として捉える古典派経済学の正当性を認めながらも、他方で、貨幣を富と見なす重商主義を彼らのように全面的に否定してはいない。この点について、マルクスは富に対する相矛盾した見解をもっていたというよりも、むしろ富を商品的富と貨幣的富という二面性において理解していたと考えられる。例えば、『要綱』において、マルクスは富について次のように論じている。

> 一方では、貨幣が対自的に考察されるかぎりでは、富の形態と内容とは貨幣においては同一的であるが、他方では、他のすべての商品との対立において、これらの商品に対しては、――それらの諸特性の総体が富の実体をなしているにもかかわらず――富の一般的形態なのである。貨幣は、前者の規定からすれば、富そのものであるとすれば、後者の規定からすれば、富の一般的物質的代理物なのである。[5]（Gr：145-146）

マルクスは、ここで、貨幣規定を対自的に考察される規定と商品との関係で対他的に考察される規定とに分けながら、富について論じている。対他的に考察される後者とは、貨幣を流通手段や購買の準備と見なす古典派的見解に対応しているが、そこでは、商品が富の内容（実体）であるのに対し、貨幣は富の形態である。この場合、富は、商品的富、すなわち「使用上の富」（Gr：145）であって、貨幣はその物質的代理物にすぎない。これに対し、貨幣が対自的に、それだけを別個に取り出して考察される前者の規定においては、貨幣は富の形態であると同時に内容であって、富そのものとされる。マルクスは、貨幣が、使用上の富を獲得する手段としての機能をもつだけでなく、富そのものとして目的となるような性格をもっていると考えている。それは、使用（消費）の対象となる商品的富とは異なって、消費されず、それゆえに、蓄蔵の対象となるような「一般的富」（Gr：145）である。

ここには、商品流通の一時的な中断による貨幣の受動的な貯留（鋳貨準備金）とは区別される一般的富としての蓄蔵貨幣の積極的な形成が示唆されている。貨幣は商品を入手する手段として受領されたり、一時的に保有されたりするだけではなく、自己目的として蓄蔵の対象にもなりうるのである。貨幣は商品流通の中断や購買の断念といった否定性において蓄蔵されるばかりではない。マルクスはこのような自己目的として蓄蔵の対象となる貨幣のことを蓄蔵貨幣-財宝Schatzというすぐれて重商主義的な言葉で表現している。(6) マルクスは蓄蔵貨幣-財宝に着目することによって、貨幣の存在する市場においては、蓄蔵貨幣-財宝が滞留し、「正常な進行」が不断に攪乱されるという市場の無政府的な性格を明るみにしたのである。

しかしながら、『要綱』において詳論されていた蓄蔵貨幣の自己目的的性格は、『批判』以降、少なくとも表面上は希薄化していくことになる。このことの背景には、すでに指摘したように貨幣数量説に対する批判意識があった。流通に必要な貨幣量は労働価値と商品総量によって決定されるというマルクスの数量説批判のためには、その受動的な調節機構としての「蓄蔵貨幣貯水池」の存在が不可欠である。おそらく、自己目的としての蓄蔵貨幣の能動性は労働量による価値の決定を事後的に攪乱する可能性を孕むために、数量説批判に瑕疵をつけるとマルクスは考えたのであろう。

蓄蔵貨幣論が後退することになったいまひとつの理由として、『要綱』において指摘されていた流通手段と蓄蔵貨幣の矛盾という問題があったと推測される。確かに、『要綱』において、マルクスは蓄蔵貨幣（貨幣の第三規定）を「尺度であり鋳貨（流通手段）であるということが貨幣の機能として現れるにすぎない貨幣の完成状態」（Gr：161）として、すなわち、前二規定を統一する貨幣の一般的規定として理解しようとしていた。しかし、他方で、「流通からの貨幣の独立性は、ただ、流通を忘れないことのうちにだけ、流通への依存としてだけ、存在しているにすぎない」（Gr：157）と述べて、一旦は強調した蓄蔵貨幣の自己目的性を、すぐに、消極化するかの如き微妙な揺らぎを見せている。これは、流通手段による商品交換の流れ（単純流通）と蓄蔵貨幣によるその切断とが相矛盾すると考えられたためであろうが、両者の内的対立は、貨幣数量説を批判する目的から、『批判』以降、流通の内部と外部との外的対立へと変換されてゆく。さらには、交換の要求に基づく流通手段の方に一次性が付与され、蓄蔵貨幣は二次的、受動的な位置に貶められることになったのである。

第二節　蓄蔵貨幣概念から貨幣の資産性へ

(1)　蓄蔵貨幣概念の限界

主流派経済学の標準的な教科書を繙いてみると、貨幣には、計算単位、交換手段、価値貯蔵手段の三つの機能があると大抵書かれている。こうした教科書では、ほとんどの場合、交換手段が貨幣の中心的な機能として位置づけられているのを看て取ることができる。貨幣の便益を強調する経済学者の多くが、決まって物々交換における欲求の「二重の一致 double coincidence」（Jevons 1875：3, 訳三）の困難に触れるのは、このためである。[7]そこでは、貨幣は、本来的に、交換を円滑にするための媒介とされており、価値貯蔵機能は将来の購買のための準備として付随的に触れられるにすぎない。主流派経済学においては、スミス以来、貨幣の富としての性格、すなわち、貨幣の資産性が軽視されてきたのである。

もっとも、マルクス経済学においても、事態は大きく異なるわけではない。確かに、『資本論』の記述に倣って、蓄蔵貨幣の形成が一応説かれはするが、多くの場合、たんなる表面的な言及にとどまって、体系上の重要な位置を与えられておらず、したがって、マルクス経済学が貨幣の資産性を重視しているとは認め難いのである。

貨幣の資産性に対するマルクス経済学の消極的な態度は、マルクス自身の蓄蔵貨幣概念に起因している。すでに指摘したように、『資本論』では、貨幣数量説批判という要請から、蓄蔵貨幣概念に関しては、流通に必要な貨幣量を調整する「蓄蔵貨幣貯水池」(K I: 148) としての機能が強調されている。また、蓄蔵貨幣の自己目的性が言及される場合でも、インドにおける銀の埋蔵の例を挙げたり、「黄金欲」(K I: 145) といった表現を用いたりするなど、具体的、歴史的な叙述に終始している。マルクスの蓄蔵貨幣概念は、流通手段からあまりに截然と分別されており、また、その叙述も非資本主義な性格を負わされている。貨幣の資産性を把握するためには、マルクスの蓄蔵貨幣概念の定義に訴えるだけでは決して十分とは言えない。

しかしながら、マルクスの蓄蔵貨幣概念には、このような限界が存する一方で、それを解決するための手がかりも含まれている。それは、『資本論』第一巻第三章第三節「a 蓄蔵貨幣の形成」にある次のような二つの記述に潜んでいる。

(i)商品流通が始まったばかりのときには、ただ使用価値の余剰分 Überschus だけが貨幣に転化する。こうして、金銀は、おのずから、有り余るものまたは富の社会的な表現になる。(K I: 144, 番号は引用者)

(ii)商品生産がさらに発展するにつれて、どの商品生産者も、諸物の神経、「社会的な質物」を確保しておかなければならなくなる。彼の欲求 Bedürfnisse は絶えず更新され、絶えず他人の商品を買うことを命ずるが、彼自身の商品の生産と販売は時間がかかり、また偶然によって左右される。(K I: 145, 番号は引用者)

この二つの文章は、マルクスにおいて、暗黙のうちに想定されているが、その体系上の重要性をほとんど認められてこなかった、二つの理論的前提を示している。(i)から引き出すことができるのは、『資本論』においては、「余剰」のある社会が想定されているということである。『資本論』冒頭で述べられる、資本主義社会の富としての「巨大な商品集合」(K I: 49)には、こうした余剰が本来的に含まれている。ここで言う余剰とは、自分の必要を上回る余剰を別の必要と交換するという意味での相対的な余剰ではなく、必要に対する欲求に対応していないような絶対的な余剰を指す(8)。市場には、必要物を入手するためだけでなく、必要を超える余剰を得るためにも商品が投じられるのである(9)。

一方、(ii)が示しているのは、市場における交換には時間がかかるということである。たとえ「欲求」が人を購買に駆り立てたとしても、購買ための貨幣、さらには、その貨幣を得るための販売がつねに対応しているとは限らない。「彼は、売ることなしに買うためには、まえもって、買うことなしに売っていなければならない」(K I: 145)。それゆえ、「社会的な質物」、すなわち、蓄蔵貨幣が形成されていることが、購買のための条件をなすのである。

(2) 貨幣の資産性

ここで重要なことは、余剰が、商品の形態ではなく、貨幣の形態で保有されるということである。このことは貨幣が特殊な資産的性格を有することを意味している。資産が商品としてではなく、貨幣として保有されるとすればそれは何故であろうか。

一口に資産と言っても、そこには、複数の要因が複雑に絡み合っている。すなわち、資産をどの形態で保持するかは、耐久性、交換性、価値安定性の三つの要因によって決まる(10)。価値安定性については後に検討することにして、ここでは、耐久性と交換性の二要因について考察してみよう。

まず耐久性についてであるが、貨幣に関しては、その耐久性はきわめて高いと考えてよい。否、むしろ、耐久的な素材だからこそ、貨幣の地位を占めることができたと言うべきである。一方、商品の耐久性は、その自然的属性によってまちまちであろう。すなわち、生鮮品のように耐久性がほとんどないものもあれば、鉱物や金属のように耐久性が高いものもある。このことは、少なくとも可能性としては、耐久性が貨幣と同程度に高い商品の存在を排除しえないということを意味する。したがって、耐久性を基準にすることによっては、貨幣固有の資産性を明らかにすることはできない(11)。

それでは、交換性についてはどうだろうか。商品は、その使用価値の性質に応じて（そして市況に応じて）、様々な交換性をもつ。これに比して、貨幣のもつ交換性はきわめて高いように見える。貨幣は、交換のイニシアティヴを付与されており、いつでも即時に商品と交換することができるからである。しかしながら、貨幣と商品の交換性の違いが量的な問題でしかないのならば、耐久性の場合と同じ困難に逢着する。すなわち、交換性の高い商品と貨幣とを截然と区別することができず、したがって、余剰が貨幣の形態で保有されるという貨幣固有の資産性を解明することは適わなくなるだろう(12)。したがって、貨幣が特殊な資産性をもつということは、貨幣の交換性と商品のそれとの量的差異ではなく、質的な相違に基づいて明らかにされねばならない。

このような質的相違としてすぐに想起されるのは、貨幣が「一般的直接的交換可能性の形態」（KⅠ: 82）であることから生じる商品との差異である。貨幣は何でも買える性格をもっているが、商品は、貨幣としか交換されえないという意味で、その交換性は限定されている。しかしながら、このことは、交換のための手段としてはともかく、資産としての性格に決定的な相違をもたらすとは必ずしも言えない。あらゆる商品と直接に交換できなくとも、貨幣との十分な交換性を備えてさえいれば、貨幣との交換によって、「一般的直接的交換可能性」を容易に手に入れることができるからである。高い交換性をもつ商品は、貨幣の「一般的直接的交換可能性」を言わば包摂している。ゆえに、何でも買えるという貨幣の性質は、貨幣の資産性を特徴づけるものとは認め難いのである。

では、「一般的直接的交換可能性の形態」としての貨幣の性格は、商品の資産性との間に何らの相違ももたらさないのであろうか。この点に関して、マルクスは、『要綱』で、次のように述べている。

貨幣が商品とならぶ一つの外的な物になると、商品の貨幣との交換可能性は、起こるかどうかわからない外的な諸条件に直ちに結びつき、外部の諸条件に委ねられる。商品は、その自然的諸性質のために、商品がそれらを満たす目的物となっている諸必要のために、交換で欲求される。これと反対に、貨幣は、ただその交換価値のためにだけ、交換価値として欲求される。それゆえ、商品が貨幣に引き換えられるのかどうか、貨幣と交換ができるかどうか、その商品にとってその交換価値が措定されるのかどうかは、差し当たり交換価値としての商品とは何の関係もない、それとは独立の諸事情に依存する。商品の引換可能性は、生産物の自然的諸性質に依存し、貨幣の引換可能性は、象徴化された交換価値としての貨幣の存在と一致する。したがって、商品が生産物としてのその規定された形態では貨幣としてのその一般的形態ともはや交換されえない、つまりそれと等置されえないということが、ありうるのである。(Gr：82)

ここで述べられているのは、商品は、他人のための使用価値として現われるために、それが実際に引換可能性(交換性)をもつかは、諸必要に対する欲求のような市場の「外部の諸条件」に依存するということである。それゆえ、商品の交換性は、偶然的であり、その時々に応じた変動を余儀なくされる。

貨幣が商品から決定的に区別されるのは、貨幣が商品に対して高い交換性をもつからではない。マルクスによれば、貨幣の引換可能性（交換性）は、貨幣の存在と一致する。換言すれば、貨幣の存在は、交換性そのものである。

商品の交換性は、それがどれほど高いものと思念されようとも、「貨幣としてのその一般的形態ともはや交換されえない、つまりそれと等置されえないということが、ありうる」、つまり、売れないことがありうるのであり、その交換価値は「潜在的」（Gr：81）であるにとどまる。これに対し、貨幣とは、すでに交換価値が実現されたものであり、交換性そのものである。したがって、貨幣を交換性の最も高い資産と呼ぶのは、厳密に言えば、誤りである。貨幣は、商品と比較可能な意味での交換性の大きさをもたない[13]。

このことは、商品と貨幣の非対称性として言い換えることができる。前章で価値尺度と流通手段について述べたことが、資産としての貨幣についても当てはまる。価値尺度としての貨幣において、相対的価値形態にある商品の価値が観念的に表現されるとすれば、流通手段としての貨幣においては、商品の価値が、購買を通じて実現される。重要なのは、価値尺度としての貨幣が自らの価値表現をもたないのと同様に、資産としての貨幣は交換可能性を実証される立場にないということである。このことは、資産としての貨幣においてもまた取り違え（Quidproquo）が働いていることを意味する[14]。すなわち、価値尺度としての貨幣が価値そのものとして現われるとすれば、資産としての貨幣は交換性そのものとして現われるのである。

以上のような商品と貨幣の非対称性は、貨幣固有の資産性を明らかにする。余剰が商品の形態で保有されているとしても、貨幣との交換性が実証されていないかぎり、その資産性も実現されておらず、たんなる可能性でしかない。価値が未だ可能性であるにすぎない商品と、それが実現された貨幣との間には、商品の流動性がいかに大きなものと考えられようとも、埋め難い断絶がある。余剰を商品ではなく貨幣の形態で保蔵しようとする傾向が生じるのは、このためである。

このような貨幣固有の資産性を視軸にして市場を眺めるならば、必要と余剰の捉え方が、通常の推論と逆になってくる。すなわち、予め必要に対する欲求が確定したうえで販売がなされ、続く購買に伴って偶然的に生じた残余が受動的に蓄蔵貨幣になるというのではない。貨幣の資産性に牽引されるかたちで、手持ちの全商品を貨幣に換えるという欲動がまず惹起され、そのうちの必要に対応する部分が止むに止まれず購買に出動することになるのである。加えて、その抽象性ゆえに「蓄蔵貨幣‐財宝形成の欲動 Trieb は本性上無際限である」（K I : 147）から、必要と余剰の境目が弾力的であれば、必要はできるかぎり絞り込まれることになる。「勤勉が蓄蔵貨幣‐財宝形成の積極的な条件であるように、節倹はその消極的条件である」（Kr : 191）、あるいは、「たくさん売って少なく買うこと」（K I : 147）が貨幣蓄蔵者の経済学の全体をなすなどとマルクスが述べているのもこの謂であろう。

第三節　資産性の展開

(1)　貨幣の滞留から資本の流れへ

貨幣特有の資産性が、交換性そのものであることに由来するとすれば、マルクスの蓄蔵貨幣概念のように、それを流通手段から単純に切り離すことはできなくなる。流通手段としての貨幣と資産としての貨幣とは対立するものではなく、むしろ相補的なものである。右で見たように、貨幣が交換性でなければ、その固有の資産性もありえないが、逆に、資産性をもたない貨幣は、流通手段としても機能しえない。なぜなら、流通には時間がかかるために、単純流通W―G―Wのような正則性は単純には成り立たないからである。(15)

したがって、貨幣を流通部面にとどまる部分（流通手段）とそこから引き揚げられた部分（蓄蔵貨幣）とに機械的に裁断するべきではない。購買手段に転じることなく、余剰として滞留している貨幣は、流通に対し絶対的に対立したかたちで固執されるのではなく、マルクスの言葉で言えば「流通を忘れない」（Gr：157）貨幣として市場内部に留まりつづける。市場とは、たんに商品と商品を交換するための場ではなく、つねに余剰としての貨幣を滞留させつつ進行する過程に他ならないのである。

このような貨幣滞留のある市場はどのような性質をもつだろうか。貨幣の存在する市場においては、販売と購買は互いに独立性を有している。このことは、第一に、販売と購買が時間的にずれうることを意味する。販売がなされたからといって、必ずしも、即座に購買が行なわれるわけではない。二つの行為の間には時間の経過が介在する。加えて、余剰としての貨幣が市場内部に積極的に形成されるとすれば、販売と購買は長期的にも相当に乖離することになる。このような貨幣滞留のある市場においては、「どの売りも買いであり、またその逆でもあるのだから、商品流通は、売りと買いとの必然的な均衡を生じさせる」（K I：127）といったセイ法則は基本的に成り立たない。市場には、余剰としての貨幣が不断に形成されるのであり、この意味で、市場は、本来的に、無政府的な性格を有しているのである(16)。

また、商品流通において、販売と購買とは、時間的にだけではなく、空間的にも独立している。このことは、販売と購買が別々の相手と個別的に行われることを意味する。商品の売買が取引所のような場に会して一斉に行われるわけではなく、個々バラバラに、空間的に分離して行われるとすれば、他の商品の動向を完全に把握することはできない。このため、厳密な意味での一物一価は成立しえず、同じ種類の商品についても、その価格はばらつくことになる。価格の「たえまない振動 Oscillation」（Gr：72）は、時間的にだけでなく、空間的にも生じることになるのである。

市場が以上のような無政府的な性質を有しており、また、市場に滞留している貨幣が余剰としての性格をもつことを考慮するならば、売り手と買い手が平等な立場で相対するような水平的な市場を想定するのは適切ではないことが分かる。余剰を持つ者と持たざる者とでは、市場に対峙する姿勢にも自ずから違いが生じる。余剰を持たず、必要に迫られているような者は、取引相手に足元を見られることにもなろう。逆に、余剰のある者は、比較的余裕をもって相手に臨むことによって、取引を優位に進めることができるであろうし、時間をかけ、様々な場所を探索することによって、より有利な条件の取引を見つけ出すことも可能になる。

さらに、このような市場においては、余剰としての貨幣を用いて、さらに余剰を増やすような活動が当然にも生じてこよう。すなわち、時間的・空間的な価格差を利用して商品を転売し、増殖を果たす商業がそれである。(17)

商業を担う商人、すなわち、商人資本は、市場の無政府性が引き起こす価格の「たえまない振動」やばらつきを観察 speculate しながら安く買って高く売る投機 speculation を行う。また、商人資本は、たんに時間的・空間的な価格差を受動的に利用するばかりではなく、商品の売買が急務であるような相手を見つけては、安く買い叩く、あるいは、高く売りつけるといった行動を通じて、価格のばらつきを積極的に増幅させる。もちろん、このような積極的な活動が可能であることの裏には、余剰の存在がある。すなわち、余剰を持つ商人は、購買においては、販売の必要に迫られた相手に対して、取引の主導権を握ることができる一方で、自らの販売に際しては、ある程度余裕をもって対峙することによって、買い手のイニシアティヴに対抗することができるのである。

ここに至って、先に資産について見た際に考察の対象から外しておいた第三の要因、すなわち、価値安定性をようやく議論の俎上に載せることができる。

貨幣は、交換性そのものであるという性格ゆえに、余剰の保蔵形態としての適格性を有するが、価値安定性という要因を考慮するならば、事情は変わりうる。もしも時間の経過によって、貨幣が大きく減価するならば、貨幣で余剰を保持することは道理に適わぬこととなるからである。しかしながら、前章で論じたように、貨幣の価値には、尺度の欠如ゆえにそれを知悉することが困難であるという問題がある。貨幣の価値は決して不変ではなく、したがって、特定の商品に比べて価値安定性を欠くこともありうるが、その変動を精確には知りえないがゆえに、その減価からは、貨幣ではなく商品を保蔵することを選択するという傾向は直接には生じえない。貨幣を手放して商品を入手するという行動が惹起されるためには、商品が購買価格よりも高く販売できる見込みが立たなければならない。つまり、余剰を貨幣の形態で保持するという行動は、貨幣よりも価値が安定した商品を求めるときではなく、価値が上昇する商品を求めるときにはじめて止揚されるのである[18]。

とは言え、価値尺度である貨幣の価値が知りえない以上、商品価値の変化も本当の意味では知りえない。もちろん、貨幣の価値が分からないとしても、その価値が不変であるならば、商品価値の増減を把握することは可能である。古典派経済学以来の「不変の価値尺度」問題であるが、しかし、貨幣の価値は不変であるとしたリカード（とマルクス）にあっても、その不変性は理論上の仮定であって、決して現実のものではなかった[19]。貨幣の価値を知悉しえず、また、その価値が不変でもないとすれば、商品の転売価格が仕入価格を上回っていたとしても、価値として増えたかどうかは結局のところ分からない。逆説的であるがこのように商品価値が不確かな世界であればこそ、資産価値の維持は、最も値上がりの見込める商品へと次々と乗り換えることによってしか果たされえず、したがって、余剰の保蔵は、最終的には、蓄蔵貨幣の滞留から資本の流れへと進まざるをえないのである[20]。

ここに至って、余剰の資産的性格に決定的な転換がもたらされる。余剰を貨幣として蓄蔵する場合、それは購買の否定というかたちをとる。商品を販売して得た貨幣のうち、必要の購買に費やさなかった分が余剰となるわけである。この場合、商品を購買しないことが、資産性の条件である。対照的に、資本の運動においては、商品の購買が、資産性の一契機をなしている。資産性の否定と考えられた購買が、いまや資産性を積極的に形成する要因となっているのである。

資本の運動において、商品は、はじめて貨幣に比肩しうる資産性を帯びるようになる。それは、耐久性や交換性の高さによってではなく、収益性という新たな契機によってもたらされる資産性である。耐久性や交換性の点で劣る商品でも、収益性の面から見た場合には、資産性をもつことは十分にありうる。ここでの商品は、単純流通W—G—Wで想定されているように、市場から脱落し、消費過程に入ることによって、その資産性を失うのではなく、市場のなかに留まりながら、転売を通じて収益を獲得しうるものとして、その資産性を保持しつづける。マルクスが『資本論』冒頭で行った資本主義社会の富の規定、すなわち、「巨大な商品集合」（KⅠ：49）という規定の含意も、このような資本の展開を俟ってようやく十分に理解することが可能になるのである。[21]

(2) 流通と生産の接合面

資本の運動において、商品が資産性をもつに至るということは、この運動のもとでは、貨幣だけでなく、商品も、余剰を維持する形態として保有されうることを意味している。マルクスは、『要綱』において、商品の蓄積、すなわち、（資本としての）商品の資産性には「富の一般的代表物としての貨幣」（Gr：156）の蓄積（蓄蔵貨幣の形成）として現われる貨幣の資産性とは異なる側面があることを指摘している。

> 他の諸商品の蓄積は、それらが消滅しやすいという点を度外視しても、ここでは貨幣と同義である金や銀の蓄積とは、二つの面から本質的に区別されている。一方では、他の諸商品の蓄積は、富一般の蓄積という性格をもたずに、特殊的な富の蓄積という性格をもっており、したがってそれ自身、単純な蓄積では片づかないような、一つの特殊的な生産行為である。穀物を貯蔵するためには、特殊的な設備などを必要とする。羊

をたくわえたからといって羊飼いになれるわけではない。奴隷や土地を蓄積するには、支配-隷属の諸関係などが必要である。したがって、これらすべては、富を単純に蓄積することそのものからは区別された諸行為と特定の諸関係とを必要とするのである。他方では、蓄積された商品を、こんどは、一般的富として実現するためには、つまり富の特殊的諸形態のすべてにわたってその富をわがものとするためには、私は、私が積み上げておいた特殊的な商品でもって商売を始めなければならない。——つまり私は、穀物商人、家畜商人など〔にならなければならない——訳者〕。(Gr：156)

言うまでもなく、商品を資産として蓄積することは、商品そのものにしがみつくことによっては果たされない。穀物、家畜等の蓄積は、穀物商人や家畜商人のもとでの資本の運動の一契機としてのみ、資産性をもつ。しかし、ここでより重要なのは、こうした商品の蓄積が「単純な蓄積では片づかないような、一つの特殊的な生産行為である」と述べられている点である。一見すると、ここでの「生産行為」は、産業資本によるそれを指しているように思える。しかし、「支配-隷属の諸関係」のような非市場的要因に基づく奴隷や土地の蓄積は措くとしても、穀物や家畜（羊）について述べられていることは、明らかに産業資本による生産行為についてではない。穀物商人の活動が穀物を貯蔵する「特殊的な設備」を必要とするということが意味するのは、商業活動に伴う保管の問題である。また、家畜商人の活動が羊を飼育する特殊な技能（羊飼い）を必要とするということが示唆しているのも保管の問題であるが、ここでの家畜商人が家畜を可動的な財産とする「遊牧民族」(K I：103) を指しているとすれば、同時に輸送の問題でもあろう。

とりわけ交通機関が未発達な段階では、空間を移動すること自体に特殊な技能が必要とされる。また、商品は輸送中に適切な方法で保管が行われなければならないが、これにも専門的な技術が不可欠である。商業民族や遊牧民族とはこうした移動や保管に長けた、あるいは、長けざるをえなかった技能集団に他ならない。

商業には、商品を取り扱うための知識も必要である。規格化された商品が値札をつけてならんでいるような店舗での買い物を商業活動の一般的形態と思念してはならない。本来、品物の品質、供給量、需要量等々に関する知識は、商人が情報を収集・整理・分析することによって創出されなければならない。さらに言えば、こうした知識の蓄積は個人レヴェルで到底行いうることではなく、そのためには情報を共有しあう組織・集団が必要となる。(22)

商業活動に特殊な技能や知識が必要であるということは、商人資本が固有の増殖根拠をもつことを意味している。『要綱』などからは、この点についてのマルクスの強い関心が読み取れるのであるが、しかし、『資本論』に至ると、産業資本を論理的に導出することに重きが置かれるようになる。第一巻第四章「貨幣の資本への転化」では、産業資本に先行する資本形式として一旦は「商人資本および高利資本」(K I: 161) を挙げながらも、増殖の客観的根拠が欠けているとしてそれらを簡単に片付けてしまう。こうして、労働力の価値と労働力が形成する価値との確定的な差額に基づく産業資本だけが唯一可能な資本形式とされることになったのである。

しかしながら、増殖の客観性や確実性という視点から、産業資本を商人資本から区別することはできない。次章で見るように、労働市場と労働過程の構造を考慮すれば、労働力の価値を「労働力の所持者の維持のために必要な生活手段の価値」(K I: 185) のような確定的な水準に還元することはできないし、また、資本が労働力を購入したからといって、「一日の労働力の使用、一日じゅうの労働は、彼のものである」(K I: 208) とは簡単には言えない。労働力の価値は、労働市場、労働過程、再生産過程の複雑な絡み合いのなかで決定される。また、労働の長さと強度は、労働力商品化の多様なタイプによって、異ならざるをえないのであって、労働力が形成する価値も資本家が自由に引き出しうるようなものではない。価格の「たえまない振動」(Gr: 72) のなかで、購買と販売への積極的な働きかけを通じて、価値増殖を果たすという意味では、産業資本も、商人資本と変わるところはないのである。

もちろん、産業資本には、商人資本のたんなる延長にはとどまらない面がある。マルクスの言うように、産業資本においては、「労働者と労働実現条件の所有との分離」（K I：742）が前提とされるが、「この関係は、自然史的な関係ではないし、また、歴史上のあらゆる時代に共通な社会的な関係でもない」（K I：183）。商人資本と産業資本との間には、資本の本源的蓄積という歴史的な断絶が存在するのもまた確かである。[23]

とはいえ、資本主義社会に至っても、産業資本によって社会全体が包摂されるようになるわけではない。社会から見た場合には、資本主義的生産は、あくまで、部分的なものにとどまらざるをえない。[24]このような資本主義的生産の部分性は、ゲマインヴェーゼンの外部で発生したという市場の来歴とも関連している。市場がゲマインヴェーゼンの生産力の発展に伴って、内発的に出現したと解するならば、流通と生産は不可分のものと捉えられ、両者の接合面は完全に一致することになろうが、[25]逆に、市場がゲマインヴェーゼンの余剰の交換を出発点とし、したがって、市場がそもそも社会的再生産に対して外面的であることを認めるならば、資本主義社会において、市場が社会的再生産を完全に包摂すると考えることは相当に無理な想定であることが分かる。市場は社会にとって過剰であるが、社会もまた市場にとっては過剰である。資本主義社会の発展につれて、生産はますます資本によって編成されるようになり、市場の拡大と深化が進んでいくことは確かであるが、それによって流通と生産の接合面に走る断層が消え去るわけではないのである。

注

（1）均衡論批判としてのマルクス貨幣論の有効性は、一般均衡理論との対決を絶えず迫られてきた欧米のマルクス派によって、しばしば指摘されている。例えば、Freeman and Carchedi eds.（1996：xii）を参照。また、この点について、蓄蔵貨幣概念のもつ重要性を強調するものとして、Lavoie（1983）、Matthews（1996）などがある。

（2）マルクスは、リカードが一旦は貨幣の価値を労働量によって規定しながらも、「商品価格の運動、その騰落は、流通する金量が、金自身の価値に照応する水準以上あるいは以下に、すなわち金自身の価値と流通させられるべき諸商品の価値との比率によって規定されている正常な量以上または以下に、相対的に膨張または収縮する結果であろう」（Kr：146）としていることから、結局は貨幣数量説に陥っていると解釈している。もっとも、行沢健三によれば、マルクスが数量説と解釈しているリカードの議論は、open systemにおいて「特定国（非産金国）における金以外の生産物にみられる生産性の変化に応じて、新たな金の価値と旧価値との一時的な離反が生じ、それにもとづく取引上の攪乱がまず貿易収支の不均衡として生じ、結局新たな均衡化にいたる過程を考察したものであ」（行沢1972：23）り、そのような「調整過程の途中において、諸国の物価水準の高低が貨幣の流通量との関係で問題とされ」（行沢1972：25）ているにすぎないのであって、マルクスのリカード解釈は適切でないとされる。

（3）この点について、小幡道昭は、貨幣数量説批判が前面に出てくることに対応して「労働貨幣論批判において重要な役割を担っていた市場の無規律性の位置が、ある意味で後退することになった」（小幡1986：116）と指摘している。

（4）初期の代表的な重商主義者マンの富観については、本書第二章第一節(2)で簡単に触れておいた。なお、重商主義者が貨幣を富そのものと見なしていたというのはスミス以来の通俗的解釈であるが、これについては、彼らの多くは、交易において他国の財を購買できるかぎりにおいて貴金属が富であると考えたのであり、決して貴金属自体を富と見なしていたわけではないという指摘もある。

（5）同様の記述は、『批判』（Kr：102-103）にも見られるが、『資本論』ではなくなっている。

（6）蓄蔵貨幣と一般に訳されるSchatzは重商主義の「財宝treasure」の独語訳である。例えば、マルクスは『批判』（Kr：227）においてステュアートの「財宝treasures」を独訳する際にこの語を用いている。

（7）C・メンガーは、古典派経済学以来の貨幣発生論を「市場性Marktgängigkeit（販売可能性Absatzfähigkeitおよび通用性Gangbarkeit）」（Menger 1923：247，訳三八七）という概念を使ってより精緻に論じた。その現代的な展開としては、サーチ理論を用いたIwai（1996）、清滝（1994）などがある。また、安富歩はメンガーの「市場性」概念のもつ「自己触媒的な作用」（安富2000：47）に着目し、貨幣の発生（および崩壊）のメカニズムをコンピュータ・シミュレーションによって確認している。

(8) 相対的余剰・絶対的余剰という区別は、廣松渉の整理による。廣松によれば絶対的余剰とは「当該の単位的生産・生活共同体…にとって現行の生活水準を維持するのに必需な分を超える生産物、裏返していえば、その分がなくても現行の生活水準を維持できるという意味で〝余分〟な生産物の謂いである」（廣松 1986：262）。これに対し、相対的余剰とは、「当該の単位的生産・生活共同体が直接に自家消費する分を超えるという意味では余分であるが、その分を交換財とすることによって甫て現行の生活水準の維持が可能になっているという意味では、必要生産物の一部に属する部分、裏返していえば、他給依存財を取得するためには必須であるが、直接的自家消費分を超えるという意味でのみ余剰な生産物である」。この区別は、本書第一章の用語法で言えば、余剰交換論と必要交換論の違いに相当する。もっとも、交換の出発点を考える際には、相対的余剰、すなわち、必要交換論を想定するべきだという廣松の主張は、われわれ立場とは対立する。この主張については、廣松（1985）も参照。

(9) 宇野弘蔵は価値形態論の論理が、ひいては、商品の発生自体が、余剰の存在を前提としていることを指摘している。「種々なる使用価値を有する商品によって自己の所有する商品の価値を表現するという拡大されたる価値形態において、それぞれの商品の所有者によって共通的に等価形態におかれる商品は、逆説的に聞こえるかもしれないが、むしろ日常生活に直接必要のない商品、あるいは直ちに消費せられるものではないというような商品となる傾向を有するものといえるであろう。――商品の発生自身がすでにそういう性格をもっているとも考えられる。生活に絶対的に欠くべからざるものが先ず商品となるというのでは、商品の出現以前の生活を考えることは出来ない。少なくともかかるものでは余剰物として欠くべからざるものでなくなるという関係にあることにならなければならない」（宇野 1950–52：37）。

(10) この三者は、ケインズが資産について論じた三要因、すなわち、持越費用、流動性プレミアム、収益にほぼ相当する。Keynes（1936：225–226，訳二二三～二二四）参照。

(11) もっとも、次の点を考慮するならば、耐久性についても、貨幣固有の資産性を認めることは不可能ではない。すなわち、前章で見たように、貨幣の実在的素材はその観念的素材を代表しているために、実在的素材が毀損されたとしても、観念的素材が損耗を蒙ることはないという点で、貨幣は商品とは決定的に異なる。このことは、マルクスによって次のように指摘されている。「価値の尺度としては、金はただ観念的な金としてだけ役目を果たしたのであるから、いつも完全量目であった」（Kr：177）。

(12) このことは、究極的には、貨幣そのものの定義を不可能にする。例えば、F・A・ハイエクが、「様々な程度の流動性あるいはそれぞれに別々に変動しうる価値をもった客体が、貨幣として機能する程度に応じてお互いに少しずつ重なり合っている」（Hayek 1976：52，訳六二）という認識から，貨幣を名詞としてではなく，形容詞として捉えるべきと主張するとき，この陥穽に嵌っているように思われる。

⒀ したがって，ケインズのように貨幣を流動性プレミアムの高い資産と呼ぶのは正しくない。この点について，J・ヒックスは，ケインズの不整合性を次のように批判している。「貨幣への交換可能性の用語を除いては流動性は定義できない。したがって，完全な流動性をもった資産として貨幣を定義することは循環論法である」（Hicks 1989：42，訳四九）。このようなヒックスの指摘は，正鵠を得ているが，そのことから貨幣の価値貯蔵機能（資産性）まで否定してしまうのは誤りである。貨幣を完全な流動性をもった資産として定義することが循環論法であるのは，貨幣が流動性そのものだからである。

⒁ このような「取り違え」は当事者の心理的な要因に基づくものではない。S・ド・ブリュノフは，心理的な要因に還元されがちな蓄蔵貨幣概念が価値形態論の論理から説明されることを指摘している。「逆説的ではあるが，マルクスの蓄蔵に関する分析は，貨幣蓄蔵者の心理状態，すなわち強欲，金の審美的性質に対する趣向，熱狂的蓄積にもっぱら拠るようにみえる。…しかし，これらの動機は単一の目的と効果をもち，それらは，心理的要因としての蓄蔵の動機を完全に説明する。貨幣蓄蔵者の強欲は，一般的等価物としての貨幣の特質によって説明される」（Brunhoff 1973：51，訳三六～三七）。

⒂ マルクスは，『批判』の補注において，ボアギュベールを批判しつつ，貨幣の運動（通流）の「静止が貨幣の運動の条件」（Kr：190）をなすと述べている。

⒃ 余剰の存在は市場に対し，無政府的な性格を一面的に与えるだけではない。逆に，流通の停滞が直ちに恐慌に結びつかない背景には，こうした余剰が市場におけるいわば緩衝材として機能しているという事情がある。このような余剰の両義的な性格は，塩沢由典によって「ゆらぎ」と「あそび」という言葉で説明されている。塩沢によれば，「つねにゆらいでいるという経済過程の基本的性格」（塩沢 1990：18）が，経済系における「あそび」の存在を必然にするという。重要な指摘であるが，ここでのわれわれの関心は，このような「あそび」が余剰としての貨幣によって形成されることを明らかにすることにある。

⒄ マルクスは，『要綱』において，販売と購買のずれから，直接に商人身分が発生することを指摘している。「交換それ自体が相互に独立した二つの行為に分裂するように，交換の全運動それ自体が交換者たちから，商品の生産者たちから分離する。交換のための交換が，諸商品のための交換から分離する。商人身分が生産者の間から現われるが，この身分は，売

るためだけに買い、そして再び買うためだけに売るのであって、こうした営みにあたっては諸生産物としての諸商品の占有を目的とせず、ただ交換価値そのものを、貨幣を取得することだけを目的としている」（Gr：82）。

(18) 小幡は「商品経済的に統一された評価方式の欠落」（小幡 2005：68）が転売活動をもたらすことを指摘している。

(19) 「私は、金で作られる貨幣が他の諸物の〔受ける──訳者〕大抵の変動を免れないことを十分に認めはするけれども、本研究の目的を容易にするために、それが不変であると仮定し、それゆえに、すべての価値変動は、それについて私が論じようとするその商品の価値における何らかの変動によって、引き起こされるものと仮定するであろう」（Ricardo 1817＝1821：46, 訳五二）。『経済学および課税の原理』において、このように述べたリカードは、他方で、「不変の価値尺度」を最晩年に至るまで探求しつづけた。

(20) このことが貨幣による余剰の保持がなくなることを意味するわけではない点に注意する必要がある。先に見たように、貨幣は交換性そのものであるがゆえに価値実現のリスクを免れており、このことにより、商品よりも貨幣は余剰の保蔵形態として適切なものとされるのであった。逆に言えば、商品には、マルクスが「商品の命がけの飛躍 Salto mortale」（K I：120）と呼んだ、価値実現に伴うリスクがある。特定の商品の値上がりが見込めたとしても、見込みはあくまで見込みであり、外れることもありうる。商品の価値実現のリスクと勘案して、貨幣をその価値の不可知性にもかかわらず、余剰として保持するという選択肢を採ることも十分ありうるのである。さらに言えば、あらゆる商品の値下がり、すなわち、全般的物価下落（デフレーション）が予測される状況においては、蓄蔵貨幣はむしろ積極的に形成される。マルクスが支払手段について述べていることは、蓄蔵貨幣（資産としての貨幣）においても同様に当てはまる。「たったいままで、ブルジョアは、繁栄に酔い開花を自負して、貨幣などは空虚な妄想だと断言していた。商品こそは貨幣だ、と。いまや世界市場には、ただ貨幣だけが商品だ！　という声が響きわたる。鹿が清水を求めて鳴くように、彼の魂は貨幣を、この唯一の富を求めて叫ぶ。恐慌のときには、商品とその貨幣姿態すなわち貨幣との対立は、絶対的な矛盾にまで高められる」（K I：152）。

(21) マルクスが『批判』において、「使用価値がこの範囲〔経済学の考察範囲〕に入ってくるのは、使用価値そのものが形態規定である場合だけである」（Kr：16）と述べているときの使用価値の形態規定とは、このような資本の運動の一契機としての使用価値（としての商品）のことを指していると推察される。『諸結果』では、産業資本に関連してだが、使用価値の形態規定の意味が明示されている。「生産過程で機能する商品の使用価値の方はそう〔たんなる欲求を満足させる有用物〕ではない。労働過程の性質によって、生産手段はまず第一に労働対象と労働手段とに分かれ、またはもっと細かく規定すれば、一方の原料と他方の用具や補助材料などに分かれる。これは、労働過程そのものの性質から生ずる使用価値の形態規定であって、このように――生産手段に関しては――さらに進んで細かく規定されるのである。使用価値の形態規定が、この場合には経済的関係の展開にとって、経済的範疇の展開にとって、本質的にさえなるのである」（Marx 1865：55，訳一六～一七）。

(22) 松井透は、一七世紀のインドにおけるアルメニア商人の優位性を彼らに蓄積された知識や経験から説明したうえで、一般に商業においては「生産者から消費者までの商品の流れを円滑なものにするために、互いに連携を取り合う何らかの商業民のグループが大きな役割を果たす可能性が生ずる」（松井 1991：164）と指摘している。

(23) 労働実現条件の所有から分離された「自由な労働者」、すなわち、自足的なゲマインヴェーゼンから切り離された者たちは、いかなる時代にも存在しており、他ならぬ商人もそこに含まれる。資本の本源的蓄積の画期性は「自由な労働者」をはじめて生みだしたことではなく、それを大量につくりだしたことにあるのである。

(24) 資本主義的生産のもつ部分性を強調したのは、岩田弘である。岩田は、資本主義的生産の部分性が、流通の生産に対する外面性に由来することを鋭く指摘したが、空間的な隠喩に引きずられるあまり、資本主義的生産の部分性を資本主義経済と非資本主義経済との国際関係（世界性）に解消してしまっている。「資本主義的生産のこうした部分性は、これを包摂する商品経済の社会的生産に対する外面性に由来するものであり、したがってそれは、資本主義的生産の本質にぞくするものとみられなければならないが、しかし、こうした商品経済の外面性と資本主義的生産の部分性こそ、じつは、資本主義的経済過程に世界的な性格を付与しているのであって、現実的には、資本主義的経済過程なるものは、特定の国の特定の産業部門を基軸とし、全体としては非資本主義経済を外的に分解しつつある世界市場的過程として以外には実在しないのである」（岩田 1964：13-14）。逆説的ではあるが、資本主義的生産の部分性は、資本主義の文字通りの外部にではなく、むしろ、その内部にこそ求められるべきなのである。労働力の資本に対する外的性格はこのような部分性を表わしている。この論点については、次章で改めて論じることにする。

(25) このような立場から、大島雄一は、市場の外面性を強調する岩田を「流通浸透視角」であると批判し、「自己発展しつつある社会的再生産過程＝物質代謝過程そのもの」（大島 1961：124）を資本主義を形成・確立する主体と見なす「社会的再生産の視角」（大島 1961：122）を対置した。だが、こうした見方は、マルクスよりも、スミスに近いものである。本書第一章で見たように、スミスは、分業（生産）と交換（流通）が相互前提的に発展していくと考えていた。

間奏II　資本主義のマテリアリティ

「精神」はそもそも初めから物質に「取り憑かれて」いるという呪いを負っており、ここでは物質は運動する空気層、音、要するに言語という形で現われる。言語は意識と同い年である。(1)（Marx und Engels 1845-46：26-28, 訳五六～五七）。

資本主義はそもそも初めから物質に「取り憑かれて」いるという呪いを負っている。唯物論者を自認（僭称）するマルクス主義者にとって、このことは自明ですらあるのかもしれない。土台と上部構造という唯物史観のナイーヴな公式はほとんど採られなくなったとはいえ、資本主義がその「精神」（イデオロギー）に至るまで徹頭徹尾物質的であるということは今日まで疑われたことはない。マルクス主義の偶像破壊物《イコノクラスト》であるアルチュセールのイデオロギー論もこの点では選ぶところがない。

イデオロギーは、物質的なイデオロギー装置のなかに存在し、この装置は物質的な儀式によって調整される物質的な諸実践を命令し、これらの諸実践は、信仰に従ってまったく意識的に行動する主体の物質的な諸行

為のなかに存在する。（Althusser 1970：302, 訳三六二）

このようなアルチュセールの物質性の強調を目の当たりにして、イーグルトンならば物質性の「インフレ状態に陥っている」（Eagleton 1991：149, 訳三一二）と揶揄するだろう。だが、問題はマルクス主義の伝統のなかで物質性があまりに強調されすぎてきたことにある――イーグルトンの批判はこれである――のではなく、むしろ物質性が十分に考究されてこなかったことにある。イデオロギー概念がさまざまに彫琢されてきた一方で、土台――最終審級、経済的なもの等々と言い換えても結局は同じことである――のもつ物質性はいつも当然視――したがって、等閑視――されてきたのである。

唯物論を素朴な経験論から分かつものがあるとすれば、それは土台を客観的な物質と見なすこうした態度のなかにではありえない[2]。経験論は観念論の秩序を顛倒させることによって、物質の形而上学をつくりあげてしまう。マルクス主義者がこのような方法を採り続けるかぎり、唯物論の可能性は永遠に閉ざされたままであろう[3]。

唯物論が――それが可能であるとしてだが――見出すべき物質性は、現実的対象のなかにではなく、資本主義の根源にこそある。このような資本主義の根源における物質性についての問いは提起されたことすらほとんどない。しかし、『資本論』の冒頭における資本主義の富の「要素形態 Elementarform」、すなわち、商品の分析には、物質性の根源の問いが、決して明示的とは言えないが、しかし決定的なまでに示されている。資本主義の唯物論はこの場所から開始されねばならないのである[4]。

物質性の根源

マルクスは、『資本論』の商品章のなかで、商品の価値形態について次のように述べている。

> 商品Aが、価値体としての、人間労働の物質化としての商品Bに関係することによって、商品Aは使用価値Bを自分自身の価値表現の材料にする。商品Aの価値は、このように商品Bの使用価値で表現されて、相対的価値の形態をもつのである。（KⅠ：67）

商品Aの価値が商品Bの使用価値によって表現される。この機制がマルクスの価値形態論の要諦をなすことはよく知られている。しかしながら、商品Aの価値の表現が、商品Aのではなく商品Bの、また、その価値ではなく使用価値によらねばならないということの意味が正当に理解されてきたとは言い難い。

この点については、これまで概ね二通りの解釈がなされてきた。第一の解釈は、交換を求められる形態である等価形態に置かれるのはA商品所有者の欲求の対象としての使用価値＝有用物である必要があるというものである。第二のものは、等しい価値をもつ形態としての等価物は商品Aと同じく労働の投下された物ding/thing、すなわち、労働生産物でなければならないと理解する。このような二つの解釈は、マルクス自身の使用価値概念のもつ多義性に由来している。

マルクスは、『資本論』において、使用価値概念を少なくとも二様の意味で用いている。すなわち、マルクスの使用価値概念には、商品の有用性という意味と商品の身体Körper/bodyという意味の二通りがある。[5] 問題は、マルクスが価値形態論において使用価値をいずれの意味で使っているかであるが、その答えは右の引用の直前に示されている。「価値関係の媒介によって、商品Bの現物形態は商品Aの価値形態になる。言い換えれば、商品Bの身体Körperは商品Aの価値鏡になる」。価値形態論では、使用価値が商品身体の意味で使われていることは明らかである。

こうしてみると、第一の解釈は、商品身体を看過し、使用価値を有用性に還元している点で、マルクスの解釈としては妥当性を欠くことが分かる。他方、第二の解釈は、商品の物としての性格 Dinglichkeit、すなわち、商品身体に注目する点では正しいが、価値の源泉としての労働を価値形態に先行させ、それを価値表現の根拠としている点で決定的に誤っている[6]。この解釈は、マルクスの価値形態論の地平をなす価値の非現前性 non-presence を否認し、逆に、価値の現前性 presence を前提することで、価値形態論の対象である価値の再-現前性＝表現 re-presence の問題を消去してしまう[7]。

マルクスの価値形態論を理解するためには、使用価値概念を有用性や労働生産物（価値物）としてではなく、商品身体として正確に位置づけなおす必要がある[8]。そのうえで、マルクスの価値形態論の機制を再定式化するならば、次のような規定が得られるだろう。すなわち、商品Aの価値が商品Bの商品身体によって表現される。

表1　形態Ⅰ

	内容	表現
形式	価値	価値形態
実質	A の商品身体	B の商品身体

ところで、こうして再定式化された価値表現の機制は、イェルムスレウの言語素論のシェーマと同型の構造をもっている[9]。イェルムスレウによれば、記号機能は、内容／表現、形式／実質の二軸で表わされるが、価値形態論も同じマトリクスを使って説明できる（表1）。

このマトリクスは、マルクスの単純な価値形態（形態Ⅰ）を表わしている。この形態Ⅰは不完全かつ不可能な表現である。不完全な表現というのは、表現される内容（意味）が不在である、あるいは、固定できないからである。ここでの内容形式は、完成された貨幣形態から単純な価値形態を眺めるかぎりで、価値と呼ばれうるにすぎない。不可能な表現というのは、表現実質の位置を占める商品身体を同定できない、すなわち、どの商品がその身体を表現形式（記号）とするかが恣意的だからである。可能的には、A以外のすべての商品の身体が、Aの価値――未だ空虚なそれ――を表現することができる。じっさい、拡大された価値形態（形態Ⅱ）では、商品A

の価値表現が無際限な列となることが指摘される。

このような価値表現の不完全性と不可能性は、一般的価値形態（形態III）において解決される（表2）。

表2　形態III

	内容	表現
形式	価値	価値形態
実質	諸商品身体	Aの商品身体

形態Iにおける価値表現の不完全性とは、意味の不在であったが、形態IIIでは意味が充填される。ここで、内容実質の商品身体が複数であることに注意しよう。このことによって、複数の諸商品身体は、同一の意味に結び付けられる。ここに至って、同一性＝同等性という価値の意味がはじめて現われるのである。形態Iでは、価値はせいぜい自己同一性を意味するにすぎなかったが、形態IIIにおいては、諸商品相互の同一性＝同等性という意味を有するようになる。

他方、不可能性については、単一の商品Aのみが価値を表現する身体となることで、記号の恣意性が廃される。単一の商品を商品世界から「排除」することによって、表現実質を同定することができるのである。重要なのは、単一性と排除である。表現の位置を占める身体の単一性はそれが表わす意味を収束させる。ここでは、Aの商品身体は、諸商品を価値という単一の意味に固定する結節点、クリプキのいわゆる固定指示子の役割を果たしている[10]。また、商品世界から排除されているために、商品Aが表現される側に立つ、つまり、商品Aとは別の表現実質を要請することがない。

このような形態IIIの諸特徴は、貨幣形態（形態IV）においても異なることはない。相違は、「客観的な固定性と一般的な社会的妥当性」を獲得することによって、特定の商品の「現物形態〈身体〉に等価形態が社会的に癒着する」（K I：83）ことにある。すなわち、形態IVではマトリクスは次のようになる（表3）。

表3　形態IV

	内容	表現
形式	価値	価値形態、すなわち貨幣身体
実質	諸商品身体	

形態Ⅳでの違いは、もっぱら表現の側に関わる。ここでは、表現形式と表現実質、すなわち、価値形態（等価形態）と貨幣身体が「癒着 verwachsen」し、両者は切り離すことができない。形態Ⅳにおいては、価値形態と貨幣身体は文字通り一体となる。〈価値形態すなわち貨幣身体〉である。これは、マルクスが「取り違え Quid-proquo」と呼んだ事態の完成に他ならない。「商品の現物形態〈身体〉が価値形態になるのである」（K I : 71）。マルクスが形態Ⅰで言及したこの「取り違え」は、厳密には、形態ⅠとⅡにおいては不可能であり、形態Ⅲにおいても未完成――癒着がまだ剝がれうるので――である。マルクスが商品のフェティシズムについて述べたこと――「感覚的であると同時に超感覚的である物、または社会的なもの」（K I : 86）――は、その身体が価値形態と癒着した貨幣についてこそ当てはまる。

価値形態と貨幣身体の「取り違え」は誤認や錯誤といった意識〈精神〉の問題ではない。貨幣における表現形式と表現実質の癒着は、価値表現における構造の効果である。それゆえ、価値の体系を自らの地平とする資本主義の精神は、価値表現というそもそもの初めから物質に「取り憑かれて」いる。この地平こそ資本主義における物質性の根源に他ならない。

物質性の抑圧(1)

固定指示子としての貨幣は、諸商品を同一性に繫留し、安定した価値体系を商品世界にもたらすが、そのためには貨幣の身体＝物質性が要請される。しかしながら、この要請はそれ自体矛盾した要請である。なぜなら、貨幣の物質性が現実に現われるならば、価値体系は直ちに危機に曝されることになるからである。一つの身体に価値形態を固定させることは、価値体系に安定性をもたらすように見えるが、その身体は同時に価値体系の脅威ともなるのである。

〈価値形態すなわち貨幣身体〉という世界では、価値体系の安定性は直接に貨幣身体の安定性に依存する。したがって、価値体系が安定するためには、貨幣身体が不変の同一性をもたねばならない。マルクスの言うように「表現するもの〔貨幣身体〕に対する要請が、表現されるもの〔同一性としての価値〕の諸条件――それの概念諸規定、それの既定された諸関係――のなかに含まれている」[11]（Gr：106）のである。均質性と不滅性を備えた貴金属、とりわけ、金が貨幣身体として相応しいとされたのはこのためであった。

しかし、均質で不滅のはずの金の身体も価値体系に安定をもたらさない。なぜなら、貨幣は商品の価値尺度〔表現形式〕であるだけでなく、商品交換の媒介でもあるからである。価値尺度としては、貨幣身体は物質的であると同時に観念的《イデア》であったが、流通手段としては実在的《リアル》である[12]。金の身体が価値を観念的に表現するだけではなく、実在の身体としてそれ自体流通するならば、その身体が均質でも不滅でもないことがたちまち暴露される。金の身体は流通によって摩滅し、品位の異なる不均質な貨幣諸身体が現われるようになるからである。

このとき、個々の異質な貨幣諸身体によって、商品の価値が尺度され、交換がなされるならば、商品世界は無数の価値表現をもつことになる。形態IIの再演であるが、これが不可能な表現であることはすでに見た通りである[13]。同一性という価値の意味は、貨幣身体の同一性を不可避的に要請する。それゆえ、貨幣の身体は、価値を表現する同一的なそれと、交換を媒介する異質的なそれとに分化せざるをえない。こうして貨幣は二つの身体をもつ。貨幣の一方の身体は、決して摩滅することのない不滅の身体として「イデア化 Idealisierung」され[14]、いつでも完全な純分をもつ[15]。他方の実在するリアルな身体は、イデア的身体の影、「偉大なる名称の影」（Kr：89）にすぎない[16]。貨幣の身体は、リアルな身体〔貨幣の第一の身体〕とイデア的身体〔貨幣の第二の身体〕とに二重化されるのである。

この貨幣の身体の二重化は、流通過程によって緩慢に進行するだけではない。国家による贋金づくり〔悪鋳〕

は、二つの身体の分離を利用しつつ、それをさらにドラスティックに推し進める。[17] しかしながら、国家の贋金づくりはイデアの世界へ放逐したはずの貨幣の物質性を再び召喚することになる。「悪貨が良貨を駆逐する」というい わゆるグレシャムの法則は、こうした貨幣の物質性の回帰を示している。

貨幣身体の二重化は、第一の身体の異質性に由来するのであったが、グレシャムの法則は第一の身体の異質性を否認する。純分の高い良貨が流通から引き上げられ、あるいは、「余分な金の脂肪」（Kr：90）を盗削《ダイエット》されて、悪貨のみが市場に残された結果、貨幣の第一の身体は、悪貨として同一性を取り戻す。第二の身体を第一の身体の水準に貶めるかたちで、貨幣身体の同一性が貫徹するのである。

しかしながら、事態はこれで終わりではない。貨幣の物質性は回帰すると同時に抑圧される。グレシャムの法則（とその追認である貨幣の度量標準の変更）は、貨幣の第二の身体を挿げ替えるが、その新たな貨幣身体も流通することによってすぐさま同一性を喪失する。貨幣の第二の身体が現実に現われるや否や身体の二重化が生じ、第二の身体は直ちに「イデア化」される。物質性の回帰と貨幣身体の二重化は、こうして無際限に繰り返される過程となる。「社会の発展は、この象徴〔貨幣〕をつくりだすとともに、ますますそれにふさわしいような物質Materialをもつくりだし、のちには再びこの物質から離れようとする」（Gr：80）。根源の物質性はつねにすでに遥か彼方である。[18]

しかしながら、鋳貨は根源の物質性から遠く隔たるとは言え、なおもそこへと続く路を残している。この路を通って、貨幣の物質性は繰り返し回帰してくる。貨幣の二つの身体を結ぶ路は、物質性を抑圧するためには黄泉比良坂の如く封印されねばならない。いわゆる価値章標は、こうした路を塞ぐ言わば岩のような役割を果たす。鋳貨の価値章標への置き換えは、貨幣の第一の身体と第二の身体の紐帯を完全に切断するのである。

価値章標の身体（銀、銅、紙など）は、金の身体ほどには不滅でも均質でもないから、絶え間のない変質に一層曝されることになる。しかし、価値章標の身体の変質は、貨幣の第二の身体の上に何らの瑕疵もつけない。貨幣の物質性を抑圧するという要請上、「銀表章と銅表章との鋳貨性格は、それらの金属滅失の程度とは無関係とされざるをえない」(Kr:93)のである。もはや貨幣の第一の身体の不均質化は、第二の身体を呼び覚ますことはない。価値章標における貨幣の第二の身体とは、決して現前することのない原-身体であり、それゆえ、貨幣の物質性とは痕跡に他ならない(19)。貨幣の身体は祓除され、物質性は忘却の彼方へと消え去ったのである。

物質性の抑圧(2)

価値章標の登場によって純粋に「イデア化」され、抑圧されたかに見える貨幣の物質性は、しかし、再び回帰してくる。マルクスは、正当にも「貨幣としての貨幣」、すなわち、蓄蔵貨幣、支払手段、世界貨幣においては、「二つの機能〔価値尺度と流通手段〕におけるその定在とは異なった独立の定在」(Kr:102)をもつと述べている。

マルクスにとって、貨幣としての貨幣における独立の定在とは、貨幣の第二の身体〔金身体〕の復活を意味していた。しかしながら、貨幣としての貨幣における物質性の回帰は、貨幣の使用価値〔身体〕にではなく、貨幣の価値に関わると解すべきである。貨幣価値の変動が、貨幣としての貨幣において、貨幣の物質性を再び招来するのである。

ここで、貨幣の価値を論じる前に、是非とも指摘しておかなければならないことがある。それは、貨幣の価値表現の不在である。先に確認したように、貨幣は商品世界から排除され、価値形態〔等価形態〕と癒着したのであるから、貨幣は自らの価値を表現される立場に立つことができない。マルクスの言うように「貨幣は価格〔価値表現〕をもっていない」(K I:110)のである。

貨幣が固有の価値表現をもたないとすると、貨幣価値の変動を知悉することはきわめて困難である。経済学のいわゆる「貨幣錯覚 money illusion」はこうした貨幣価値の知悉困難性を示唆している(20)。加えて、貨幣が価値尺度や流通手段として用いられるかぎりでは、貨幣価値の変化は知悉し難いだけでなく、知悉する理由があまりない。マルクスはこうした事情を次のように述べている。

> 尺度としては変動は無関係である。なぜなら「変動する媒介物のばあいでも、不変な媒介物のばあいと同じように、同一物に対する二つの異なった関連を表現することは、つねに可能である」からである。流通手段としてもまた変動は無関係である。それは、貨幣の量そのものが尺度によって措定されているからである。
> (Gr：159)

マルクスは、貨幣価値が変動したとしても、それが貨幣を除く諸商品相互の相対的価値に変更を加えないならば、価値尺度機能と流通手段機能は十全に果たされうると考えている(21)。しかし、とマルクスは続ける。「しかし、諸契約で現われるような貨幣としては、変動は本質的なものであって、一般に貨幣の諸矛盾はこの規定において現われてくるのである」。『要領《グルントリセ》』段階の「諸契約で現われるような貨幣」は、後に支払手段としての貨幣へと発展する。マルクスは、貨幣価値の変動が価値尺度や流通手段ではなく、支払手段にとっての本質的問題であると考えていた。そして、翻ってみると、貨幣価値の変動がもたらす諸矛盾は、蓄蔵貨幣と世界貨幣を含めた貨幣としての貨幣全体に関わることが分かる。

貨幣価値の問題は、抽象的には、時間と空間に関わるものである。時間について言えば、価値尺度と流通手段が機能するのは、時間的に閉じられた世界である。価値尺度としては、貨幣は共時的な価値体系の結節点であり、同時点での商品相互の価値比率を表現するにすぎない。他方、流通手段についてのマルクスの規定が「電気火花のような実在性」（Kr：95）として休止的な定在をとらないものだとすると、流通手段としての貨幣は同時点での価値比率に基づいて交換を媒介していることになる。

蓄蔵貨幣と支払手段が、こうした時間的閉域を食い破るものであることは言うまでもない。蓄蔵された貨幣は休止的な定在そのものであるし、支払手段によって決済されるべき債権債務関係は、流通手段においては一体であった価値の尺度と実現を時間的に分離する。

また、価値尺度は閉じられた商品世界（流通圏）を形成し、流通手段はその圏域内での流通を媒介するのだから、両者は空間的に言っても閉域化されている。しかし、外国貨幣の存在は自らの商品世界の外部に他の商品世界があることを意味するし、また、世界貨幣はそうした異なる商品諸世界の異なる諸貨幣を比較可能にする。したがって、俯瞰的に見れば、空間的閉域の綻びは明白である。

価値章標において、貨幣の第二の身体はイデア化され、安定した価値体系が得られたはずであった。しかしそれは、時間と空間の閉域という形而上学《イデオロギー》のなかでの安定性にすぎない。閉域は初めから破綻している。貨幣を媒介とした商品交換においては、「交換の行為は、二つの相互に独立の行為に分裂する」（Gr：82）、すなわち、販売と購買に分離するのだから、流通手段が「電気火花のような実在性」をもつにすぎないというのは、商品交換に投影された物々交換の神話に他ならない。また、「商品交換は、共同体《ゲマインヴェーゼン》の果てるところで、共同体が他の共同体の成員と接触する点で、始まる」（K I：102）という流通浸透視角に立つならば、商品世界はそもそもの初めから外部と没交渉ではありえない。

こうして、貨幣の物質性は、その価値の変動を通じて再び回帰してくる。貨幣の第二の身体のイデア化は物質性の第一の抑圧であったが、いまや再帰した物質性に対する第二の抑圧が要請されている。この第二の抑圧は、価値形態論の必然的な帰結であった価値形態と貨幣身体の「癒着」を引き剝がすことによってしか実現されえない。商品世界は価値体系の安定のために一旦は貨幣身体に与えた王位を簒奪する。物質性を抑圧するためには、貨幣の第一の自然的身体を殺害するだけでは十分でなく、第二のイデア的身体、すなわち貨幣の「威厳」[22]をも破壊しなければならなかった。この王殺しの執行者こそ、他ならぬ資本である。

物質に「取り憑かれて」いる

貨幣が価値尺度や流通手段であるだけでなく、貨幣としての貨幣でもあるかぎり、価値変動の災厄を免れない。ハイパーインフレーションや通貨危機の際のように、貨幣価値の変動リスクがあまりに明白になれば、貨幣の受領性すら損なわれ、商品世界は崩壊してしまうであろう[23]。

こうした災厄を祓うためには、価値形態と貨幣身体の「癒着」を剝離する必要がある。換言すれば、貨幣の身体（使用価値）をイデア化するだけでなく、その価値までもイデア化しなければならない。

マルクスによれば、単純流通W—G—Wの世界では、G（貨幣）だけが価値の独立した定在である。「特殊な自然的富または使用価値に対する欲求とは区別された致富欲」（Kr：110）、すなわち「蓄蔵貨幣‐財宝形成の欲動 Trieb」[24]（KⅠ：147）は、このことから直接に生じる。したがって、価値を貨幣身体から剝離するためには、貨幣蓄蔵の欲動を価値という内容は維持しながら、別のものに隠喩的に置き換える必要がある——すなわち資本に。こうして貨幣蓄蔵者は気の違った資本家に、資本家は合理的な貨幣蓄蔵者に置換される[25]。

貨幣蓄蔵と資本の運動は、致富欲動という意味では同じ内容をもつが、その表現は正反対である。「価値の無休の増殖、これを貨幣蓄蔵者は、貨幣を流通から救い出そうとすることによって、追求するのであるが、もっと利口な資本家は、貨幣を絶えず繰り返し流通に投げ込むことによって、それを成し遂げる」（KⅠ：168）。しかし、より重要な相違は、貨幣蓄蔵では、価値は貨幣身体と癒着し、凝固しているが、資本の運動では、価値は貨幣身体から解放され、「過程を進みつつある価値」、すなわち流れ（フロー）として現われるということである。(26)

> 単純流通では、商品の価値は、せいぜい商品の使用価値に対立して貨幣という独立な形式を受け取るだけであるが、その価値がここ〔資本の運動〕では、突然、過程を進みつつある、自分自身で運動する実質として現われるのであって、この実質にとっては商品や貨幣は両方ともただの形式でしかないのである。（KⅠ：169、強調引用者）

資本の運動においては、単純流通の世界で須要とされた貨幣身体の同一性は要請されない。むしろ資本は貨幣身体の異質性を前提する。G—W—G′において、出発点の貨幣身体Gと終点の貨幣身体G′が量的に相違することは資本の条件である。加えて、価値は貨幣身体としての質的同一性すら要しない。過程のなかで価値は自らの身体を貨幣から商品へ、商品から貨幣へと取り替えつつ、特定の身体に固着することなく運動しつづける。

ここでは、価値形態論のマトリクスで形式であった価値が実質に、実質であった商品身体や貨幣身体が形式にと顚倒している。実質の位置は空虚な価値に占められ、商品身体や貨幣身体はたんなる形式にすぎないものとして、完全に物質性を剝奪される。

それだけではない。マルクスは、右の引用に続けて資本の淫靡な性格を指摘する。資本の運動では、価値は「自分自身に対する私的な関係に入る」。価値はもはや他者の身体によって表現 re-present される必要もない。むろん、ここでも価値は現前性 presence をもつわけではないが、自己完結したイデアのなかでひとり安らぐのである。

マルクスによれば、価値と剰余価値は父と子の関係にあるが、その関係は自己生殖＝無性生殖ですらなく、たんなる自己増殖である。なぜなら、両者は同じ「唯一者 nur eine Person」（K I : 169）だからである。資本における価値は、物質性＝他性を超越した存在である。

それゆえ、貨幣価値の変動という物質性の回帰にも資本は脅かされない。貨幣蓄蔵者のように貨幣身体に固執するならば、価値の動揺を免れることはできないが、資本は貨幣価値が低下したとしても価値増殖を果たしうる。[27]貨幣価値の変動の災厄は資本価値にまで及ぶことはない。資本主義は物質性の悪魔祓いについに成功したのである。[28]

資本は一般的定式G—W—G′が直接に現われたものとしては商人資本であるが、しかし、商人資本によっては物質性の悪魔祓いは完遂されない。商人資本の発生は商品交換の起源にまで遡るが、[29]商人資本が価値増殖を行う流通過程の外部にはつねに共同体《ゲマインヴェーゼン》が並存してきた。というよりも、むしろ商人資本が共同体《ゲマインヴェーゼン》と共同体《ゲマインヴェーゼン》の中間界《メタコスミアー》に存在してきたにすぎない。マルクスの言うように、「本来の商業民族は、エピクロスの神々のように、またはポーランド社会の気孔のなかのユダヤ人のように、ただ古代世界の中間界に存在するだけである」（K I : 93）。

このような段階では、流通の外部に貨幣を救い出そうとする貨幣蓄蔵の欲動を払拭しきれなかったと言ってよい。このため、貨幣蓄蔵の欲動を抑圧し、自立的な資本の運動を確立するためには、貨幣を流通過程の外に救い出そうとする外部そのものを内部化しなければならなかった。つまり、市場の外部である共同体《ゲマインヴェーゼン》を解体して、その破片を市場に取り込もうとするのである。[30]そうすることで、資本は貨幣蓄蔵を狂気の沙汰——「気の違った資本家」——として嘲笑するだけでなく、前資本主義的で、未開の野蛮な風習にすぎないものとして物語化する。資本は、解体した外部の破片のなかに、脱土地化された労働者を偶然見つけたのだろう。[31]この偶然の発見＝出会いは、たんに貨幣蓄蔵を止揚するだけでなく、無限に繰り返す過程として資本の運動を積極的なものにする。しかし、そのためには資本は一つの手品に頼らなければならない。

資本は偶然出会った労働者と、商品交換の起源から存在してきた二つのやり方とは別のやり方で、関係を取り結ぶ。資本が価値増殖を果たすには、労働者の身体の売買、すなわち、奴隷の売買とも、労働そのものの売買、すなわち、用役《サーヴィス》の売買とも異なる取り引きを成立させる必要がある。資本はこの要請を物質性の抑圧という慣れ親しんだ遣り口で遂行する。労働者の身体と労働を抑圧することによって、資本は非物質的な第三の商品身体、補綴の身体をつくりだす——すなわち、労働力を。

労働力の商品身体は、労働者の身体と労働という二つの連続した過程の間に挿入される。労働力の商品身体はここで二重の役割を果たす。第一に、労働者の身体と労働を分離することで、労働が——したがって、それが生産する価値も——労働者の身体の効果であるという自明の事実を隠蔽する。脱土地化した労働者と偶然出会った資本が価値増殖を行うためには、労働者の身体と労働とを分離するような労働力の身体が必要であった。むろん、労働者の物質性を抑圧して得られた労働力の商品身体は、空虚な身体である。厳密に言えば、その身体は不在である。

こうした労働力の身体の不在は、労働者の身体から労働への過程の中断を意味する。しかし、資本は価値増殖のために自ら設定しておいたこの中断を、同じく価値増殖のために接続しなければならない。したがって、労働力の商品身体は、第二に、労働者の身体を必然的に労働に向かわせる役割も果たす。さらに資本は、こうした接続が成功裏に遂行されるように監視を行う。労働過程における資本の労働者に対する管理、すなわち、科学的管理法（テイラリズム）は、労働者の身体と労働を接続するという必要性に応えるものである[32]。

しかし、価値増殖の無限性＝永遠性を夢見る資本は、すぐさま第二の中断を見つけだす[33]。資本が運動を永遠に

表4　資本主義における物質性の3つのレヴェル(38)

	貨幣	労働力	資本
矛盾	●観念的《イデア》貨幣と実在的《リアル》貨幣	●労働力の身体と労働者の身体	●流動資本と固定資本
物質性の現われ	●磨滅 ●悪鋳 ●グレシャムの法則	●熟練 ●サボタージュ	●利潤率の低落 ●資本の可動性の低下
物質性の抑圧	●信用 ●貨幣の資本への転化	●科学的管理法（テイラリズム） ●機械化	●証券化，あるいは，株式の発行
物質性の回帰	●インフレーション ●為替レートの乱高下	●インセンティヴの低下 ●労働力の粘着性	●恐慌

繰り返すためには、循環の初めに再び労働者と偶然出会わなければならない。資本にとって、労働者との出会いは必然にされねばならないのである。

労働者との出会いを必然化するためには、二重の意味で、労働者が市場の外部に戻らないようにする必要がある。すなわち、労働者が受け取った賃金を流通から救い出さないように——貨幣蓄蔵者にならないように——、労働者が資本と疎遠な他者に——死者にならないように——する必要がある。商品身体が不在である——したがって、価値も不在である(34)——労働力に価値の上限と下限を与えるのは、第二の中断を接続するという資本自身の要請に他ならない。

こうして手品はひとまず成功した。資本は労働力に補綴の商品身体を与えることで労働者の物質性＝他者性を抑圧したのである。そもそもの根源から物質性に取り憑かれてきた資本主義は、物質性が回帰してくるたびにその祓除を繰り返してきた。資本主義は純粋なイデアの世界に空いた最後の裂け目を労働力の補綴の身体でもって縫合する。純粋＝資本主義は永遠に繰り返す（かのごとき）完結性を得たのである。

しかしながら、中断しつつ接続するという資本の矛盾した態度は、労働者の物質性の残余を徴す。[35] 労働者の物質性を外部化（他者化）すると同時に内部化（親密化）すること、すなわち、労働者を外密的にすることは、自らが「唯一者」であるはずのイデアの世界に他性の痕跡を残すのである。[36] それゆえ、物質性の回帰はつねにすでに予定されている。[37] 資本主義はそもそもの初めから物質に「取り憑かれて」いる…（表4）。

注

（1）マルクス＝エンゲルスのこの叙述は話し言葉（パロール）の書き言葉（エクリチュール）に対する優位性を主張するものではない。マルクスはむしろパロールに潜むエクリチュールの根源、原‐エクリチュールを物質性として見出したと言うべきである。『ドイツ・イデオロギー』から『資本論』へと至るマルクスの探究が資本主義のグラマトロジーに他ならなかったということは以下の展開のなかで示されるであろう。

（2）経験論的認識観の問いの構造が観念論のそれと通底することを指摘したのは、他ならぬアルチュセールである。Althusser et al.（1965：I-42-43、訳(上)-七〇～七一）参照。

（3）J・デリダはマルクス主義唯物論に形而上学の臭いを嗅ぎ取っている。Derrida（1972：87-90, 訳九五～九九）参照。

（4）身体を自然的な物質 material としてではなく、言説を通じて不断に形成される効果＝物質化 materialization と捉えるJ・バトラーの試みは、すぐれて唯物論的であると言えよう。ここでの目論見の一つは、こうしたバトラーの身体論を資本主義の分析に接続することにある。後に見るように、資本主義とは物質化とその抑圧を繰り返す過程に他ならないのである。Butler（1993）参照。

（5）馬渡（1978）参照。

（6）マルクス自身が、このような解釈をはっきりと否定している。「商品身体のこのような性格〔有用性をもつ物 ding という性格〕は、その使用属性の取得が人間に費やさせる労働の多少にはかかわりがない」（K I：50）。

（7）注意を要するが、ここでは、商品を労働生産物に限定したり、価値の源泉を労働に求めたりすること自体が問題なのではない。そうすることで、価値形態論の課題を無効にしてしまうことが問題なのである。悪名高い蒸留法による価値実体論（労働価値説）を価値形態論に先行させたマルクスも、この点を明確に認識していた。「われわれが、価値としては商品は人間労働のたんなる凝固である、と言うならば、われわれの分析は商品を価値抽象に還元しはする〔蒸留法〕が、しかし、商品にその現物形態とは違った価値形態を与えはしない」（KⅠ：65）。

（8） 価値の対概念としての使用価値は、マルクスのなかの古典派的残滓であってもはや捨て去られるべきであろう。Spivak（1987：chap. 10）における使用価値概念の読み替えは、こうした二項図式を脱構築する試みの一つとして読まれるべきである。

（9） Hjelmslev（1943）参照。マルクスの価値形態論はソシュールのシニフィアン／シニフィエのモデルではなく、イェルムスレウの言語素論に基づいて理解されねばならない。ソシュール・モデルによって価値形態を論じるならば、相対的価値形態と等価形態の非対称性を見逃すという決定的な誤りに導かれかねない。価値形態論で最も重要なのは、等価物の価値（シニフィエ）の不在である。価値形態論の構造は三項関係であり、四項関係ではない。

（10） クリプキは、名前を「あらゆる可能世界において同じ対象を指示する」（Kripke 1980：48, 訳五五）という意味で「固定指示子 rigid designator」と呼んでいる。この点に関しては、間奏Ⅰも参照されたい。

（11） 「貨幣関係の主体、貨幣関係の化身 Incarnationen としての貴金属についての研究が、プルードンが思っているように経済学の領域の外にあるものでは決してない」。マルクスのプルードン批判の射程は、現代の貨幣改革論にも及んでいる。

（12） 「貨幣がただの計算貨幣としてだけ役立ち、金がただ観念的な金として役立つにすぎない価値の尺度としての貨幣の機能にとっては、すべてがその自然的な物質に懸かっている」（Kr：99, 強調引用者）。この点に関しては、往々にして混淆されてきた物質性／非物質性と実在性／観念性とを区別することが重要である。価値尺度としては、貨幣身体は物質的かつ観念的である。詳しくは、本書第三章を参照。

（13） ステュアートは価値尺度の同一性・不変性が脅かされることの不条理を次のような譬えで説明している。「一二歳の若者が、歳を重ねながらもそのときどきに応じて自分の足《フィート》の長さで測定することを思い立ち、そしてこの成長過程にある足《フィート》をインチ、さらにはその一〇分の一へと分割すると想定しよう。その場合、彼の尺度計算から何を知ることができるだろうか。彼の歳が重なるにつれて、彼のフィート、インチおよびその再分割部分は徐々に長くなるであろう。そこで、もしあらゆる人が彼の例に倣って、自分自身の足《フィート》で測定したとすれば、そのとき、いま設定した尺度としてのフィートは、その有効性をまったく失うであろう」（Steuart 1752：Ⅱ-283, 訳第三・四・五編一一三〜一一四）。

（14） 「鋳貨〔流通手段を指すマルクスの表現〕は実践によってイデア化され、その金や銀の身体のたんなる仮象の定在に転化される」（Kr：89）。マルクスは貨幣身体の二重化を「名目的な実質と実在的な実質の分離」と呼んでいる。なお、貨幣身体の二重性については、本書間奏Iを参照のこと。

(15)「価値の尺度としては、金はただ観念的な金としてだけ役目を果たしたのであるから、いつも完全量目であった」(Kr: 91)。

(16) デリダによれば、この影は「残余」の例である。「『経済学批判』は、貨幣の定在（*Dasein*）、金属的定在、金または銀が、いかにして残余を生産するかを説明している」(Derrida 1994: 45, 訳一一〇)。

(17) 贋金づくりの歴史については、Braudel（1966: I-488-491, 訳II-三〇五~三一〇）を参照。

(18) 根源の貨幣身体と貨幣の第一の身体との間隔は、貴金属の重量名からの貨幣名の分離の程度によって測られる。「何世紀にもわたって引き続き行われた王侯による貨幣変造。これは鋳貨の元来の重量から実際には名称だけをあとに残した」(K I: 114-115)。

(19) C・マラブーの言う金の「形象化不可能性」は、こうした事態を示唆しているように思われる。Malabou（1990）参照。

(20) 興味深いことに、マルクスも同様の事態を「幻想的 illusorisch」(K I: 132) と表現している。

(21) 厳密に言えば、貨幣価値の知悉困難性は価値尺度のばらつきをもたらすので、諸商品の相対的価値が不変のまま推移することはない。

(22)「威厳は死なず Dignitas no moritur」。カントロヴィッチの国王二体論によれば、王の身体の永遠性（第二の身体）は、威厳の不可死性によって保証されていたのである。Kantorowicz（1957: 488-491, 訳三七六~四三七）参照。

(23) 貨幣の受領性の動揺を先述したグレシャムの法則と混同してはならない。後者は貨幣の身体（使用価値）の問題であるが、前者は貨幣の価値の問題である。大黒弘慈は両者をグレシャムの法則と撰銭の論理の相違として説明している。大黒（2000: 63-64）参照。なお、室町時代の撰銭とグレシャムの法則の関係については、一九二〇—三〇年代に渡辺世祐、柴謙太郎、奥野高広などの歴史家によって論争が戦わされた経緯がある。

(24) ここでマルクスが、貨幣蓄蔵に対し、欲求や欲望ではなく、フロイトの「死の欲動 Trieb」と同じ語を用いているのにはおそらく偶然以上の意味がある。

(25)「この絶対的な致富欲動、この熱情的な価値追及は、資本家にも貨幣蓄蔵者にも共通である。しかし、貨幣蓄蔵者は気の違った資本家でしかないのに、資本家は合理的な貨幣蓄蔵者なのである」(K I: 168)。貨幣蓄蔵と資本の運動の関係については、本書第四章で詳しく論じた。

(26) G・ドゥルーズとF・ガタリが、貨幣、とりわけ税によって捕獲される貨幣――これは支払手段の正確な定義だ――を超コード化によるストックと呼び、資本を脱コード化した流れと呼んだのは、マルクス解釈としてはきわめて正当であった。Deleuze et Guattari（1980：chap. 13）参照。本書第四章では、両者を「滞留」と「流れ」として対比している。

(27) それゆえ、名目ではなく実質を重視する――実質成長率、実質賃金、実質利子率等々――というお馴染みの態度は、貨幣錯覚（幻想）に惑わされない慧眼なのではなくて、すぐれて資本主義的な態度なのである。

(28) こうしてみると、いわゆる「価格革命」――一六世紀のヨーロッパを襲った物価の全面的騰貴＝貨幣の減価――と資本主義の成立の同時性はたんなる偶然の一致ではないように思われる。マルクスは本源的蓄積論において、W・スタッフォードの対話体の書を引いている。その書のなかで、博士が騎士に教えることには、貨幣の減価は領主に損を、借地農に益をもたらすが、商人の損得には関わりがないのである。領主と借地農の関係は支払手段（貨幣としての貨幣）で結ばれ、また、商人が資本の担い手であるということは言うまでもないだろう。K I：721-772 参照。

(29) 網野善彦の指摘によれば、生産物の交換は少なくとも縄文期には始まり、弥生期にはすでに貨幣と原初的な資本が現われていたという。網野（1994）参照。

(30) ローザ・ルクセンブルクはこのことを「自然経済に対する闘争」から「商品経済の移入」への過程として詳述している。Luxemburg（1913：Kap. 27-28）参照。ローザによれば、この過程は資本主義の初めから帝国主義に至るまでつねに並行し、継続されてきた本源的蓄積過程に他ならない。このようなローザの視角を敷衍する試みとして、足立（1993）を参照のこと。

(31) 「われわれの貨幣所持者は、価値の源泉であるという独自な性質をその使用価値そのものが持っているような一商品を、つまりその現実の消費そのものが労働の対象化であり、したがって価値創造であるような一商品を、運よく glücklish/lucky 流通部面のなかで、市場で、見つけださなければならない」（K I：181）。資本が運よく《ラッキー》出会う労働者が共同体《ゲマインヴェーゼン》の解体の産物であることは言うまでもないが、共同体《ゲマインヴェーゼン》の解体は初めから労働者との出会いを目的として行われたわけではない。それは言わば意図せざる結果である。本書第二章第二節(2)参照。

(32) 労働者の身体と労働との分離と接続の効果をマルクスは労働力の消費過程の特殊性の二側面として説明している。「労働者は資本家の監督のもとに労働し、彼の労働はこの資本家に属している。…また、第二に、生産物は資本家の所有物であって、直接生産者である労働者のものではない」（K I：199-200）。

(33) 資本循環における二つの中断を歴史性の痕跡と捉える長原（2008：第六章）を参照されたい。

（34）商品身体が価値の担い手である以上、身体の不在は価値の不在を意味する。労働力が価値をもたないことは資本自身が端無くも告白している。資本が記録する貸借対照表（バランス・シート）の資産項目――資本の形式である商品、貨幣、生産手段が記載される――に労働力は含まれていない。

（35）この労働者の物質性の現われこそが、労働過程の副産物として形成される熟練に他ならない。熟練は、労働者の身体に降り積もった澱の如きものであるが、それは資本の追加的な利得源泉であると同時に、資本に対する抵抗の源泉ともなりうる両義性をもっている。この点については、次章で詳論される。

（36）物質性の抑圧という資本の欲望に抗して、労働者の物質性＝他者性の痕跡を炙り出すことは――次章でその一端が示されるとはいえ、その本格的展開は――今後の課題である。差し当たり展望を示しておけば、『資本論』から奇妙にも／当然にも排除された「プロレタリアート」概念を再導入することが必要であるだろう。それは原理論において原蓄論を考究することに他ならない。Balibar（1994）はこの試みための海図《チャート》となりうる。

（37）労働者の物質性を嫌忌する資本は、物質性を抑圧するもうひとつの方法にも進むだろう。すなわち、労働者の機械への置き換えであるが、この場合、労働者の物質性の痕跡は残らない。しかしながら、機械化による固定資本の巨大化は、別の物質性、資本が共同体を解体したときに取り込まずに外部に残した物質性＝土地を呼び起こす。土地のうえに建設された固定資本は、資本の姿態転換を阻害し、資本の自由な流れを塞き止めるだろう。土地の物質性を抑圧し、絶対的に脱土地化した流れをつくりだすグローバリゼーションの実現は、資本の果てしなき夢である。Oki and Satoh（2002）では、グローバリゼーションの分析のための準備作業を行った。

（38）Oki（2012）の表を加筆修正した。ここで挙げた三つのレヴェルのうち、第三・四章では貨幣の物質性を扱い、また、第五章では労働力の物質性を扱うことになるが、資本の物質性については、本書では論じることができなかった。今後の課題である。

第五章　労働力商品化の多型性

第一節　労働力商品論の構成

(1)　労働力商品の単純化

資本主義社会の歴史特殊性は、社会的再生産にとって本来外的なものである市場が労働力商品化を通じて生産過程を包摂するに至ったところにある。そして、このような資本主義の歴史性は、流通と生産の嵌合部をなす労働市場に集約的に現われ、それゆえ、労働力商品は一般商品とは異なった特殊性を有すると解されてきた。すなわち、労働力は資本によっては生産されえないがゆえに、労働者の生活過程において〈再生産〉されねばならないが、このことは、資本主義が自らの拠って立つ基盤をその外部に求めざるをえないことを意味する。[1] 労働力の価値は、労働者（およびその家族）の生存に要する生活手段の価値によって決まるとするマルクスの規定は、このような労働力商品の外部性についての認識を反映したものと言ってよい。

ところで、この労働力商品の価値規定は、一見したところ、いわゆる家族賃金制度、なかでも、戦後日本において典型的に現われた終身雇用を基礎とする年功型の賃金システムときわめて親和的である。このような見方に立つならば、近年の雇用形態の多様化によって、その妥当性に大きな疑問符がつけられているような印象を受けるかもしれない。じっさい、労働市場の流動化に伴って生存費を大きく上回る賃金を受け取る労働者が出現する一方で、労働力のグローバルな移動と世界的な不況を背景にした労働力人口の過剰化によって必要生活手段の価値以下の賃金水準を許容せざるをえないような労働者層が生み出されてきている。こうしてみると、今日、マルクスの労働力商品論のもつ歴史拘束性やイデオロギー性が指摘されるようになっているのも、まったく理由がないわけではない。

しかしながら、ここから、人的資本理論のように労働力を資本によって生産される商品と同視したり、逆に、歴史的文化的性格を強調するあまりに労働力商品の価値規定を事実上放棄したりするならば、資本主義の特質を見失うことになる。労働力商品という内部化しきれない過剰な外部をその基底に抱え込んでいるところにこそ資本主義の特殊歴史性があるのだが、前者は、労働力が市場に完全に内部化されるものと理解し、後者は、労働力を市場にとってたんなる与件をなすものに解消することで、マルクス派固有の歴史認識を手放してしまっている。マルクスの労働力商品論がいまの時点から見て、様々な制約を負っていることは確かだが、主たる問題は、労働力商品の外部性＝過剰性という基本的視角に存するのではなく、労働力商品が単一の像を結ぶという想定に基づいて展開されてきたためにこの視角が十分に活かされてこなかった点にある。労働力商品の価値規定を巡る混乱も、このことから直接に生じている。

労働市場において、労働力価値の水準が生活手段の価値に帰着するという発想は、労働過程と〈再生産〉過程についての強い条件づけと結びついている。すなわち、『資本論』に明確に現われているように、マルクスの労働力の価値規定は、労働過程の単純化と生活手段の完全な商品化（〈再生産〉過程の単純化）という二つの想定に基づいている。しかし、この二つの単純化は、労働力の外部性＝過剰性というマルクスの洞察を活かすものではない。むしろ、『資本論』の顕示的な叙述を離れてこの視角の潜在的な可能性を探っていけば、資本主義が労働力商品化の多型性を生み出すダイナミズムを内包していることに想到せざるをえないのである。

以上のような問題意識に基づき、本章では、凡そ次のような手順で考察を進めていく。まず、マルクスの労働力商品論の源泉である『要綱』に立ち返り、そこに労働力の単純化とは別の理論的可能性が開かれていたことを確認する。〈二重の意味で自由な労働者〉として表現される労働力の単純化は、プルードンに対する批判意識も相俟って『資本論』で前面化してくることになるのだが、そのことがマルクスの労働力商品論のみならず、資本主義把握に対しても限界をもたらしていることを指摘する。このような単純化された労働力の想定は、『資本論』の労働力の価値規定とも密接に関連しているが、この価値規定は『資本論』第一巻の結語をなす資本主義的人口法則と論理的な齟齬をきたしている。そこで、本章では、この想定を解除したうえで、労働力の価値規定を徹底的な再検討に付すべきことを主張する。この際、重要なことは、労働市場のみを孤立的に扱うことなく、労働過程と〈再生産〉過程との絡み合いのなかで労働力の価値規定を考察しなければならないということである。そのために、まず『資本論』の労働過程論を内在的に検討し、そこから従来の労働力商品論では必ずしも重要な役割を担わされていなかった労働の熟練という契機を析出する。さらに、マルクスの労働過程論を敷衍し、熟練の構造についての独自の展開を試みる。最後に、労働過程における熟練が資本にとって両義的な意味をもつために、資本主義における労働市場は多様な形態をとらざるをえないこと、また、〈再生産〉過程が労働力商品化の多型的構造を生み出していると同時に、そうした多型性を背後で支えていることを明らかにする。

(2)「非資本」としての労働力

労働についてのマルクスの関心は『経済学・哲学草稿』などの初期の著作以来、一貫したものであるが、資本の対応物としての狭義の労働力概念の本格的な研究に着手したのは一八五七―五八年の『要綱』においてであった。『要綱』では、「資本に関する章」の導入部（Gr：161-197）で「貨幣の資本への転化」が論じられているが、その終わりから「資本と労働の間の交換」と呼ばれる部分（Gr：198-223）において、労働力商品論が事実上展開されている（以下で『要綱』労働力商品論と呼ぶときにはこの部分を指す）。マルクスは「資本と労働の間の交換」を次のような書き出しで始めている。

措定された交換価値としての資本に対立する使用価値は、労働である。資本は、非資本 *Nicht-Capital* [sic]、つまり資本の否定と関連するかぎりでのみ、交換される、言い換えればこうした規定性のなかにあるのであって、資本の否定に関わるかぎりでのみ、資本は資本である。現実的な非資本とは、労働である。(2)（Gr：198）

ここでマルクスは労働（力）概念を「非資本 *Nicht-Capital*」と定義している。「非資本」とは文字通りには、資本の対立物、反対物という意味であるが、このような労働（力）の捉え方は後の『資本論』における労働力の外部性についての認識に結実するものと言ってよいであろう。すなわち、『資本論』第一巻第四章「貨幣の資本への転化」では、等価交換が前提されたうえで資本の価値増殖の不可能性が指摘され、そのアポリアを解決するものとして労働力が外的に導入されるのであるが、価値増殖の根拠を資本の否定＝外部に求めるというこの方法は、「資本の否定に関わるかぎりでのみ、資本は資本である」（Gr：198）という『要綱』の「非資本」規定を受け継いでいる。

このようにマルクスは労働（力）を第一に資本の否定と捉えるのであるが、それにとどまらず、より積極的な規定性を労働（力）に与えている。『要綱』では、資本とは対象化された労働の形態変換であるが、これに対し、労働（力）は対象化されていない労働として摑まれているのである。例えば、マルクスは次のように述べている。

> 対象化された労働〔資本〕からの唯一の区別は、対象化されていない労働、主体性としての労働である。言い換えると、対象化された労働、すなわち空間的に現存する労働は、過去の労働として、時間的に現存する労働に対比させることもできる。この労働が、時間的なものとして、生きているものとして現存するというのであれば、それはただ生きている主体として——この主体において労働は、能力として、可能性として存在する——のみ現存しうるのであり、したがってただ労働者として現存しうるのである。それゆえ資本に対する対立物となることのできる唯一の使用価値は労働である。（Gr：196）

『要綱』は、資本の運動における商品と貨幣とを、単純流通におけるように相対立するものとしてではなく、共通の実体をもつものとして、すなわち、対象化された労働として理解する。そのうえで、資本の対立物としての「非資本」を対象化されていない労働、生きた労働と捉えたのである。

「非資本」としての労働（力）を対象化されていない労働と規定するこのような方法は、『資本論』第一巻では第四章第三節「労働力の売買」冒頭における資本の一般的定式の矛盾の解決に現われている。『資本論』によれば、G—W—Gが等価物同士の、したがって、対象化された労働同士の交換であるがゆえに、資本の一般的定式は矛盾に陥らざるをえないのであったが、「その現実の消費そのものが労働の対象化であり、したがって価値創造であるような一商品」（K I：181）と、したがって、対象化されていない労働としての労働（力）と交換されるならば、等価交換の原則を侵害することなく、資本は価値増殖を果たすことができるのである。(3)

ところで、対象化されていない労働＝生きた労働と「非資本」としての労働（力）とは、マルクスにとって完全に等価な概念ではなかった。『要綱』において、対象化されていない労働＝生きた労働は、「非資本」としての労働（力）以外の労働形態をも含みうるようなより上位のカテゴリーとして理解されている。このような理解に立ったときに問題となってくるのは、生きた労働という集合のなかでの「非資本」としての労働（力）の位置づけである。じっさい、右の引用に続けてマルクスは、「非資本」としての労働（力）に「価値をつくりだす労働、すなわち生産的労働」（Gr：196）であるという限定を加え、「直接的諸欲求を満たすためのたんなる用役給付Dienstleistungとしての労働」とは区別されることを指摘している。さらにこの論点は、『要綱』蓄積論の最後（Gr：369-377）でも再び取り上げられ、より詳細な検討に付される。そこでは、用役給付に加え、いまひとつの生きた労働が取り上げられ、両者の解体として「非資本」としての労働（力）の生成が論じられている。すなわち、マルクスによれば、「非資本」としての労働（力）は「一面では、生きた労働の、この関係よりも低次の諸形態の解体、他面では、生きた労働の、この関係よりも恵まれた関係の解体」（Gr：372）の結果として生成する。ここで、生きた労働の低次の形態とは奴隷を、恵まれた関係とは用益給付をそれぞれ指している。

それでは、奴隷・用役給付と「非資本」としての労働（力）との関係をマルクスはどのように説明しているだろうか。まず、奴隷との関係であるが、マルクスは「特定の特殊的な度量の、力の発現」（Gr：372）と「総体としての労働能力」（Gr：372）とを分けたうえで、労働（力）の売買ではもっぱら前者を資本家に売るものとする。これに対し、奴隷は後者を譲渡した結果、「力の発現の総体として、つまり労働能力として、彼はある他人に属する事物」（Gr：372）となっている。このように、交換される対象の区別、すなわち、一定の限られた力の発現と総体としての労働能力との区別が、「非資本」としての労働（力）と奴隷との相違をなしている。一方、用役給付については、先に触れたように、「非資本」としての労働（力）が価値をつくりだすことを目的として資本家の手元にある貨幣と交換されるのに対し、用役は消費を目的として収入と交換される点にマルクスは差異を見出す。(4) 要するに、用役給付と「非資本」としての労働（力）が異なるのは、前者が消費を目的として交換され、後者が生産を目的として交換されるためだとされている。

このようにマルクスは交換の対象と交換の目的という点に「非資本」としての労働（力）と奴隷・用役給付との区別を見るのであるが、このことは逆に言えば、三者の連続性が『要綱』においては前提とされていることを意味する。『要綱』では、労働（力）、奴隷、用役の売買がともに対象化されていない労働＝生きた労働の売買として扱われるが、奴隷売買と用役給付は、商人資本や金貸資本がそうであるように、資本主義よりも遥かに長い歴史をもっている。(5) そうであれば、『要綱』段階のマルクスは、対象化されていない労働が商品化されるという事態を資本主義に固有なものとしてではなく、市場において広く認められるものとして把握していることになる。マルクスにおいては、資本主義の歴史性は、対象化されていない労働が商品化されることにあるのではなく、対象化されていない労働が資本と出会うところにあると解されているのである。

ここで注意すべきなのは、「非資本」としての労働（力）が、あくまで流通形態における規定であるということである。「非資本」規定では、労働過程も労働（力）商品化の背後にある条件も問題とされない。じっさい、資本のもとでの賃労働と奴隷制や用役給付でなされる労働が内容的には変わらないこともあるであろうし、また、同じ条件のもとでも、対象化されていない労働の売買は、労働（力）、奴隷、用役給付のいずれの形式をもとりうる。(6) 逆に言えば、労働（力）の商品化は、特定の労働過程や特定の条件に必ずしも限定されないのであって、多様な労働過程・商品化条件と結びつきうるのである。

むろん、労働（力）を――そして、奴隷・用役給付をも――活動状態にある生きた労働と理解する「非資本」規定は、『資本論』の到達点から見れば、決定的な限界を有している。『資本論』労賃論において、マルクスは、労働者が資本と結ぶ関係を労働の売買と見なし、賃金を労働の価値と解する古典派経済学に対して、それは「本質的な諸関係の現象形態」（K I：559）にすぎないと批判している。このような見地は、『要綱』執筆後、ベイリーによるリカード批判を経由するなかで、労働そのものとは区別された「労働力」概念を確立することによって獲得されたものである[7]。すなわち、『要綱』では対象化されていない労働として一括りにされていた現実態としての生きた労働と可能態としての労働力との違いを明確化し、そのうえで、商品化の対象を後者に限定したのである[8]。

このように労働力概念が彫琢されていく一方で、労働（力）を対象化されていない労働と捉える「非資本」規定は後退していく。それに伴って、奴隷・用役給付との連続性と差異性から労働（力）を論じるという問題意識も希薄化していくことになる。「非資本」としての労働（力）という視角は、『資本論』においても労働力商品の外部性の指摘や資本の一般的定式の矛盾の解法というかたちで残存しているとは言え、『資本論』労働力商品論の主旋律をなしているとは言い難い。代わって『資本論』で前景化してくることになるのが、労働力商品化の必要条件としての〈二重の意味で自由な労働者〉という規定であった。

(3) 「非所有」としての労働力

『資本論』では、資本の一般的定式の矛盾を解決するものとして労働力が外的に導入されたあと、労働力の商品化の背後にある条件が指摘される。マルクスによれば、「貨幣が資本に転化するためには、貨幣所持者は商品市場で自由な労働者に出会わなければならない」（K I：183）という。周知のように、この場合の「自由な」には次のような二つの意味が込められている。すなわち、「自由な人として自分の労働力を自分の商品として処分できるという意味と、他方では労働力のほかには商品として売るものをもっていなくて、自分の労働力の実現のために必要なすべての物から解き放たれており、すべての物から自由であるという意味で、自由なのである」(K I：183)。

ところで、このような〈二重の意味で自由な労働者〉についての記述は、「非資本」規定が中心を占める『要綱』労働力商品論には存在していない。前項で見たように、そこでの労働（力）とは流通の側から捉えられた形態規定であり、その背後にある条件にはほとんど触れられていない。では、この〈二重の意味で自由な労働者〉はどこから生まれてきたのだろうか。この点については、『経済学批判』上梓後に書かれた「資本にかんする章へのプラン草案」が参考になる。この草案は、商品・貨幣論以降を執筆するためにつくられた『要綱』への索引であるが、そのなかの労働力商品を扱う部分（「β　商品と労働能力との交換」）を見ると、『要綱』労働力商品論とならんで、『要綱』後半に位置する「諸形態」への言及が目立って多いことに気がつく。「諸形態」は、資本主義的生産に歴史的に先行する土地所有の諸形態を論じたものであるが、その後半部には、『資本論』の〈二重の意味で自由な労働者〉規定とほぼ同様の記述が見られる（Gr：409-410）。こうしたことから、〈二重の意味で自由な労働者〉は、『要綱』労働力商品論に「諸形態」の歴史記述の一部が移入されることによって成立したものであると推察される。ゆえに、〈二重の意味で自由な労働者〉がどのような事情のもとで成立したのかということを理解するためには、「諸形態」における労働（力）把握を見ておく必要がある。

マルクスは、「諸形態」において、土地の共同所有の三形態を論じたあと、次のように述べて、労働（力）を所有という観点から考察している。

資本の定式では、生きた労働は、原料に対しても用具に対しても、また労働が行われている間に必要とされる生活手段に対しても、否定的なものに対する、非所有 Nicht-Eigenthum［sic］に対する様態で関わるのであるが、この定式には、なによりもまず非土地所有が含まれている。（Gr：401）

見られるように「諸形態」では労働（力）は「非所有」として把握されている。より明確に言えば、原料、用具、生活手段に対する所有が否定されたものとして理解されている。マルクスが、このように「非所有」を労働（力）の前提としたのは、労働（力）商品化に際して次のような三つの状態が否定されねばならないと考えたからであった。すなわち、第一に、土地を、したがって、原料、用具、生活手段を所有している自由な小土地所有（「歴史的状態第一号」）（Gr：402）、第二に、用具と生活手段を所有しているツンフト・同職組合制度（「歴史的状態第二号」）（Gr：403）、第三に、原料と用具を所有していないが生活手段のみは所有している奴隷制および農奴制（「第三の可能な形態」）（Gr：403）である。そして、このような理解は、『資本論』の〈二重の意味で自由な労働者〉規定にも通底している。すなわち、〈二重の意味で自由な労働者〉のうち、第一の意味での自由は、奴隷制・農奴制の否定を、第二の意味での自由は、自由な小土地所有およびツンフト・同職組合制度（ギルド）の否定を、それぞれ含意している。『資本論』の〈二重の意味で自由な労働者〉は、「諸形態」の「非所有」規定を修辞的に言い換えたものと言ってよい(9)。

奴隷制および農奴制については、「非資本」規定においても、視角は異なるとはいえ、その否定というかたちで労働（力）が捉えられていた。それゆえ、「諸形態」において、改めて労働（力）を「非所有」として捉え返したことの積極的な理由は、自由な小土地所有およびツンフト・同職組合制度との関係にこそあったと考えられる。

「非資本」としての労働（力）においては、先に見たように、対象化された労働は資本の規定性として論じられ、その対立物としての対象化されていない労働がもっぱら問題となっていた。それゆえ、自由な小土地所有やツンフト・同職組合制度のような小生産は、考察の埒外に置かれていた。一方、「諸形態」において、小生産が問題とされたのは、歴史な事実を記述するという課題によるところもあるだろうが[10]、それよりもむしろP-J・プルードンに対する批判意識が強く影響しているように思われる。マルクスは、「諸形態」で土地の共同所有形態を検討した後、やや唐突にプルードンに触れ、その所有論を批判しながら、「価値と生きた労働の間で行われる交換は、…一つの歴史的過程を、すなわち、われわれがすでに見たように、資本および賃労働の生成史を形成する歴史的過程を想定する」（Gr：393）と述べる。自己労働に基づく所有による相互主義、独立小生産者型のアソシエーションを目論むプルードンに対し、むしろ、そうした諸関係の解体こそが資本主義の歴史的前提であるとマルクスは主張したのである。

こうして、「諸形態」において、労働（力）を「非所有」と規定し、また、『資本論』において、〈二重の意味で自由な労働者〉という条件を設定したことは、労働（力）の所持者と小生産者との断絶を明確化することを可能にした。それによって、マルクスは、前ブルジョア的土地所有のみを糾弾し、労働（力）商品化に基づく資本-賃労働関係の問題性を看過するプルードンを批判することができたのである[11]。しかしながら、他方で、『資本論』労働力商品論の基底に所有論（「非所有」規定）を据えたことは、マルクスの資本主義把握に無視しえぬ副作用をもたらすことになった。

「非所有」規定では、所有関係が労働力商品化の、したがって、資本主義成立（と没落）のメルクマールとして位置づけられる[12]。このことは、原料、用具、生活手段の所有から完全に切り離された労働者だけを純粋な賃労働者＝〈二重の意味で自由な労働者〉と見なし、それ以外を非資本主義的な諸関係にあるものとする機械的な把握に通じる道を開いた。所有の否定が不完全である労働者を過渡的な形態と見なすことによって、資本主義的発展の極限においては、多様な労働者は〈二重の意味で自由な労働者〉に還元されるものと想定することになったのである。この還元論の影響は二重のかたちで現われる。第一に、生産手段、とりわけ、用具の所有と熟練の存在とをマルクスが結びつけて理解していたために[13]、「非所有」規定のもとでは、熟練の解体された単純労働者が理論の中心を占めることになった（労働過程の単純化）。第二に、生活手段の全面的な非所有を想定したことによって、労働者の生存の問題を労働力商品化（雇用）の成否に還元してしまうことになった。これにより、労働者は自らの労働力を資本に全面的に売り渡さざるをえないものと観念することになったのである（〈再生産〉過程の単純化）。

しかしながら、他方で、『資本論』第一巻には、第四篇「相対的剰余価値の生産」における熟練の多様なありや、第七篇「資本の蓄積過程」での資本-賃労働関係に完全に包摂されない労働者の存在についての豊富な記述がある。「非所有」規定に基づく還元論に過度に固執するならば、こうした記述はたんなる例解にすぎないものと解するほかはない。それらは理論にとっては捨象しうる問題であるか、せいぜい派生的、周辺的なものとされざるをえないだろう。

〈二重の意味で自由な労働者〉のような単純化された労働者像を設定することは理論にとって必要でないばかりか、かえって資本主義の理解に限界を設けることになるのではなかろうか。「非所有」規定のように所有の問題のみに焦点を絞り、生産手段の非所有を不熟練に短絡することは、熟練が労働において果たす本源的な役割を看過することになる。また、労働者の生存条件を資本-賃労働関係に限定することは、労働者が資本以外と関係を結ぶ可能性を排除し、「非資本」規定によって得られたはずの労働力の外部性という洞察をほとんど無意味なものにしてしまう。それればかりではなく、「非所有」規定は、労働力の価値規定に対しても困難な問題を持ち込むことになるのである。

第二節　労働力の価値規定

(1)　賃金理論と人口法則

『資本論』では、労働力商品の価値について次のように述べられている。

労働力の価値は、他のどの商品の価値とも同じに、この独自な商品の生産に、したがってまた再生産に必要な労働時間によって規定されている。それが価値であるかぎりでは、労働力そのものは、ただそれに対象化されている一定量の社会的平均労働を表わしているだけである。(KⅠ: 184-185)

ここで、マルクスは、労働生産物と同じく労働力に対しても労働価値説が基本的には適用可能であると説明している。そのうえで、労働力商品における価値規定の特性を大きく三つの点から論じる。第一に、労働力と労働者の不可分性ゆえに、労働力の生産は労働者自身の再生産または維持に帰着する。ここから、労働力の価値は、「労働力の所持者の維持のために必要な生活手段の価値」(KⅠ: 185) として捉えなおされる。第二に、労働者は死を免れないが、資本の運動が連続的であるためには、労働力の売り手は「生殖によって永久化されなければならない」(KⅠ: 186)。それゆえ、労働力の価値は、「労働者の子供の生活手段を含んでいる」(KⅠ: 186) とされる。第三に、労働力の形成には「一定の養成または教育」が必要であるため、労働力の価値のなかには「養成費」または「修業費」が入る。

ところで、このような労働力の価値規定の方法は、必ずしもマルクスに独自のものではない。労働価値説的修飾を除けば、その理論的内容の大枠は古典派経済学の賃金論と共通している[14]。例えば、リカードは「労働の自然価格とは、労働者たちが、平均的にいって、生存しかつ彼らの種族を増減なく永続させうるのに必要な、その価格のことである」（Ricardo 1817＝1821：93，訳一〇九）と述べ、賃金が労働者とその家族の生存費によって規定されると主張している[15]。また、スミスは、「労働の賃金は、その仕事の習得が簡単で安上がりであるか、困難で費用がかかるか、によって異なる」（Smith 1776：101，訳一六八）として、養成費の大きさが労働力の価値規定に影響を及ぼす可能性を指摘している。

古典派経済学の場合、労働力の価値が労働者種族の維持費（および養成費）によって規定されるというその賃金理論の背後には、マルサスの名を冠して流布された当時の支配的な人口法則が控えていた[16]。賃金水準が高ければ、労働力の供給が増加し、その結果、賃金は低下する。逆に、賃金が生存費を下回れば、労働力供給が減じて、賃金水準は上昇することになる。このような労働力の弾力的な供給メカニズムが古典派経済学の賃金理論を根拠づけていたのである[17]。

マルクスは、労働力の価値規定に関しては古典派経済学の見解に従ったが、人口論についてはこれを拒絶した。すなわち、古典派人口法則を「経済学的独断」（K I：667）であると批判し、相対的過剰人口の生産に基づく「資本主義的生産様式に特有な人口法則」を対置したのである。マルクスによれば、労賃の運動は古典派経済学の言うように「労働者人口の絶対数の運動によって規定されているのではなく、労働者階級が現役軍と予備軍とに分かれる割合の変動によって、過剰人口の相対的な大きさの増減によって、過剰人口が吸収されたり再び遊離されたりする程度によって、規定されている」（K I：666）のである。

マルクスは、古典派経済学の「自然的人口法則」（K I：649）を退け、資本主義的人口法則を唱えたことによって、問題の焦点を人口の絶対量から相対量へとずらしただけではない。賃金の運動と労働力供給の結びつきを断ち切ることで、労働力供給論という構えそのものを放棄したのである。だが、これにより、マルクスの労働力の価値規定は、古典派賃金論のもっていた明快さを失うことになる。

マルクスの資本主義的人口法則によれば、労働力は産業予備軍を含めた総人口のなかから供給される。他方、賃金によって買い戻される生活手段が及ぶ範囲は、基本的には現役労働者軍に限られる。つまり、資本主義的人口法則のもとでは、労働力供給と賃金の運動との間には大きな断絶が存在しているのであって、古典派経済学のように投入（生活手段）と産出（労働）の対応関係を単純に想定することはできないのである(18)。

この断絶について、『資本論』第一巻は二つの対照的な態度をとっているように思われる。第一は、第四章第三節「労働力の売買」における労働力の価値規定から読み取れるような、賃金と労働力供給の結びつきを間接化すると捉えるものである。賃金を介した生活手段の獲得は労働力の供給に直結するわけではないが、労働者の家族を産業予備軍と見なせば、「子供の生活手段」のようなかたちで現役軍だけでなく予備軍にも波及する(19)。このように考えれば、賃金の運動は労働力供給を直接的にではないとしても、間接的には規定していることになる(20)。

第二の態度は、第二三章第四節「相対的過剰人口の種々の存在形態　資本主義的蓄積の一般法則」に現われている。そこでは、労働の賃金によっては生活手段を一部しか、あるいは、まったく手に入れることができない種々の形態の過剰人口が描かれているが、このような過剰人口が存在するとすれば、賃金による生活手段の取得と労働力の形成との間には、埋め難い断絶が横たわっていることになる。

賃金の運動が労働力供給を間接的にせよ規定すると解する第一の態度は、労働者種族の維持費という古典派的な賃金論をあくまで前提にするかぎり、妥当なものといえよう。しかしながら、このような理解は、マルクスの資本主義的人口法則のもつ画期性を薄め、ひいては古典派人口論批判の有効性を損なうことにもなりかねない。

なぜなら、「子供の生活手段」という発想は、家族の構成や生殖による世代的再生産を労働者の言わば動物的本能として前提する「抽象的な人口法則」(K I: 660) と深いところで繫がっているからである。[21]

これに対し、第二の態度は、充塡されえない断絶の存在に光を当てることによって、マルサス的な人口法則に対する批判を貫徹するものと評価できるが、他方で、古典派賃金論をマルクスが護持していたために、賃金によって生活手段を入手できない過剰人口は直ちに貧困化するという窮乏化法則論に行き着かざるをえなかった。ここには、「非所有」規定の労働力の還元論=〈二重の意味で自由な労働者〉が少なからぬ影響を及ぼしていることが看取できる。すなわち、生活手段の全面的な非所有を労働者の前提として置いたために、労働力の販売（雇用）による生活手段の買戻しと労働者の生存を同一不可分の問題として扱うことになったのである。労働力の〈再生産〉過程における断絶に対するマルクスの二つの態度は、資本-賃労働関係の外部を認めず、閉鎖体系を想定しているという点では選ぶところはない。[22]

このような限界は、マルクスの理論体系にとって不可避のものではない。というよりも、むしろ、労働力の外部性というマルクスの着眼点を活かすためには、〈二重の意味で自由な労働者〉という限定を解除することによって、古典派的人口法則の地平に後退するのでも、窮乏化論に逢着するのでもない、別の可能性を開くべきなのである。しかし、そのためには、「子供の生活手段」規定のみならず、残る二要因も含めた労働力の価値規定全体が根本的な再考に付されねばならない。

(2) 労働力価値規定の再検討

労働力価値の中核をなす「労働力の所持者の維持のために必要な生活手段の価値」(K I: 185) という規定は、労働者の生活手段の取得が賃金による買戻しに限られることを含意している。しかしながら、形式的に考えれば、労働者（予備軍を含む）の生活手段の獲得には、(i)賃金による生活手段の購買による場合[23]、(ii)収入の再分配による場合、(iii)資本-賃労働関係の純粋な外部による場合、の三つの経路があり、さらに、(ii)は(a)移転による場合、(b)用役給付による場合、の二つに分かれる。マルクスの労働力の価値規定は、(i)を基本規定としつつ、それに「子供の生活手段」として(ii)-(a)が補足的に付加されるかたちをとっているが、他方で、(ii)-(b)や(iii)は考察の対象外に置かれている。このことは、労働者の生活手段の全面的な非所有を想定する〈再生産〉過程の単純化と密接に関連している。

しかしながら、(ii)-(b)や(iii)を扱いうるようなツールをマルクスがまったく欠いているというわけではない。前節(1)で見たように、『要綱』の「非資本」規定では、用役給付と労働力商品の連続性が前提とされていたし、資本主義においてもこうした存在は多かれ少なかれ残存すると考えられていた[24]。また、『資本論』第一巻第一三章「機械と大工業」においても、機械の導入によって資本の生産過程から弾き出された労働者が用役を給付する部門に吸収されるという事態が指摘されているのである[25]。

一方、(iii)については、マルクスは完全に捨象しているように見えるが、次のような問題にマルクスが言及していることを考えるならば、そうは簡単に言い切れないところがある。マルクスは、機械生産の発達に伴う女性の賃労働化の拡大に触れ、「消費のために必要な家族労働を資本がその自己増殖のために取り上げている」（K I: 416）と指摘している。この「消費のために必要な家族労働」という概念は、特定の家族形態や性別分業を前提にしている点で大きな限界があるが、それをひとまず措くとすると、消費に必要な労働という興味深い問題を提起している。この問題提起を突き詰めていくと、労働を資本主義的労働過程に限定すること自体に対する根本的な疑問に行き着かざるをえない。労働は、資本-賃労働関係の外部においても広範に行われると見るべきなのであり、こうした労働には市場化されるもの（用益給付・奴隷）とされないもの（消費に必要な労働）とがあると考えられる。

このような消費に必要な労働には、内容としては資本のもとでの生産的労働に類するものもあれば、消費と即自的には区別しえないような生産と消費との曖昧な境目に位置するものもある。後者のような労働は、賃金を通じた生活手段の獲得というかたちで前者が市場化されたとしても、消費との隣接性ゆえに、多かれ少なかれ残存せざるをえない。マルクスが生活手段の非所有というかたちで強調したように、資本主義においては、生活手段の取得機構が〈再生産〉過程の外に押し出され、市場化が進行していくことは確かだが、それに目を奪われるあまりに、〈再生産〉過程にも労働が存在していることが見過ごされてはならない(26)。

以上のことを踏まえるならば、労働者の生活手段の取得経路は、賃金による買戻しに限定されるのではなく、複数のものの組み合わせから成り立っていると考えられる。また、労働者の生活単位は、個人であることもあれば、集団を形成する場合もある。資本主義において、生活手段の組み合わせや生活の単位がどのような形態をとるかは一義的には決まらない。このように〈再生産〉過程が多様であるからこそ、古典派経済学が想定したように賃金低下や失業が人口減に直ちに結びつくわけではなく、過剰人口が持続的に滞留し続けることになるのである。「労働力の価値は、労働力の所持者の維持のために必要な生活手段の価値である」(K I: 185) とたとえ言えるとしても、その生活手段価値の水準自体、固定的に考えることはできない。

一方、資本の側から見ても、労働力価値が労働者の生活手段の価値によって決定されるとは単純には言えない。マルクスのように過剰人口の滞留が常態であるような労働市場を想定し、また、予備軍を含めた労働者群から必要な労働力を自由に手に入れられるとするならば、個別の労働者の維持は資本にとって重要な意味を必ずしももたず、したがって、労働者の生活手段を資本が保証する必然性はなくなる。逆に言えば、相対的過剰人口の存在にもかかわらず、労働力が弾力的に供給されないような構造を考えた場合に、労働者の生活手段の価値という規定はじめて意味をもつ。労働力の価値を考察するためには、労働力人口を均質で無差別の商品ストックと見るのではなく、異なる労働力から成る多様な商品群と捉えるべきなのである。ただし、こう言ったからといって、労働者の生得的な差異を重視すべきだというのではない。そうではなく、労働過程と〈再生産〉過程を通じて労働力の価値と使用価値が差異化される機制が注目されるべきなのである。

労働力価値のいま一つの規定、すなわち、「養成費」または「修業費」についても再検討すべき点がある。[27] マルクスによれば、養成または教育に必要な「大なり小なりの額の商品等価物」(KⅠ: 186) が労働力の価値を構成するとされるが、技能や熟練の形成には必ずしも費用を要するわけではない。同じような技能は、教育労働およびそれに必要な商品の消費を通じてつくられることもあれば、無費用の独習によって身につけられることもあるだろう。何より熟練が労働過程のなかで形成されるとすれば、擬制的にさえ、養成費を考えることは困難である。次節で詳論するように、熟練とは基本的に労働経験の積み重ねによってつくりだされるものである。このような熟練の性格が看過されてしまったのは、「非所有」規定の影響によるところが大きい。すでに指摘したように、マルクスは、熟練の存在が労働者による生産手段の所有に由来すると考えていた。ここから、労働過程の単純化論、すなわち、資本主義のもとでの労働者が生産手段の所有を欠いているために、労働過程が単純化され、労働を通じて熟練が形成される可能性が失われるという理解に行き着くことになったのである。

資本の論理としても、養成費を支払うことは、労働力の使用価値の不確定性ゆえに難しい問題がつきまとう。むろん、使用価値の不確定性は商品一般に存在するが、「力の譲渡と、その現実の発揮すなわちその使用価値としての定在とが、時間的に離れている」(KⅠ: 188) 労働力の場合、そのリスクはいっそう大きなものとなる。スミスが固定資本の価値移転になぞらえて、「その人の習得する仕事は、普通の労働の日常の賃金に加えて、かれの全教育費を、少なくともそれと同等の価値ある資本の通常利潤とともに回収するだろう」(Smith 1776:

101, 訳I－一六八～一六九）と述べたような確定的な対応関係は期待できないのである。[28]

労働者の生活手段の価値、その子供の生活手段の価値、養成費は、一定の条件のもとでは、労働力価値を規定すると考えられるとしても、それは労働力商品化がとりうる多様な型のうちの一つでしかない。どのような要因が労働力の価値を規定するかは、労働市場の構造に依存する。そして、労働市場の構造は、それ自体で自律的に決まるのではなく、労働過程と〈再生産〉過程のあり方によって変化する。それゆえ、労働力の価値規定は、労働市場のみを孤立的に扱うことによってではなく、労働過程と〈再生産〉過程の絡み合いのなかで考察されねばならないのである。

第三節　労働過程

(1)　労働と熟練

『資本論』第一巻第五章第一節「労働過程」では、労働一般についての抽象的な考察が行われている。そこでは、労働は「人間と自然との間の一過程」（K I：192）であるとされ、また、自然素材に対しては人間自身も自然力として相対すると述べられる。しかし、人間の労働はたんなる自然の営みではない。マルクスによれば、「人間は、この運動〈労働〉によって、自分の外の自然に働きかけてそれを変化させ、そうすることによって同時に自分自身の自然を変化させる」（K I：192）のである。

生得的な本能に従って作業するにすぎない蜘蛛や蜜蜂などとは異なって、人間は労働によって自らに備わる自然力を変化させる。[29] 対象である自然を変形する労働過程は、反作用的に人間の自然力をも変容させるのである。むろん、人間の自然力がいかようにでも変えられるわけではない。「彼自身の自然のうちに眠っている潜勢力」

（KⅠ：192）を発現させうるだけだということもできる。しかしながら、その意味では対象としての自然も同断であって、その自然的な性質を離れて自由に変形することが可能なわけではないのである。

続いて、マルクスは次のような労働の合目的的性格を指摘する。

> 労働者は、自然的なものの形態変化を引き起こすだけではない。彼は、自然的なもののうちに、同時に彼の目的を実現するのである。（KⅠ：193）

労働は「労働者の心像」（KⅠ：193）に予め設定されている目的に沿って遂行され、その結果として目的が実現される。目的の設定とその実現というこの二契機をマルクスに倣って精神的力能と手労働と呼ぶとすれば[30]、労働過程においては、手労働に先立ち精神的力能による目的設定がなされなければならない。だが、この精神的力能ははじめから労働者のなかに備わっているわけではない。目的の設定は一般に過去の労働経験に基づいてなされるのであって、労働の効果を知ることなく目的を思い描くことは困難である。このことからすれば、労働の繰り返しとそれによる経験の蓄積が精神的力能の基盤をなしていると言えよう。確かに、Aに特定の労働を加えるとBが出てくるということは、たんなる偶然であるかもしれない。しかし、はじめは偶然の結果であっても、それが経験として蓄積されるならば、次からは予め目的を設定し、それに基づいて労働するという合目的的活動が可能になるのである。

このような労働の合目的的性格は、先に述べた労働過程のもう一つの側面と密接に関わっている。労働を通じて人間の自然力が変化するということは、労働の経験によって労働能力が高まることを意味しているが、そうした能力は主として精神的力能として形成される。労働は労働者の肉体にも確かに影響を及ぼすだろうが、その変化は自ずから狭い限界内にとどまらざるをえない。マルクスが本能的作業からの解放を人間労働の特質として捉えていることから見ても、労働の目的を心像に描くこと可能にする精神的力能こそがここでは注視されるべきであろう[31]。

このような過去の労働経験の蓄積による労働能力の向上を熟練と呼ぶことができる。この意味での熟練は特定の労働に限定されるものではなく、程度の差はあれ、労働一般に付随するものである。また、熟練は労働過程から離れて自立的に存在するわけではない。労働の結果として得られた経験の蓄積こそが熟練の内容をなしている。熟練は、労働過程の外部で形成されるのではなく、労働過程の只中において作り出されるのである[32]。

(2) 熟練の構造

(a) 横の熟練と縦の熟練

労働の熟練は、過去の労働経験の積み重ねに基づいている。様々な労働を経験することは、労働に関する多様な知識を労働者にもたらし、結果としてその熟練を高めることに繋がる。したがって、労働の熟練度は、経験の多寡に依存する。一般に、熟練の形成に時間がかかるのはこのためである。

これに対し、同一労働の繰り返しは、多様な労働経験に結びつかないので、熟練の向上には寄与しないように見える。確かに、きわめて単純な労働には経験によって熟練が高まる余地がほとんどない。しかしながら、労働の同一性は単純性を必ずしも意味しない[33]。同一の労働であっても、その労働過程の複雑さに応じて経験を蓄積していくことが重要になってくる。労働の多様性に基づく熟練の広がりを横の熟練と言い表わすとすれば、このような同一労働の反復による労働能力の深化は縦の熟練とでも呼ぶことができる[34]。

横の熟練とは、さまざまな労働を行うことができるという労働能力の多様性を意味するものであり、言うなればgeneralityの方向へと向かう熟練である。これに対し、縦の熟練は、同一の労働を繰り返すことによって、特定の労働過程に関する知を蓄積していくことであり、specialtyとしての熟練である。この二つの熟練は、必ずしも両立しえないものではなく、労働の経験を通じて、熟練は二つの方向に向かって拡大していくのである。

(b) 生産手段に対する熟練と人間に対する熟練

第五章第一節「労働過程」で、マルクスは労働一般について抽象的に素描したあと、労働過程の諸契機を考察していく。そこでは、まず次のように述べられる。

> 労働過程の単純な諸契機は、合目的的な活動または労働そのものとその対象とその手段である。(K I : 193)

先に人間と自然の物質代謝として述べられた労働過程が、ここでは、労働そのもの（合目的的活動）、労働手段、労働対象の三契機の絡み合いとしてより明確に規定されている。果実などの掴み取りといった場合を除けば、労働が労働対象に直接作用することはなく、一般に労働者は労働手段を「導体 Leiter」(K I : 194) として労働対象に働きかける。

このことから、熟練の定義にも若干の補足が必要となる。「労働過程では人間の活動が労働手段を使って一つの前もって企図された労働対象の変化をひき起こす」(K I : 195) のだから、熟練とは、第一に、労働手段に対する熟練であり、第二に、労働手段を通して認識されるかぎりでの労働対象に対する熟練である。

横と縦という熟練の二つの方向性についても、生産手段（労働手段・労働対象）の多様性と複雑性に即して整理することができる。種々の労働手段を用いたり、さまざまな労働対象に働きかけたりするためには、それぞれの労働手段と労働対象に応じた経験の蓄積が不可欠である。また、同一の労働を繰り返すことによって労働能力が高まる可能性は、生産手段の複雑さの程度に拠っている。ここで言う生産手段の複雑さは生産手段の高度さと同じではない。むしろ、生産手段の不完全さが労働者の熟練を要請する関係にさえあるのである。(35)

ところで、以上のような生産手段に対する熟練とは明らかに異なるタイプの熟練がある。それは協働性という人間労働の基本的性格に関わる。マルクスは、『資本論』第一巻第五章第一節「労働過程」では、協働の問題を積極的に扱っていない。というのは、マルクスにとって「人間生活のあらゆる社会形態に等しく共通なもの」(K：198)を扱うこの節においては、「労働者を他の労働者との関係」のなかで示す必要はなく、「一方の側にある人間とその労働、他方の側にある自然とその素材、それだけで十分であった」(KⅠ：198-199)からである。ここから、マルクスは資本家と労働者との関係の考察に進むのであるが、労働者が他の労働者との関係のなかで労働を行うことは、決して資本主義に特有のものではない。(36) 協働性を伴わない労働過程を考えることは確かに可能ではあるが、「労働者を他の労働者との関係」のなかで労働過程を検討することは、労働一般の考察の埒外にあるとは言えまい。

このような視点からすると、人間に対する熟練とでも呼びうる第二の熟練が存在すると考えられる。(37)『資本論』第一巻第一一章「協業」には、独立労働者をたんに同じ空間に集めただけの協業とは異なる共同作業の例がいくつか紹介されている。(i)「分割されていない同じ作業で同時に多数の手がいっしょに働く場合、例えば重い荷物を揚げるとかクランクをまわすとか障害物を排除するとかいうことが必要な場合」(KⅠ：345)、(ii)「煉瓦積み工が煉瓦を足場の下から頂上まで運ぶためにたくさんの手で一つの列をつくる」(KⅠ：346)場合、(iii)「一つの建物がいくつもの違った方面から同時に着工される場合」(KⅠ：346)、の三つの例である。これら三例は、協業における三つの要素、同時性、継起性、並行性を典型的に表わしている。この三要素が存在していることが、協業と孤立的な労働との決定的な差異をなしている。協業においては、個々の労働者が自分に与えられた労働を遂行するだけでは十分ではない。かりに個別の労働が過誤なく行なわれたとしても、全体の調和を欠くならば、労働の成果はほとんど、あるいは、まったく失われてしまうだろう。そして、協業の三要因が機能し、労働過程全体が調和をもって進行するためには、労働者が協働する他の労働者の能力、性向などについての知識をもっている必要がある。共同作業を繰り返し行うことによって、こうした知識を蓄積していくことができるのは言うまでもない。

また、協業は、右の例のように各々の労働者に対して同じ労働を課すばかりではない。マルクスの言うように、(iv)「労働過程が複雑ならば、いっしょに労働する人々が多数だということだけでも、いろいろな作業を別々の手に分配し、したがってそれらの作業を同時に行い、こうして総生産物の生産に必要な労働時間を短縮することを可能にする」(K I : 347) のである。[38] 協業の第四の要素、分業性であるが、[39] この場合には、労働者は他の労働者の特性についてだけでなく、その労働内容についても知悉していることが重要である。労働者は、共同作業を通じて、自らの労働を経験すると同時に周囲の労働に関する知を蓄積する。むろん、自分の労働経験に基づく知識と外側から眺めたかぎりでの他人の労働についての知識とではその性質は異なる。前者が自己の労働を遂行するためのものだとすれば、後者は他の労働者と調和を保ちつつ労働を行うために最低限必要な知識である。

このような人間に対する熟練にも生産手段に対するそれと同様、横と縦の両面がある。前述したように、協業において、同時性、継起性、並行性、分業性が適切に発揮されるためには、他の労働者の特質およびその労働内容を把握していなければならない。このような知識は、さまざまな労働者と協働し、多様な分業体系のもとで労働することによって豊富化される。人間に対する熟練の横への拡大である。

もっとも、同時に荷物を持ち上げたり、レンガを継起的なリレーで運んだりする程度の単純な労働であれば、誰と組んでもそれほど違いはないかもしれない。しかしながら、多少なりとも込み入った作業を共同で行う場合には、人間の多様性と分業体系の複雑性が問題となってくる。したがって、同じ集団で継続的に同じ共同労働を行うならば、それだけ人間に対する縦の熟練が深められることになる。

ところで、協業の四要素のいずれにおいても労働過程全体の進行のためには個々の労働者間の調整が必要とされるが、そうした調整に際しては指揮が重要な役割を果たす。指揮は明確な指示を伴うこともあれば、阿吽の呼吸の如く暗黙の合図によることもありうる。いずれにせよ、このような指揮の介在は、精神的力能による目的設定の少なくとも一部分を当該労働を直接行う労働者の以外の人間が担いうることを意味している。手労働は、自らの精神的力能だけでなく、他人の精神的力能に基づいても行われうるのである。

ここで注意しておく必要があるのは、手労働から精神的力能を完全に分離することはできないということである。いかなる労働であれ、そこから精神的な要素のすべてを除去することはできない。他人の指揮に従って労働するときにも、その指揮を受け止め、それを作業に変換するための精神的力能が必要とされる。労働者の精神的力能は、労働の目的を抽象的に設定するだけではなく、具体的な遂行過程に伴う種々の判断においても発揮されるのであって、むしろ、後者こそが熟練の主たる要因をなしている。したがって、ありうるのは、自己の精神的力能と他者のそれとの二重化であって、手労働と精神的力能の分離ではない(40)。

第四節　資本主義のもとでの労働過程・労働市場・〈再生産〉過程

(1)　資本にとっての熟練の両義性

熟練は、資本の視点からは、労働の生産性として捉え返される。労働の生産性の上昇は、生産手段の変革によるものでなければ——もっともこの第一の要因が第二の要因と独立に作用することはほとんどないのだが——熟練によってもたらされる。

資本にとって、労働者の熟練を形成すること自体は目的ではない。労働過程において生産手段と労働力を結合させ、商品を生産することによって、利潤を獲得することが直接の目的である。しかしながら、すでに見たように、労働過程は、商品を生産する過程であると同時に、熟練が形成される過程でもある。資本は労働者の熟練を目指して生産を行うわけではないが、商品生産の言わば副産物として熟練が付随的に生み出されることになる。労働過程の副産物としての性格からすれば当然のことであるが、熟練の形成には費用がかからない(41)。それゆえ、熟練を身につけた労働者を資本が雇用するならば、熟練に基づく労働生産性の上昇のメリットを享受することができる。また、労働の熟練度は経験の量に依存するのだから、特定の個別労働力の購入を繰り返すほど労働生産性が向上することになる。むろん、労働生産性は熟練によって無限に高められうるわけではない。これまでたび触れてきたように、熟練が高まる余地は、資本のもとにある労働過程の多様性と複雑性に懸かっている。

しかしながら、熟練は資本にとってプラスにのみ作用するわけではない。ここで重要なのは、熟練の、労働者の精神的力能としての側面である。熟練は労働者に内属する力能である以上、労働者の個体から切り離しえない。通常、資本主義的生産における副産物は、主産物と同様に資本の所有物となるが、熟練の場合には、資本はそれを領有することはできない(42)。このため、資本は熟練による労働生産性の上昇を個別労働者の存在に頼らざるをえない。逆に言えば、個別の労働力を継続して購入することができない場合には、資本はその分の利殖機会を失うことになるのである。

このように資本にとって熟練のもつ意味が両義的であるために、資本と労働力との関係は複雑なかたちをとることになる。

(2) 労働力商品化の多様な型

(a) 全面的熟練と自立型労働市場

労働の熟練には、生産手段に対する熟練と人間に対する熟練の二つがある。したがって、生産手段と組織力が労働者の手中にある場合には、労働者の熟練は資本に対し自立した関係をもつ。(43) しかしながら、資本主義のもとで生産手段の非所有と組織力の喪失が進行するとしても、ここから直ちに熟練が解体され、資本に対し従属的な立場に置かれるようになるとは言えない。熟練の方向性の一方、すなわち、横の熟練は、定義上、個別の生産手段や組織に依存しないから、横の熟練を備えているならば、生産手段と組織力が資本のもとに集中されていたとしても、労働力は資本から自立した関係を有する可能性がある。

このような場合、労働者の側には、特定の個別資本のもとで継続的に労働する積極的な理由はない。他方、資本にとっては、熟練に基づく生産性の上昇を無償で手に入れられるとすれば、同一の個別労働力を繰り返し購買することに対して強い誘因が生じるだろう。しかしながら、横縦両面の熟練を備えた労働者は、その自立性ゆえに、高い取引力をもつから、一般に賃金水準は上昇する傾向をもつ。賃金水準が熟練による労働生産性向上のメリットを相殺する程度まで上昇するならば、資本にとって個別の労働者と継続的な雇用を結ぶ理由はなくなるだろう。

このような自立型の労働市場の場合、労働力の価値が労働者の生存費に規定されるとは考えにくい。その理由は二つある。第一に、横の熟練をもつ労働者は、高い移動可能性を有するため、個別労働者を維持することは個別資本の利益に必ずしもならない。(44) ここでは、熟練と労働者との不可分離性が資本にとって負の効果をもつ。第二に、このような労働者は、労働過程に対する統制力――労働時間と労働強度に対する決定権――を一定程度保持しているので、生存費のような労働の成果と切り離された賃金を支払うことは、資本にとってリスクがある。

このリスクが高い場合には、例えば、出来高制のような産出量と関連づけた賃金システムが採られることになる[45]。全面的熟練労働者が熟練度の低い労働者に比して高い賃金を受けるのもこの二つの理由からであって、いわゆる「養成費」または「修業費」によるものではない。

(b) 一面的熟練と相互依存型労働市場

労働者の資本に対する自立性は、生産手段と組織力の保有および横の熟練に由来する。それゆえ、生産手段と組織力がすでに資本の手中にあるとすると、横の熟練を解体することが労働者の自立性を失わせることに繋がる。横の熟練の解体は、次のようなかたちをとる。すなわち、第一に、労働過程の工程への分割であり、第二に、部分工程への労働者の固定である。このように細かく分割された部分工程に固定された労働者は、多様な生産手段を扱う機会を失うために、その熟練の幅は狭められる。しかしながら、このことは不熟練化を直ちに意味するわけではない。部分労働者は、横の熟練を奪われる一方で、同一の生産手段を用いて繰り返し労働することによって、縦の熟練を飛躍的に深化させる[46]。

同様に人間に対する熟練も工程の分割と労働者の固定を通じてその広がりを喪失する。ここでは、部分労働者は、分業体系のなかにいる労働者すべてと直接協働する関係にない。部分労働者が共同作業を行なうのは、自分の工程に隣接する限られた労働者にすぎない。しかしながら、この人間に対する熟練の狭窄化は、生産手段の場合と同様、熟練の深化を伴っている。

このような分業体系のもとでの労働者の熟練は、個別資本の個別的工程に依存する。部分労働者は、同じ分業体系の別の工程に配置されただけでも、その熟練を発揮することはできない。また、他の個別資本のもとで同じ種類の労働に従事する場合にも、熟練は十分な効果をもたないだろう。なぜなら、縦の熟練を伸ばす余地があるような複雑な労働であれば、まったく同じ労働過程というものは存在しないし、また、一見すると同じような労働であっても、そこで使われている生産手段や協働する労働者の個別性を無視することはできないからである。このような縦だけの一面的な熟練しか有さない労働者にとって、特定の個別資本のもとで継続して労働することには十分な意味がある。

他方、資本家の側からすれば、労働者の熟練の深化は労働生産性の上昇をもたらすから、同一の個別労働力を繰り返し購入することには利点がある。逆に、熟練労働者を失うことは労働生産性を低める結果となる。このことは、資本の方も価値増殖の源泉の一部を特定の個別労働者の存在に求めざるをえないことを意味する。一面的な熟練をもたらすような労働過程のもとでは、資本-賃労働関係はこのように相互依存的な形態をとることになる。

相互依存型の労働市場においては、自立型とは異なり、資本は労働者の生活に無関心ではいられない。熟練が個別労働者と分離しえない以上、熟練労働力を継続的に手に入れるためには、個別労働者そのものを維持する必要があるからである。マルクス経済学における、労働力価値の基本規定をなす労働者の維持生存費という考え方は、相互依存型労働市場を前提にしてはじめて整合的に理解することができる。このような労働市場のもとでは、資本が、個別労働力を損なわないように労働者の生存費に相当する賃金を支払う必然性がある。しかし、他方で、縦の熟練による労働生産性の向上は、自立型のように賃金上昇に繋がることは難しい。熟練が特定の個別資本にとってしか意味をなさないとすれば、その熟練の高さは労働者の交渉力の向上には結びつかないからである。このような資本側の要因と労働者側の要因とが相俟って、労働者の生存費という基準が形成されるのである。

むろん、こうした相互依存型市場においても、賃金が固定的な水準に収斂するわけではない。相互依存型労働市場といえども、労働過程の変革や景気の変動に伴って、労働者の吸収と反撥は起こりうるし、「労働力の所持者は死を免れない」（K I：185）かぎり、個別労働者の交替も遅々にではあれ進んでいかざるをえない。また、第二節(2)で指摘したように生活手段の入手経路や生活単位が多様であるとすると、労働者の生存費に単一の基準を想定することには無理がある。

このような労働市場と〈再生産〉過程の多様な要因を過度に抽象化して単一のモデルを構築することはそもそもわれわれの意図するところではないが、ここで、次のような単純化されたケースを設定することによって、労働市場と〈再生産〉過程の動態の一つのパターンを素描しておくことは無意味ではないだろう。すなわち、個別労働者に対する資本の依存度がきわめて高いケースであるが、このようなケースでは、個別労働者は特定の工程においてできるだけ長い時間労働に従事することが求められる。[47] 労働者がこれに応えるとすれば、第二節(2)で述べた(ii)-(b)用役給付や(iii)消費に必要な労働を資本の生産過程の外部で行う余地は著しく狭められることになるが、マルクスも指摘するように「家庭労働の支出の減少には、貨幣支出の増加が対応する」（K I：417）。したがって、労働時間の延長に伴う生活時間の切り詰めによって失われた分の生活手段を賃金増によって市場から調達することができるとすれば、労働者が資本側の要請に応じる理由は十分にある。このような動態過程の結果として、資本-賃労働関係、すなわち、(i)賃金による生活手段の買戻し関係を基軸とした労働力の価値が形成されることになる。なおも買戻し関係の外部に残る(iii)についても、(ii)-(b)のかたちで外に押し出すか、家族を構成してその成員に(iii)を担わせることで、賃金水準の構成に加わることも考えられる。後者の場合には、労働力がその世帯の維持によって支えられるために、労働力の価値は「労働者家族の生活維持に必要な労働時間」（K I：417）によって規定されるような外観をとることもありえようが、この場合にも、資本にとって問題なのはあくまで個別労働力の維持であり、いわゆる労働者種族の再生産ではないのである。

以上のような機制が認められるとしても、それが固定的な賃金水準や一様な生活様式をもたらすわけではないことに再度注意しておく必要がある。資本は、流通形態を介した要請というかたちでそれに間接的な影響を与えうるとしても、労働力の〈再生産〉過程を一義的に決定することはできない。相互依存型労働市場のなかにおいてさえ、労働力商品化には無数の分岐が存在せざるをえないのであって、このことは労働力を資本が完全に内包しえない過剰性を有することを示しているのである。

ところで、分業に基づく労働の多様性の解体は、横の熟練を無用のものとするわけではない。むしろ、工程の分割は、生産手段の配置・編成や分業全体の調整についての知識の必要性を増大させる。

熟練の横への拡大は、具体的な労働経験が抽象され、客観化される過程である。多様な生産手段を使用し、さまざまな労働者と協働することによって、個別的な労働経験はその具体的内容を保持しながら、やがては客観的な知識へと高められる。このような客観的な知識は二つの特徴をもっている。第一に、その汎用性ゆえに客観的知識は広範な応用力を有する。労働者は、実際には未経験の労働についても、客観的な知識に基づけば、その効果をある程度予測することができる。第二に、このような客観化された知識には、高い伝達可能性がある。完全に一回性の、還元不可能な経験は決して伝達することはできない。反対に、知識の客観化が大きく進むならば、経験によることなく労働過程の外部で知識を伝達する可能性が生まれてくる。

いわゆる科学は、具体的な労働過程で蓄積された知識の束を一般化することによって成立したものと言える。科学はその普遍性ゆえに、適用範囲を特定の労働過程に限定されない。生産手段に対する知識と人間に対する知識のもつ具体性を抽象したところに成立する科学技術と科学的管理が、あらゆる部門に通じる汎用性をもつのはこのためである。

逆に言えば、このような科学的知識が労働過程の外部で伝達されうるからこそ、横の熟練を部分労働者から切り離すことが可能になるのである。いわゆる技術労働者と監督労働者は、生産手段に対する横の熟練と人間に対する横の熟練が外化・独立したものである。このような労働者は、その性格上、全面的熟練の場合に類似した関係を資本に対してもちうる。

労働力の価値規定における「養成費」または「修業費」という費用概念は、このような労働過程の外部で伝達・習得される熟練においてはじめて意味をもつ。熟練が労働過程の意図せざる副産物として形成される場合とは異なって、熟練の習得自体を目的とした養成や修業では一定の費用計算が可能だからである。むろん、第二節⑵で指摘したように、労働過程の外部においても、独習のように費用を伴わないで技能が形成されることもある。また、直接的労働とは異なり、生産への寄与が明確でないため、こうした労働の熟練を評価することには困難がつきまとう。その意味で、労働過程内部で形成された熟練と異なって、横だけの一面的な熟練にはその効果に不確定性が伴わざるをえないのである。

(c)不熟練と従属型労働市場

資本のもとでの労働過程は、熟練のさらなる解体に進むことがある。すでに見たように、縦の熟練をどの程度高めることができるかは労働の複雑さに依存している。しかしながら、複雑な労働も、それを際限なく細分化していけば、結局は単純な作業に還元することができる。労働の複雑性とは、こうした単純な諸作業の多様な組合わせの謂である。それゆえ、労働過程の細分化が極限まで達すれば、熟練の深化する余地は失われてしまうだろう。

もっとも、このような細分化は無条件に進むわけではない。技術上の問題を措くとしても、工程をどの程度細分化しうるかは、資本の規模によって異なる。労働過程を単純に細分化すれば、それぞれの部分工程に配置される労働者数は増加するし、この労働者の増加に合わせて生産手段の規模も拡大されなければならないからである。(48)

ゆえに、このような細分化は、すべての資本において採用可能なものではない。

いまかりに、熟練を高める余地がほとんどないほどに労働過程の細分化が進んだとしよう。こうした労働過程のもとでは、各工程に配される労働者は、資本にとって問題となる個別性をもっておらず、それゆえ、他の労働者と取り替え可能な存在である。このような不熟練労働力の市場では、自立型労働市場や相互依存型労働市場とは異なり、滞留する産業予備軍が直接利用可能なストックとして現われる。このことによって、不熟練労働者は二重の意味で従属的な立場に置かれる。第一に、過剰な産業予備軍の滞留が労働者間の競争圧力を強め、結果として賃金水準を押し下げる効果をもつ。資本にとっては、同一の労働者を雇用しつづける積極的な理由がないので、労働者は絶えざる競争に曝されることになる。また、資本は、個別労働者を維持する必要がないため、可能ならば賃金を生存費以下にさえ引き下げようとする。

第二に、不熟練労働者に対しては、その労働の強度が高められる可能性がある。相互依存型市場のもとでは、個別労働者の維持が重要な意味をもつので、労働力を毀損しない程度の労働強度にとどまらざるをえないが、産業予備軍を即時に利用できるストックとして包含するこの労働市場においては、個別労働者を資本は顧慮する必要性が直接的にはない(49)。それどころか、労働市場における競争圧力が労働強化に対する労働者側の承認を引き出すことさえ考えられる(50)。

もっとも、従属型の労働市場における労働者間の競争がいかに激しいとしても、それだけでは、低水準の賃金と悪条件の労働を労働者側が受け入れる理由にはならないと思われるかもしれない。第二節(2)で指摘したように、生活手段の取得経路が賃金による買戻しに限られないとすれば、なおさらそう考えられよう。しかしながら、この点についてはまったく別の解釈もありうる。すなわち、不熟練労働者の賃金水準が賃金による生活手段の買戻しだけでは生存を維持できないまでに低下するために、生活手段の取得を資本‐賃労働関係の外に求めざるをえなくなるという逆の因果関係を考えることも可能である。この解釈の背後には、〈二重の意味で自由な労働者〉は労働力商品化の必要条件ではないという理解がある。労働力が商品化するためには、マルクスが想定したようにすべての生活手段が市場化される必要はなく、生活の核となる生活手段が市場化されればよいのである。

また、従属型労働市場のように、賃金率が低い場合には、労働時間を延長することによって、言わば、率の低下を量的拡大でカバーするような行動様式を労働者が志向すると考えられるかもしれない。しかし、この志向は二つの要因によって妨げられる可能性がある。第一に、資本による労働の強化が、労働時間の延長と対立することが挙げられる。労働時間の長さと労働の強度には一般にトレードオフの関係があり、マルクスはこれを「交差点 Knotenpunkt」(K I: 432) と呼んでいるが、このために、資本が労働の強化を望めば、それだけ個別労働者の労働時間は抑えられることになる。不熟練労働者の取り替え可能性は資本のこの傾向に拍車をかけるだろう。第二に、賃金率が労働時間の延長によっては生存に必要な賃金を獲得しえないまでに低い水準だとすると、労働者は生活手段の獲得の少なくとも一部を資本-労賃働関係の外部に頼らざるをえない。ここで資本-労賃働以外の関係とは、具体的には、先に述べた(ii)-(b)用役給付や(iii)消費に必要な労働を指すが、こうした労働を行うためにはその余地がないほどの長時間労働を資本のもとで行うわけにはいかない。(51) たとえ、(ii)-(a)収入の移転によるとしても、たんなる一方的な贈与ではなく、(iii)の対価としての性格を有するとすれば、事態は変わらない。いずれにせよ、労働力の〈再生産〉過程が資本-賃労働関係の一つの契機であると同時に、資本-賃労働関係の外部へと開かれていることが、労働者の現役軍と予備軍との混成からなる従属型労働市場を背後で支えているのである。

流通において発生した資本は、労働市場を介して、労働過程と〈再生産〉過程を自らの運動に包摂するに至るのであるが、それによって労働力が資本に対してもつ本源的な外部性を消し去ることはできない。本書で強調してきた労働力の商品化の多様な型のなかには、労働力という外部を内面化することの無理＝過剰性が映し出されているのである。その意味で、労働力商品化の多型性は、論理にとってリダンダントなものとして捨象されるものでも、資本主義の発展のなかで特定の型に収斂するようなものでもない。資本主義が労働力商品という内なる外部によって支えられるというマルクス派固有の歴史認識に基づくならば、労働力商品化の多型性を資本主義に非本来的なものとして済ますことはできないのである。

これまでの考察で明らかにしてきたように、資本主義的労働市場は、単一でフラットな場なのではなく、異なる型の労働力商品化によって支えられる重層的な構造をなしている。この労働力商品化の多型性は、固定的、静態的なものと解されるべきではない。景気循環を通じて、それぞれの型の労働市場は拡大と収縮を繰り返すことになるし、生産方法の革新によって、それに対応する労働市場は解体と再構築を余儀なくされる。また、異なる型の労働市場間の労働者の流出入も絶えず起こりうる。つまり、資本主義的労働市場は、外的変化に対して適応しうるような柔構造をなしているのである。

しかしながら、労働力商品化の型が特有の粘性を有していることもまた否定し難い。その形成に時間がかかるという熟練の性質上、労働過程の変革や労働者の交替は決して円滑には進みえず、また、労働力移動や家族の再編成を伴うような〈再生産〉過程のドラスティックな変化は大きな摩擦を引き起こすことになるからである。[52] このような労働過程と〈再生産〉過程のもつ粘着性が、資本主義に不安定性をもたらすこともまた看過されてはならないのである。

注

（1）　本書では、労働者の生活過程を労働力の再生産過程と呼ぶ伝統的な用語法に差し当たり従うが、われわれの課題から言っても、この表現には二重の意味で問題がある。第一に、労働力の形成を一般商品の生産過程に擬するこの言い方は、労働力商品の特殊性を曖昧化する傾向がある。第二に、労働者の生活過程のすべてを労働力の再生産過程に還元することによって、資本に対して労働力が有する外的性格を見えにくくしてしまう。労働力の再生産過程という表現に潜むこうした問題性に注意を喚起するために、本書ではこの語を〈再生産〉と括弧で括って用いることにする。

(2) 『要綱』段階では「労働力 Arbeitskraft」は用語としては未だ確立しておらず、たんに「労働」と表現されたり、労働の「能力 Fähigkeit」(Gr：196, 218)、「可能性 Möglichkeit」(Gr：196, 218)、「力能 Vermögen」(Gr：214, 218) などと呼ばれたりしている。なお、マルクスの労働力範疇の形成史については、高木 (1974) が詳しい。

(3) 『要綱』と『資本論』の過渡期の著作である『一八六一—六三年草稿』を見れば、対象化されていない労働という捉え方が、一般的定式の矛盾の解決の基礎にあることは明らかである。「対象化された労働に対する唯一の対立物をなすのは、対象化されていない労働、生きた労働である。…既存の価値が価値創造的活動と、対象化された労働が生きた労働と、要するに、貨幣が労働と交換されれば、この交換過程を媒介にして既存の価値が維持され、あるいは増大させられる可能性があるように見える」(Marx 1861-63：30, 訳(4)-四九)。

(4) この問題は、『要綱』や『剰余価値学説史』において、スミスの生産的労働と不生産的労働の区別に関わって繰り返し論じられている。Gr：196-197, 224-228 および Marx (1861-63：438-553, 訳(5)一七〇~三五九) 参照。用役 (サーヴィス) と生産的労働／不生産的労働の関係の論点については、青才 (1977) による明快な整理を参照せよ。

(5) 例えば、マルクスは用役給付について次のように述べている。「靴磨きから国王にいたるまでの、いわゆる用役の階級全体が、〈対象化された労働と生きた労働との交換という〉この範疇に属するのである。自由な日傭取りも同様であって、これは、東洋の共同体組織《ゲマインヴェーゼン》か、あるいは自由な土地所有者からなる西洋の共同体《ゲマインデ》かが…個々の要素にまで分解するところでは、どこでも散見されるものである」(Gr：373)。

(6) 封建的生産様式のもとで用役給付を担っていた「Knechte」(Gr：377) は、資本主義的生産様式における労働者とその自由度において変わるところはない。また、『資本論』第一巻第四章の注40では、資本主義下においても、法令による禁止がない場合には、対象化されていない労働の売買が債務奴隷制という形態に容易に転化しうることが指摘されている (K I：182)。『要綱』でマルクスが述べているように、「変則 Anomalie」であるとは言え、「ブルジョア的生産システムの内部で、奴隷制が個々の地点に存在しうる」(Gr：372) のである。

(7) 『一八六一—六三年草稿』において、マルクスは、リカードの見解——『要綱』段階では自らもこれに従っていた——

に対するS・ベイリーの論難を妥当なものとして認めている。「この〔ベイリーの〕論難でただ一つだけ正しいのは、リカードが資本家に、彼の貨幣で直接に労働を――労働能力の処分権をではなく――買わせている、という点である。労働そのものは、直接には商品ではない」(Marx 1861-63: 42, 訳(4)-七二)。

(8) マルクスが、『資本論』において、資本-賃労働関係を労働の売買とする理解のみを批判しているのか、あるいは、労働の売買という概念自体を放棄するに至ったのかは、必ずしも分明ではない。しかし、次のように述べていることからすれば、後者の可能性が高いように思われる。「とにかく、商品として市場で売られるためには、労働は、売られる前に存在していなければならないであろう。だが、もし労働者が労働に独立の存在を与えることができるとすれば、彼が売るものは商品であって労働ではないということになるであろう」(KⅠ: 558)。

(9) 奴隷制・農奴制の否定を指す第一の意味での自由については、完全に「非所有」規定の影響下にあるとは言い切れないところがある。例えば、「この関係〔対等な商品所持者としての関係〕の持続は、労働力の所有者がつねにただ一定の時間を限ってのみ労働力を売るということを必要とする。なぜならば、もし彼がそれをひとまとめにして一度に売ってしまうならば、彼は自分自身を売ることになり、彼は自由人から奴隷に、商品所持者から商品になってしまうからである」(KⅠ: 182、括弧内引用者)と述べている部分などは、先に見た「非資本」規定における奴隷と労働力の区別を受け継いでいる。

(10) 『資本論』の本源的蓄積論を見ても分かるように、マルクスは、奴隷制・農奴制の解体→小生産の解消→二重の意味で自由な労働者の発生、という歴史的傾向を一面では想定していた。「資本の本源的蓄積、すなわち資本の歴史的生成は、どういうことに帰着するであろうか? それが奴隷や農奴から賃金労働者への直接の転化でないかぎり、つまりたんなる形態変換でないかぎり、それが意味するものは、ただ直接生産者の収奪、すなわち自分の労働にもとづく私有の解消でしかないのである」(KⅠ: 789)。

(11) 「諸形態」におけるマルクスのプルードン批判については、望月(1973: 456-466)が詳しい。

(12) このような歴史認識は、資本主義の生成と没落を所有関係の変容として捉える『資本論』第一巻第二四章第七節「資本主義的蓄積の歴史的傾向」において顕在化している。

(13) マルクスは、ツンフト・同職組合制度の労働者がその用具の所有ゆえに「わざ Kunst」を備えていたことを強調している。「用具を現実に取得してそれを労働手段として使いこなすわざ Kunst は労働者の特殊な熟練として現われるが、それが労働者を用具の所有者として措定するのである」(Gr: 402-403)。逆に言えば、ツンフトの解体は、用具の非所有とともに非熟練化をもたらすと考えられている。「労働用具に対する労働者の所有を前提し、また労働そのものを手工業的な特定の熟練として、所有として(所有の源泉としてだけではなく)前提する、ツンフト諸関係の解体」(Gr: 405)。後で見るように、熟練が生産手段と密接な関係をもっていることは間違いないが、それを所有の問題に解消してしまうことには問題がある。

(14) 古典派賃金論とマルクスの労働力価値規定の連続性については、Dobb (1959: 96-97, 訳一二九~一三一) 参照。

(15) マルクスがリカードと同様に労働者とその家族を「種族 Race」(K I: 186) と表現しているのは、その継承関係を暗に示している。

(16) マルサスの人口論は、「人口は、制限せられなければ、幾何級数的に増加する。生活資料は算術級数的にしか増加しない」(Malthus 1798: 9, 訳三〇) という超歴史的な規定と、賃金の運動を通じて人口が調整されるとする歴史的な規定とから成っている。後者の人口動態論は、マルサスの先行者スミスにも、また、同時代人リカードにも共有されている。この点については、羽鳥 (1972: 379) を参照。

(17) 古典派人口論が労働力の供給論であるとすれば、需要論は賃金基金説である。以下で見るように、マルクスは古典派経済学の労働力供給論を拒否したが、同時に、需要論も明確に批判した。その批判は、『資本論』第一巻第二二章第五節「いわゆる労働財源 Arbeitfonds について」において展開されている。なお、古典派経済学およびマルクスの賃金論の整理としては、馬渡 (1995) が参考になる。

(18) この点について詳しくは、本書第二章〈補論〉を参照。

(19) 「子供の生活手段」規定によって、労働者の子供だけでなく家族全体の生活手段を労働力の価値に含めようとするマルクスの態度は、家族賃金論を唱えるR・トレンズ(リカードの賃金論の原型)を注で肯定的に引用していること (K I: 186) や、次のような機械論における叙述などから読み取ることができる。「労働力の価値は、個々の成年労働者の生活維持に必要な労働時間によって規定されていただけではなく、労働者家族の生活維持に必要な労働時間によっても規定されていた」(K I: 417)。なお、マルクスの労働力商品の価値規定が家族賃金論であるか否かについては、論者によって解釈が分かれる。中川 (1994) および大沢 (1994) を参照。

(20) 生活資料から労働力への循環が「異質的に中断せられる」(宇野 1952: 497) として、労働力の〈再生産〉過程における断絶を強調した宇野弘蔵は、後年、次のように述べたことで、第一の方向に大きく舵をきったように思われる。「われわれは、すでに労働者人口の絶対的増加をその自然増殖のうちに予定し、賃銀は後継者の養育費を含むものとしている。

どうようにしてまたこれらの過剰人口も現役労働者の賃銀によって生存するものとしてよいのではないか。強いて考えれば、好況期中に動員された労働者の家族員の中から不況期の失業者を出し、就業者の賃銀によって失業者も生活するということになる（宇野・梅本 1976：221）。この点については長原（2008：177–178）を参照されたい。また、一九五〇―五二年の『経済原論』（旧『原論』）では、マルクスの第二の態度を示す相対的過剰人口の種々の存在形態を本文中で説いていたのに対し、一九六四年の『経済原論』（新『原論』）では、それをたんなる例解として補注に落としたことは、右の変化を先取りしているように思われる。

(21) 資本主義的人口法則を提示することによって、マルクスは、「抽象的な人口法則」における歴史性の欠如を批判していたはずである。「労働者人口は、それ自身が生み出す資本蓄積につれて、ますます大量にそれ自身の相対的過剰化の手段を生み出すのである。これこそは、資本主義的生産様式に特有な人口法則なのであって、じっさい、どの特殊な歴史的生産様式にも、それぞれ特殊な歴史的に妥当する人口法則があるのである。抽象的な人口法則というものは、ただ動植物にとって、人間が歴史的に干渉しないかぎりで、存在するだけである」（K I：660）。さらに言えば、労働力商品の価値規定に「子供の生活手段」を含めることは、資本側の論理としても無理がある。個別資本レヴェルに立った場合、労働者階級全体を維持・再生産することは目的となりえないし、また、個別労働者に対してもその家族の養育費を支払う必然性はない。労働者種族の永久化は、「抽象的な人口法則」として前提しうるものでもなければ、資本によって保証されるものでもない。マルサスが考えたように、賃金水準の運動によって、人口動態を決定することはできないのであり、その意味で、労働力の〈再生産〉過程は資本にとっての絶対的な外部をなしているのである。この点に関連して、ブリュノフが、資本はその本性上、労働力の〈再生産〉過程に対する責任を回避する傾向があると述べていることは興味深い。「労働力の価値が、就業している労働者の生存必需品だけではなく、失業中や病気中の維持費や自立前の子供の維持費を含むとするならば、直接賃金［資本が現役労働者に対し直接支払う賃金］はこの価値より低くなるだろう。というのは、資本は自らの価値増殖を必然的に優先するのであって、労働力の再生産を必要としているにもかかわらず、資本はそれに対する責任を完全には引き受けないからである」（Brunhoff 1978：12）。

(22) C・メイヤスーは、『資本論』の世界が次のような二つの仮定に従って機能する「完全な資本主義のモデル」であることを指摘している。「1　すべての生産物――生活資料を含めて――が商品、すなわち市場以外の場では獲得することができない財であるということ、2　資本主義の発展が内生的であり、本源的蓄積という初期の段階以後は、その外部から無償の支持を受けることはないということ」（Meillassoux 1975：151, 訳一七〇）。メイヤスーは、マルクスのこの仮定が

「矛盾」を引き起こすとして、資本によって支払われる直接賃金に加えて、間接賃金という範疇を導入する必要性を説く。その問題提起は示唆的であるが、間接賃金が「社会化された一つの機構 un organisme socialisé を通じて、再配分される」(Meillassoux 1975：155, 訳一七三) と言うとき、メイヤスーもまたマルクスとは別の還元論に陥っているように思われる。

(23) これにはマルクスのいわゆる「貯蓄金庫 Sparkasse」(Gr：208)、すなわち、労働者の貯蓄が含まれうる。

(24) 「ブルジョア社会そのものでは、人身的用役給付――料理・裁縫等々、庭仕事等々のような個人的消費の労働もそうであるが、さらに役人、医師、弁護士、学者、等々のような不生産的諸階級の全体にいたるまでの――と収入とのいっさいが、〔生きた労働と収入としての貨幣の交換という〕この部類、この範疇に入れられるべきである」(Gr：376)。

(25) 「大工業の諸部面で異常に高められた生産力は、じっさいまた、他のすべての生産部面で内包的にも外延的にも高められた労働力の搾取をともなって、労働者階級のますます大きい部分を不生産的に使用することを可能にし、したがってまたことに昔の家内奴隷を召使とか下女とか従僕とかいうような「僕婢階級」という名でますます大量に再生産することを可能にする」(K I：469)。

(26) この意味で、H・ブレイヴァマンの「普遍的市場」(Braverman 1974：chap. 13) に関する叙述は、資本主義の発展に伴って、市場が家族や共同体を解体していく傾向を過度に一般化しているように思われる。ブレイヴァマンのこの見解についての批判としては Beechey (1987：76-81, 訳九四～一〇〇) を参照。

(27) ここでは、「養成費」「修業費」を労働者本人に関わるものとして論を進めている。もっとも、マルクスが、『一八六一―六三年の草稿』で次のように述べていることからすれば、「修業費」は労働者の子供にかかる費用と解するべきかもしれない。その場合には、「子供の生活手段」に対する先の批判が向けられよう。「修業費――労働者の天性を特定の労働部門における能力および熟練として発達させるのに必要なもろもろの支出――は、いずれにしても、労働者が彼の子供たち、彼の補充人員を労働能力に引き込むために必要な生活手段のなかに含まれている。それは、労働者が労働者として繁殖するために必要な生活手段のうちに入るのである」(Marx 1861-63：38, 訳六二～六三)。

(28) 小幡道昭はその不確定性ゆえに修業費が流通費用と類似した性格をもつことを指摘している。「問題は、その選んだ型づけ〔技能習得〕が完了した時点で、それが産業雇用の隙間にうまく嵌るかどうかが、けっきょくわからないところにある。その意味で、いわゆる「修業費」は「技能」の生産のためのコストというよりも、販売のための経費とみるほうが妥当な面さえもっている」(小幡 1990：27)。

(29) 『要綱』においては、この点がより明確に述べられている。「〔再生産の行為によって〕生産者たちも変化していくのであって、彼らは、自分のなかから新たな資質を開発し、生産することによって自分自身を発達させ、改造し、新たな諸力と新たな諸観念を造りだし、新たな交通諸様式、新たな諸欲求、新たな言語を生み出していくのである」（Gr：398）。

(30) マルクスは、機械生産のもとで労働過程の二契機が分離する事態を「生産過程の精神的力能が手労働から分離する」（K I：446）と言い表わしている。もっとも、この表現には、注40で指摘するブレイヴァマンの「構想と実行の分離」と同様の問題が含まれていることに注意しておく必要がある。

(31) 以上のような理由から、われわれは熟練を知的な熟練と肉体的な熟練とに二分するのではなく、あらゆる熟練が本源的に知的な性格を有するという理解から出発する。この点について、中岡哲郎は、労働過程における「判断」というポイントに着目することで、熟練の知的性格に関するすぐれた分析を提供している。中岡（1971：97-103）参照。また、この熟練の知的性格は、今日のいわゆる認知資本主義を分析するにあたってもきわめて重要な論点をなす。認知資本主義については、Vercellone（2007）を参照。

(32) その意味で、労働過程を労働力の消費過程とし、労働過程の外部の生活過程を労働力の〈再生産〉過程とするような機械的な切り分けは適切とは言えない。内山節は、「消費された肉体的能力は、労働のなかでは再生産されない（それは休息-生活によって再生産される）が、精神的能力は、労働自身によって再び再生産される」という理解から、「労働を、労働能力の消費-再生産過程として規定する」（内山 1984：55）という立場を表明している。

(33) F・W・テイラーによる金属切削の科学的研究は、一見単純そうに見える労働でさえも複数の判断の複雑な組み合わせから成り立っていることを明らかにしている。テイラーの研究結果によれば、(1)機械の切削速度をどのくらいにすればよいか、(2)送り feed 速度をそう設定すればよいか、という二つの問題に答えるためには、一二の独立した変数の影響を決定し、複雑な数学的問題を解かねばならない。テイラーはこの問題の解答に得るのに二六年もの歳月を要したのである。Taylor（1911：104-115，訳一二三～一三四）参照。

(34) マルクスは、同一労働の反復がもたらす効果を次のように指摘している。「限られた同じ行為の不断の反復と、この限られたものへの注意の集中とは、経験によって、目指す有用効果を最小の力の消耗で達成することを教える」（K I：359）。

(35) マルクスは、見事な綿織物を生産するインドの織物業がヨーロッパに比べて遥かに簡単な構造の織機を使っていることを伝える文章を引用したうえで、「このようなインドの織り手はマニュファクチュア労働者の多くに比べれば非常に複雑な労働をしている」（KⅠ：360）と指摘している。機械の未熟さが操作の複雑性を要請することの好例であろう。また、中岡も鉱石の溶解作業の例を挙げ、装置の欠陥、不完全さが熟練を発生させることを指摘している。「『技術』の到達水準からくるものも、設計者の能力からくるものも、その他の理由によるものも含めて、装置の欠陥、不完全さ（工程の要求するものに対する）のすべてをカバーして工程を円滑に進行させることが作業員の仕事である」（中岡 1971：87）。

(36) 次のように述べるマルクスはこの点を十分に認識していたはずである。「人類の文化の発端で、狩猟民族の間で、またおそらくインドの共同体《ゲマインヴェーゼン》の農業で、支配的に行なわれているのが見られるような、労働過程での協業は、一面では生産条件の共有に基づいており、他面では個々の蜜蜂が巣から離れていないように個々の個人が種族や共同体の臍帯からまだ離れていないことに基づいている」（KⅠ：353-354）。

(37) 中岡は、共同作業のなかにサッカーやバスケットボールのような集団競技に似た「チームとしての熟練」（中岡 1971：80-81）を見出している。

(38) マルクスは協業の第四の要素を示す例として、デスチュト・ド・トラシの次のような叙述を引用している。「ある複雑な労働を実行しようとする場合には、いくつものことを同時にしなければならない。一方の人が一つのことをしている間に別の一人は別なことをし、こうして、皆が、一人だけでは生み出せないような結果に寄与するのである。一人が漕いでいる間に別の一人は舵をとり、第三の一人は網を投げたり、銛で魚をとったりし、こうして漁業は、このような協力なしには不可能であろうような成果をあげるのである」（KⅠ：347）。

(39) マルクスが第一一章「協業」に続く第一二章において「分業とマニュファクチュア」を論じていることからすれば、分業性を協業の一要因として扱うことは奇異に感じられるかもしれない。しかし、分業性は、マニュファクチュアに固有のものではなく、共同労働一般に含まれる要素である。マルクス自身も協業を次のように定義している。「同じ生産過程で、または同じではないが関連のあるいくつかの生産過程で、多くの人々が計画的にいっしょに協力して労働するという労働の形態を、協業という」（KⅠ：344、強調引用者）。マルクスよれば、マニュファクチュア的分業は協業の一形態として位置づけられるのである。「この分業〔マニュファクチュア的分業〕は、協業の一つの特殊な種類なのであって、その利点の多くは協業の一般的な本質から生ずるのであり、協業のこの特殊な形態から生ずるのではないのである」（KⅠ：359）。

(40) この意味で、ブレイヴァマンのいわゆる「構想と実行の分離」にはミスリーディングな面が少なからずある。「人間においては動物と異なり、労働の原動力と労働それ自体との統一は、切断不可能ではない。構想と実行との統一は分解されうる。いぜんとして構想は、実行に先立ち、実行を規制しなくてはならなが、しかし、ある者が構想した観念を他の者が実行に移すということは可能である」（Braverman 1974：50–51, 訳五五）。ブレイヴァマンは、構想を熟練の発揮される場であると捉えるのであるが、そうであれば、実行と構想を完全に分離しうるかのようなこの叙述は、構想が実行から外化されれば、労働者は直ちに不熟練化するという極端な理解に結びつきかねない。

(41) 本書では、労働過程において形成される熟練と労働過程の外部で習得される熟練とを並列的に理解する通説には敢えて従わない。この点については、本節(2)(c)も参照のこと。

(42) その意味で、熟練にこそ労働者の身体性あるいは労働力商品の物質性が集約的に現れているのであるが、この点は従来あまりに軽視されていたように思われる。資本主義における物質性《マテリアリティ》の問題については、本書間奏IIも参照。

(43) 前貸問屋制や内部請負制における労働者の自立性は、生産手段（の一部）や組織力を労働者が所有していたことによるところが大きい。Braverman（1974：60–66, 訳六六～七二）とMarglin（1974）はともに、問屋制のもとでの労働者の自立性の根拠を、労働者を集中させる組織力を資本が欠いていたために労働過程の統制が困難であった点に求めている。また、鈴木（1999：156–174）は、問屋制における労働者の非集中に加えて問屋制と請負制に共通する熟練の存在が資本家の統制を妨げていたとしたうえで、問屋制と請負制を労働の売買から労働力の売買への過渡的形態として位置づけている。

(44) 内山は、職人労働の特徴を「第一に労働の質が労働自体をとおして経験的に伝達、習得されたものであり、第二に生産全体をみわたすことのできる労働であり、第三にどこの場所でも使用できる普通性をもった労働である」（内山 1982：91）と規定している。第一の特質は、熟練全般に当てはまるが、第二、第三の特徴は、横の熟練を意味している。さらに、内山は、明治期における横須賀製鉄所の職人養成制度についての興味深い事実を指摘している。「横須賀製鉄所の場合、それが職人の養成であったために、職工の定着率は低かった。政府は一定の年季を定めたりして職人の移動を禁じようとしたが、職工の側は、多少の技術を手にすると、ただちに賃金や労働条件の良い職場に移ってしまった」（内山 1982：43）。

(45) このような成果と結びついた賃金制度のもとでは、労働力商品化は、労働を売るような外観をもつことになる。宇野編（1967：290–291）では、「特定の仕事をする職人」は労働力を売るのではなく、労働を売るものし、その価値について、「労働力の売買のような明確な法則性は規定しえない」と述べられている。もっとも、宇野の場合、労働の売買と労働力の売買との相違を熟練から捉えるという問題意識は希薄であり、資本家に雇われるか否かという点が専ら重視されている。これは、宇野が、資本主義においては、不熟練化が一方的に進行すると捉えていたことによる。

(46) マルクスは、部分工程に固定された労働者が、横の熟練を喪失する一方で、縦の熟練を深化させる様子を、マニュファクチュアに即して次のように描いている。「ただ馬車の製造だけに従事している指物工や錠前工や真鍮工などは、自分の従来の手工業をその全範囲にわたって営む習慣といっしょに、そうする能力をもだんだん失ってくる。他方、彼の一面化された動作は、いまでは、その狭められた活動範囲のための最も合目的的な形態を与えられる」(K I : 356)。

(47) 以下の説明は、好況期における可変資本の拡大を念頭におくと分かりよい。相互依存型労働市場では、労働者のもつ熟練の性質ゆえに、可変資本は、従業労働者数の増加ではなく、個別労働者の労働時間の延長によって拡大される傾向があるからである。このような見方に立てば、労働力の価値が景気循環を通じて決定されるとする従来の見解についても別の解釈が可能になると展望される。

(48) マルクスは協業についてであるが、労働者の数が資本の大きさによって規制される関係を指摘している。「協業する労働者の数、または協業の規模は、まず第一に、一人の資本家が労働力の買い入れに投ずることのできる資本の大きさによって、すなわち、一人一人の資本家が多数の労働者の生活手段を自由に処分しうる程度によって、定まるのである。／そして、不変資本についても可変資本の場合と同じことである」(K I : 349)。

(49) マルクスは絶えざる過剰人口を眼前にした資本家が個別労働者を顧慮しない様子を次のように描写している。「われ亡きあとに洪水はきたれ！　これが、すべての資本家、すべての資本家国の標語なのである。だから、資本は、労働者の健康や寿命には、社会によって顧慮を強制されないかぎり、顧慮を払わないのである」(K I : 285-286)。

(50) 産業予備軍の存在が労働者間の競争を激化させ、結果として就業労働者の過度労働がもたらされる事情をマルクスは次のように述べている。「労働者階級の就業部分の過度労働はその予備軍の隊列を膨張させるが、この予備軍がその競争によって就業部分に加える圧力の増大は、また逆に就業部分に過度労働や資本の命令への屈従を強制するのである」(K I : 665)。

(51) 芳賀健一は、従来看過されてきた労働者の生活過程のなかの生活時間という要因に着目しつつ、「労働者にとって、資本家のもとで一定時間の労働に服することは、それだけ自己の「余暇」時間が削減されることを意味している」(芳賀 1988 : 58) と述べている。重要な指摘であるが、本書の課題からすれば、生活時間は「余暇」だけに限定されるものではなく、そこには広い意味での労働が含まれていると解すべきであろう。

(52) 労働過程と〈再生産〉過程の粘着性が物象化されることによってイデオロギーが形成される側面もまた無視することはできない。このようなイデオロギーは両過程の粘性によって作り出されると同時に、その粘度をさらに強める効果をもつ。

熟練を、たんなる「客観的（技術的）構成物」としてでなく、「主観的（社会的）構成物」として捉える立場が生まれるのはこのためであるが、熟練が仕事の内容にまったく依存しないと理解する——社会構築論の「強い」ヴァージョン——のも行き過ぎであろう。Sturdy（1992：3-4）参照。

あとがき

本書は、二〇〇六年三月に東京大学大学院経済学研究科に提出した博士論文「流通論の展開——余剰の政治経済学」を大幅に加筆修正したものである。そのもととなった論文は次の通りである。

(1)「貨幣機能の二重構造——価値尺度と流通手段」『経済学研究（東京大学院）』第四三号、二〇〇一年。
(2)「蓄蔵貨幣の形成と資本の運動」『経済理論学会年報』第三八集、二〇〇一年。
(3)「貨幣と市場」佐藤良一編『市場経済の神話とその変革——〈社会的なこと〉の復権』法政大学出版局、二〇〇三年。
(4)「労働力商品化の多型性——労働過程・労働市場・〈再生産〉過程」『経済学論集（東京大学）』第七〇巻第四号、二〇〇五年。

(1)は本書第三章、(2)(3)は第四章、(4)は第五章にそれぞれ相当する。第一章は博論提出後に独立の論文として発表した。

(5)「市場像の源流——交換を巡る考察の系譜」『香川大学経済論叢』第七九号第四号、二〇〇七号。

本書第二章は未発表である。また、間奏IおよびIIは博論には含まれていなかったが、章間を節合articulateする役割を果たすと考え、若干の修正のうえ、本書に再録することとした。それぞれのもととなった論文は次の通りである。

(6)「貨幣のイデオロギー」『情況』第三期第二号、二〇〇〇年。
(7)「資本主義のマテリアリティ」『現代思想』第三二巻第五号、二〇〇四年。

ここで、本書の出版に至るまでお世話になった方々に謝辞を申し上げたい。
小幡道昭先生からは、文字通り経済原論のイロハから訓練disciplineを受けた。本書が原論の研究書として読むに耐えうるものとなっているとすれば、それは一重に先生のご指導のお蔭である。伊藤誠先生からいただいた厳しくも温かい言葉はいまでも忘れられない。柴田徳太郎、丸山真人、青才高志、竹野内真樹の各先生には、博士論文の審査の労をお取りいただいたほか、大学院ゼミ等でも沢山のことを学ばせていただいた。学部時代(東北大学)の恩師、柴田伸也先生から最初に『資本論』の読み方を手解きしていただいたのが私の研究の原点である。芳賀健一、佐藤良一の両先生には、研究会等で、本書のもとになった論文に対し、多くの有益なコメントをいただいた。

大学院時代の、多くの仲間たちと自由闊達に討議できる環境がいかに得難いものであったか、いま痛感させられている。佐藤隆、足立眞理子の両氏とは、現在でも一緒に研究会を開く間柄ではあるが、本郷の大学院研究室の匂い(当時は喫煙可であった)とともにあの頃の議論が時折懐かしく思い出される。

Ken C. Kawashima、Gavin Walker、絓秀実、鎌田哲哉、大澤信亮、中島一夫、故古谷真人の各氏との出会いの痕跡が本書には刻まれている。

長原豊氏には出版社との仲介の労を取っていただいただけでなく、大学院在籍時から現在に至るまで、研究上の助言をいただいている。本書では十分に示すことができなかったが、氏の研究から受けた影響は計り知れない。

本書の出版に際し、お世話になった日本経済評論社の清達二氏にお礼を申し上げる。

最後に、私事で恐縮であるが、妻、沖美穂と息子、沖真之にも礼を述べたい。本書の完成のために、二人には心ならずもシャドウ・ワークと忍耐を強いることになった。

幼くして亡くなった息子、沖理太郎に本書を捧げる。

[著者紹介]

沖《おき》　公《こう》祐《すけ》

香川大学経済学部准教授．1971年広島県生まれ．東北大学経済学部卒業．東京大学大学院経済学研究科博士課程修了．博士（経済学）．東京大学大学院経済学研究科助手，香川大学経済学部講師を経て現職．著作に『金融システムの変容と危機』（共著，御茶の水書房，2004年），『政治経済学の政治哲学的復権――理論の理論的〈臨界-外部〉にむけて』（共著，法政大学出版局，2011年），'Outside as Betweenness-Encounter : An Introduction to the Political Economy of Excess', *Journal of International Economic Studies*, 26, 2012. など，訳書にC. ドゥーズィナス，S. ジジェク編『共産主義の理念』（共訳，水声社，2012年）などがある．

余剰の政治経済学　　［香川大学経済研究叢書 23］

2012年 7 月25日　第1刷発行

定価（本体3600円＋税）

著　者　沖　　公　祐

発行者　栗　原　哲　也

発行所　株式会社 日本経済評論社

〒101-0051 東京都千代田区神田神保町 3-2
電話 03-3230-1661　FAX 03-3265-2993
E-mail: info8188@nikkeihyo.co.jp
振替 00130-3-157198

装丁＊渡辺美知子　　中央印刷・高地製本

落丁本・乱丁本はお取替えいたします　Printed in Japan

ISBN 978-4-8188-2227-6

事項索引

［ア行］

［カ行］

［サ行］

［タ行］

［ナ行］

［ハ行］

［マ行］

［ヤ行］

［ラ行］

人名索引

（マルクス，K.（Marx, Karl）は，本書全体で頻出するため，人名索引からは省いた）

［ア行］

アドルノ，T.W.（Adorno, Theodor W.）109, 114
アリストテレス（Aristoteles） 27, 30–31
アルチュセール，L.（Althusser, Louis）108, 110–111, 113, 139–140, 155
イーグルトン，T.（Eagleton, Terry） 114, 139
イェルムスレウ，L.（Hjelmslev, Louis）98, 142, 156
イグナティエフ，M.（Ignatieff, Michael）35
伊藤誠 42, 67
岩田弘 138
内田義彦 32, 33, 68
内山節 202, 204
宇野弘蔵 iv, 27–30, 36, 38, 41, 42, 69, 71–72, 73, 85–86, 135, 199–200, 204
エルスター，J.（Elster, Jon） 37
エンゲルス，F.（Engels, Friedrich） 67
大内力 33, 42, 97
大内秀明 42
大島雄一 42, 138
大塚久雄 42
小幡道昭 72, 74, 99, 134, 137, 201

［カ行］

ガタリ，F.（Guattari, Félix） 158
カントロヴィッチ，E.H.（Kantorowicz, Ernst H.） 112, 157
グー，J.-J.（Goux Jean-Joseph） 97
クリプキ，S.A.（Kripke, Saul A.） 113, 143, 156
久留間鮫蔵 70, 71–72, 95
ケインズ，J.M.（Keynes, John Maynard）38, 135
小林昇 32, 35–36

［サ行］

サーリンズ，M.（Sahlins, Marchall） 67, 68
坂本達哉 39
佐藤金三郎 37, 38, 41
ジジェク，S.（Žižek, Slavoj） 112, 113
ジンメル，G.（Simmel, Georg） 92, 98
絓秀実 112
スコット，J.C.（Scott, James C.） 70
ステュアート，J.（Steuart, James） 3–4, 32, 97, 156
スピヴァク，G.C.（Spivak, Gayatri Chakravorty） 97, 156
スミス，A.（Smith, Adam） 1–2, 9–16, 32–33, 34, 35–36, 44–47, 68, 70, 174, 179–180
スラッファ，P.（Sraffa, Piero） 64, 74
ソシュール，F. ド（Saussure, Ferdinand de） 112, 156

［タ行］

高須賀義博 36, 72–73
侘美光彦 42
玉野井芳郎 33, 66
テイラー，F.W.（Taylor, Frederick W.）202
デリダ，J.（Derrida, Jacque） 96, 155, 157
ドゥルーズ，G.（Deleuze, Gilles） 158

［ナ行］

中岡哲郎 202, 203
中野正 95, 96
長原豊 158, 200
ニーチェ，F.（Nietzshe, Friedrich） 68

[ハ行]

ハーシュマン，A.O.（Hirschman, Albert O.） 35
ハイエク，F.A.（Hayek, Friedrich A.） 135-136
羽鳥卓也 40, 199
ヒックス，J.（Hicks, John） 136
ヒューム，D.（Hume, David） 3, 8-9, 11-13, 23-25, 32, 34, 38-39, 40-41
平田清明 37, 69
廣松渉 65, 135
フランケル，S.H.（Frankel, Sally Herbert） 98
ブリュノフ，S. ド（Brunhoff, Suzanne de） 136, 200
プルードン，P.-J.（Proudhon, Pierre-Joseph） 156, 171
ブレイヴァマン，H.（Braverman, Harry） 201, 203-204
ブレナー，R.（Brenner, Robert） 53-55, 69-70
ヘラー，A.（Heller, Agnes） 37
ホッブズ，T.（Hobbes, Thomas） 6, 31, 49
ポラニー，K.（Polanyi, Karl） 30-31
ホランダー，S.（Hollander, Samuel） 34
ホワイト，H.（White, Hayden） 102-105, 112-113
ホント，I.（Hont, Istvan） 35

[マ行]

マクファーソン，C.B.（Macpherson, Crawford Brough） 40
マルサス，T.R.（Malthus, Thomas Robert） 12, 174, 199
馬渡尚憲 72, 96, 155, 199
マン，T.（Mun, Thomas） 46, 66
マンデヴィル，B.（Mandeville, Bernard） 5, 31
メイヤスー，C.（Meilassoux, Claude） 200-201
メンガー，C.（Mengar, Carl） 134
モース，M.（Mauss, Marcel） 68
望月清司 42, 68, 69, 198
森田桐郎 34, 69

[ヤ行]

安富歩 73, 134
山口重克 96
行沢健三 99, 134

[ラ行]

ラカン，J.（Lacan, Jacques） 112
リカード，D.（Ricardo, David） 66, 137, 174, 198-199
ルーマン，N.（Luhmann, Niklas） 98-99
ルソー，J.-J.（Rousseau, Jean-Jacques） 6, 31
ロック，J.（Locke, John） 2-3, 6, 7-9, 11-13, 23-27, 31, 32, 39-40

文献一覧

Adorno, Theodor W., [1966] 1970, *Negative Dialektik*, in *Gesammelte Schriften*, Band 6, Frankfurt am Main : Suhrkamp Verlag.（＝1996，木田元ほか訳『否定弁証法』作品社）

Althusser, Louis, [1970] 1995, 'Idéologie et appareils idéologiques d'État', in *Sur la reproduction*, Paris : Presses Universitaires de France.（西川長夫ほか訳『再生産について』平凡社，所収）

———, et al., [1965] 1970-73, *Lire le Capital*, I, II, III, IV, petite collection maspero, Paris : Francois Maspero.（＝1996-97，今村仁司訳『資本論を読む』(上)(中)(下)，ちくま学芸文庫）

Aston, Trevor H., and Charles H. E. Philpin eds., 1985, *The Brenner Debate : Agrarian Class Structure and Economic Development in Pre-Industrial Europe*, Cambridge : Cambridge University Press.

Balibar, Etienne, 1994, 'In Search of the Proletariat : The Notion of Class Politics in Marx', in *Masses, Classes, Ideas*, London ; New York : Routledge.

Beechey, Veronica, 1987, *Unequal Work*, London : Verso.（＝1993，高島道枝・安川悦子訳『現代フェミニズムと労働――女性労働と差別』中央大学出版部）

Berry, Christopher J., 1994, *The Idea of Luxury : A Conceptual and Historical Investigation*, Cambridge : Cambridge University Press.

Braudel, Fernand, 1966, *La Méditerranée et le monde méditerranéen à l'époque de Philippe II*, I, II, Paris : Armand Colin.（＝1991-1994，浜名優美訳『地中海』I～V，藤原書店）

Braverman, Harry, 1974, *Labor and Monopoly Capital : The Degradation of Work in the Twenty Century*, New York : Monthly Review Press.（＝1978，富沢賢治訳『労働と独占資本』岩波書店）

Brenner, Robert, 2007, 'Property and Progress : Where Adam Smith Went Wrong', in Ch. Wickham ed., *Marxist History-writing for the Twenty-first Century*, Oxford : Oxford University Press.

Brunhoff, Suzanne de, 1973, *La monnaie chez Marx*, 2e éd., Paris : Éditions socials.（＝1979，河合正修訳・西村閑也監訳『マルクス金融論』日本経済評論社）

———, 1978, *The State, Capital and Economic Policy*, trans. by M. Sonenscher, London : Pluto Press.

Butler, Judith, 1993, *Bodies That Matter : On the Discursive Limits of "Sex"*,

London ; New York : Routledge.
Deleuze, Gilles, et Félix Guattari, 1980, *Mille plateau : Capitalisme et schizophrénie*, Paris : Les Editions de Minuit.（=2010, 宇野邦一ほか訳『千のプラトー――資本主義と分裂症』(上)(中)(下), 河出文庫)
Derrida, Jacque, 1967, *La voix et le phênomèna : Introduction au problèm du signe dans la phénoménology de Husserl*, Paris : Presses Universitaires de France.（=1970, 高橋允昭訳『声と現象――フッサール現象学における記号の問題への序論』理想社)
――――, 1972, *Positions*, Paris : Les Editions de Minuit.（=1988, 高橋允昭訳『ポジシオン』青土社)
――――, 1994, *Specters of Marx : The State of the Debt, the Work of Mourning, and the New International*, trans by P. Kamuf, London ; New York : Routledge.（=2007, 増田一夫訳『マルクスの亡霊たち』藤原書店)
Dobb, Maurice H., 1959, *Wages*, rev. and reset, London : J. Nisbet.（=1975, 氏原正治郎訳『賃金論』新評論)
Eagleton, Terry, 1991, *Ideology : An Introduction*, London : Verso.（=1999, 大橋洋一訳『イデオロギーとは何か』平凡社ライブラリー)
Elster, Jon, 1985, *Making Sense of Marx*, Cambridge : Cambridge University Press.
Foley, Duncan K., 1983, 'On the Marx's Theory of Money', *Social Concept*, 1(1).
Frankel, Sally Herbert, 1977, *Money : Two Philosophies*, Oxford : Basil Blackwell.（=1984, 吉沢英成監訳『貨幣の哲学――信頼と権力の葛藤』文眞堂)
Freeman, Alan and Guglielmo Carchedi eds., 1996, *Marx and Non-Equilibrium Economics*, Cheltenham ; Brookfield : Edward Elgar.
Goux, Jean-Joseph, 2001, 'Ideality, Symbolicity, and Reality in Postmodern Capitalism', in S. Cullenberg et al. eds., *Postmodernism, Economics and Knowledge*, London : Routledge.（=2007, 沖公祐訳「ポストモダン資本主義における観念性, 象徴性, 現実性」長原豊監訳『経済学と知――ポスト/モダン・合理性・フェミニズム・贈与』御茶の水書房)
Hayek, Friedrich A., 1978, *Denationalisation of Money*, 2nd ed., London : The Institute of Economic Affairs.（=1988, 川口慎二訳『貨幣発行自由化論』東洋経済新報社)
Heidegger, Martin, [1927] 1977, *Sein und Zeit,* in *Heidegger Gesamtausgabe*, I-2, Frankfurt am Main : Klostermann.（=1994, 細谷貞雄訳『存在と時間』ちくま学芸文庫)
Heller, Agnes, 1976, *Theorie der Bedürfnisse bei Marx*, Westberlin : Verlag für das Studium der Arbeiterbewegung.（=1982, 良知力・小箕俊介訳『マルクスの欲求理論』法政大学出版局)

Hicks, John, 1969, *A Market Theory of Money*, Oxford : Clarendon Press.（=1993, 花輪俊哉・小川英治訳『貨幣と市場経済』東洋経済新報社）

Hirschman, Albert O., 1977, *The Passions and the Interest : Political Arguments for Capitalism before its Triumph*, Princeton : Princeton University Press.（=1985, 佐々木毅・旦祐介訳『情念の政治経済学』法政大学出版局）

Hjelmslev, Louis, 1943, *Omkring Sprogteoriens Grundlæggelse*, Copenhagen : Ejnar Munksgaard.（=1985, 竹内孝次訳『言語理論の確立をめぐって』岩波書店）

Hobbes, Thomas, [1642] 1998, *On the Citizen* [*De Cive*], trans. by R. Tuck and M. Silverthorne, Cambridge : Cambridge University Press.（=2008, 本田裕志訳『市民論』京都大学学術出版会）

————, [1651] 1996, *Leviathan*, Revised student edition, edited by R Tuck, Cambridge : Cambridge University Press.（=1992/1982, 水田洋訳『リヴァイアサン』(1)〜(4), 岩波文庫）

Hollander, Samuel, 1973, *The Economics of Adam Smith*, Toronto ; Buffalo : University of Toronto Press.（=1976, 小林昇監訳『アダム・スミスの経済学』東洋経済新報社）

Hont, Istvan and Michael Ignatieff eds., 1983, *Wealth and Virtue : the Shaping of Political Economy in the Scottish Enlightenment*, Cambridge : Cambridge University Press.（=1990, 水田洋・杉山忠平監訳『富と徳——スコットランド啓蒙における経済学の形成』未來社）

Hume, David, [1752] 1996, *Political Discourses*, in *The Philosophical Works of David Hume*, vol. III, edited by T.H. Green and T.H. Grose, Reprint of the 1854 ed., Bristol : Thoemmes Press.（=1983, 田中敏弘訳『ヒューム政治経済論集』御茶の水書房）

Illich, Ivan, 1992, 'Needs', in W. Sachs ed., *The Development Dictionary*, London : Zed Books.（=1996, 三浦清隆ほか訳『脱「開発」の時代』晶文社, 所収）

Iwai, Katsuhito, 1996, 'The Bootstrap Theory of Money : A Search-theoretic Foundation of Monetary Economics', *Structural Change and Economic Dynamics*, 7.

Jakobson, Roman, 1963, *Essais de linguistique générale*, Paris : Éditions de Minuit.（=1973, 川本茂雄監修・田村すゞ子ほか訳『一般言語学』みすず書房）

Jevons, William S., [1875] 1923, *Money and the Mechanism of Exchange*, 25th ed., London : Kegan Paul, Trench, Trubner.（=1893, 大島貞益訳『貨幣説』経済雑誌社）

Kantorowicz, Ernst H., 1957, *The King's Two Bodies : A Study in Mediaeval Political Theology*, Princeton : Princeton University Press.（=1992, 小林公訳『王の二つの身体——中世政治神学研究』平凡社）

Keynes, John Maynard, [1936] 1973, *The General Theory of Employment, Interest and Money*, in *The Collected Writings of John Maynard Keynes*, vol. VII, London : Macmillan.（＝1983，塩野谷祐一訳『雇用・利子および貨幣の一般理論』（ケインズ全集第7巻）東洋経済新報社）

Kojéve, Alexandre, 1947, *Introduction à la lecture de Hegel, Leçons sur la phenomenology de l'esprit, professes de 1933 à 1939 à l'École de Hautes-Études, reunites et publiées par Raymond Queneau*, Paris : Gallimard.（＝1987，上妻精・今野雅方訳『ヘーゲル読解入門――『精神現象学』を読む』国文社）

Kripke, Saul A., 1980, *Naming and Necessity*, Cambridge : Harvard University Press.（＝八木沢敬・野家啓一訳『名指しと必然性――様相の形而上学と心身問題』産業図書）

Lacan, Jacques, 1981, *Le Séminaire, Livre III : Psychoses*, Texte établi par J.-A. Miller, Paris : Éditions du Seuil.（＝1987，小出浩之ほか訳『精神病』（上）（下）岩波書店）

Lavoie, Don, 1983, 'Some Strengths in Marx's Disequilibrium Theory of Money', *Cambridge Journal of Economics*, 7(1).

Leiss, William, 1976, *Limits to Satisfaction : An Essay on the Problem of Needs and Commodities*, Toronto : University of Toronto Press.（＝1987，阿部照男訳『満足の限界――必要と商品についての考察』新評論）

Locke, John, [1689] 1993, *Two Treatise of Government*, edited by M. Goldie, London : Everyman.（＝2007，加藤節訳『統治二論』岩波書店）

Luhmann, Niklas, 1973, *Vertrauen : Ein Mechanismus der Reduktion sozialer Komplexität*, 2. Aufl., Stuttgart : Ferdinand Enke Verlag.（＝1990，大庭健・正村俊之訳『信頼――社会的な複雑性の縮減メカニズム』勁草書房）

Luxemburg, Rosa, [1913] 1975, *Die Akkumulation des Kapitals : Ein Beitrag zur ökonomishen Erklärung des Imperialismus*, in *Rosa Luxemburg Gesammelte Werke*, Band 5, Berlin : Dietz Verlag.（＝2001，太田哲男『新訳増補 資本蓄積論（第三編）』同時代社）

Macpherson, Crawford Brough, 1962, *The Political Theory of Possessive Individualism : Hobbes to Locke*, Oxford : Clarendon Press.（＝1980，藤野渉ほか訳『所有的個人主義の政治理論』合同出版）

Malabou, Catherine, 1990, 'Economie de le violence, violence de l'économie (Derrida et Marx)', in *Revue philosophique de la France et de l'étranger*, 2.（＝2001，高橋哲哉ほか訳『デリダと肯定の思想』未來社，所収）

Malthus, Thomas Robert, [1798] 1986, *An Essay on the Principle of Population*, 1st ed., in *The Works of Thomas Robert Malthus*, vol. 1, edited by E.A. Wrigley and D. Souden, London : W. Pickering.（＝1962，高野岩三郎・大河兵衛訳『初版 人

ロの原理』岩波文庫）

Mandeville, Bernard, [1714] 1924, *The Fable of the Bees, or, Private Vices, Public Benefits*, vol. 1, Oxford : Oxford University Press.（＝1985, 泉谷治訳『蜂の寓話――私悪すなわち公益』法政大学出版局）

Marglin, Stephen, 1974, 'What Do Bosses Do? : The Origins and Functions of Hierarchy in the Capitalist Production', *Review of Radical Political Economics*, 6(2).

Marx, Karl, [1852] 1960, *Der achtzehnte Brumaire des Louis Bonaparte*, in *Marx-Engels Werke* (*MEW*), Band 8, Berlin : Dietz Verlag.（＝1954, 伊藤新一・北条元一訳『ルイ・ボナパルトのブリュメール十八日』岩波文庫）

———, [1853] 1979, 'The British Rule of India', in *Marx-Engels Collected Works* (*MECW*), vol. 12, Moscow : Progress Publishers.（＝1962, 鈴木正四訳「イギリスのインド支配」『マルクス・エンゲルス全集』第9巻, 大月書店）

———, [1858-61] 1980, *Ökonomische Manuskripte und Schriften 1858-1861*, in *Marx-Engels Gesamtausgabe* (*MEGA*), II-2, Berlin : Dietz Verlag.（＝1984, 資本論草稿集翻訳委員会訳『資本論草稿集(3)』大月書店）

———, [1861-63] 1976-1982, *Zur Kritik der Politischen Ökonomie* (*Manuskript 1861-1863*), in *Marx-Engels Gesamtausgabe* (*MEGA*), II-3.1-3.6, Berlin : Dietz Verlag.（＝1978-94, 資本論草稿集翻訳委員会訳『資本論草稿集(4)～(9)』大月書店）

———, [1865] 1987, 'Resultate des unmittelbaren Produktionsprozesses', *Ökonomische Manuskripte 1863-1867*, in *Marx-Engels Gesamtausgabe* (*MEGA*), II-4.1, Berlin : Dietz Verlag.（＝1970, 岡崎次郎訳『直接的生産過程の諸結果』国民文庫（大月書店））

———, [1867] 1983, *Das Kapital : Kritik der politischen Ökonomie*, Band I, 1. Aufl, in *Marx-Engels Gesamtausgabe* (*MEGA*), II-5, Berlin : Dietz Verlag.（＝1976, 岡崎次郎訳『資本論第1巻初版』国民文庫（大月書店））

———, und Friedrich Engels, [1844] 1981, *Exzerpte und Notizen, 1843 bis Januar 1845*, in *Marx-Engels Gesamtausgabe* (*MEGA*), IV-2, Berlin : Dietz Verlag.（＝1970, 杉原四郎・重田晃一訳『マルクス 経済学ノート』未来社）

———, [1845-46] 1974, *Die deutsche Ideologie*, hrsg. von W. Hiromatsu, Tokyo : Kawadeshobo-shinsha Verlag.（＝2002, 廣松渉編訳・小林昌人補訳『新編輯版ドイツ・イデオロギー』岩波文庫）

Matthews, Peter H., 1996, 'The Modern Foundations of Marx's Monetary Economics', *The European Journal of the History of Economic Thought*, 3(1).

Mauss, Marcel, [1950] 1989, *Sociologie et anthropologie*, précédé d'une introduction à l'œuvre de Marcel Mauss, par C. Lévi-Strauss, 3e éd., Paris : Presses univer-

sitaires de France.（＝1973，有地亨ほか訳『社会学と人類学 I』弘文堂）
Meillassoux, Claude, 1975, *Femmes, Greniers et Capitaux*, Paris : Maspero.（＝1977，川田順造・原口武彦訳『家族制共同体の理論――経済人類学の課題』筑摩書房）
Menger, Carl, 1923, *Grundsätze Der Volkswirtschaftslehre*, 2. Aufl., Wien ; Leipzig : Hölder-Pichler-Tempsky.（＝1982-84，八木紀一郎ほか訳『一般理論経済学――遺稿による「経済学原理」第 2 版(1)(2)』みすず書房）
Mepham, John, [1972] 1994, 'The Theory of Ideology in Capital', in T. Eagleton ed., *Ideology*, London ; New York : Longman.
Mun, Thomas, [1664] 1949, *England's Treasure by Forraign Trade. Or, the Ballance of our Forraign Trade is the Rule of our Treasure*, Oxford : Basil Blackwell.（＝1965，渡辺源次郎訳『外国貿易によるイングランドの財宝』東京大学出版会）
Nietzsche, Friedrich, [1887] 1988, *Zur Genealogie der Moral*, Stuttgart : Reclam Verlag.（＝1993，信太正三訳『道徳の系譜――一つの論駁書』（ニーチェ全集 11）ちくま学芸文庫，所収）
Oki, Kosuke, 2012, 'Outside as Betweenness-Encounter : An Introduction to the Political Economy of Excess', *Journal of International Economic Studies*, 26.
――――, and Takashi Satoh, 2002, 'There's No Such Thing as World Capitalism : Mythology of Globalization', *Institute of Comparative Economic Studies, Hosei University, Working Paper Series*, 106.
Pocock, John G. A., 1975, *The Machiavellian Moment : Florentine Political Thought and the Atlantic Republican Tradition*, Princeton : Princeton University Press.（＝2008，田中秀夫ほか訳『マキャベリアン・モーメント』名古屋大学出版会）
Polanyi, Karl, Conrad M. Arensberg, and Harry W. Pearson eds., 1957, *Trade and Market in the Early Empires*, Glencoe ; New York : The Free Press.（＝1975，玉野井芳郎・平野健一郎編訳『経済の文明史』日本経済新聞社に抄訳）
Ransière, Jacques, [1974] 1994, 'On the Theory of Ideology : Althusser's Politics', in T. Eagleton ed., *Ideology*, London ; New York : Longman.
Ricardo, David, [1817=1821] 1951, *On the Principles of Political Economy and Taxation*, in *The Works and Correspondence of David Ricardo*, vol. I, edited by P. Sraffa with the collaboration of M.H. Dobb, Cambridge : Cambridge University Press.（＝1972，堀経夫訳『経済学および課税の原理』（リカードウ全集 I）雄松堂書店）
Rousseau, Jean-Jacques, [1754] 1954, *Discours sur l'origine et les fondements de l'inégalité parmi les hommes*, Paris : Éditions Sociales.（＝1957，本田喜代治・平岡昇訳『人間不平等起原論』岩波文庫）
Sahlins, Marchall, 1972, *Stone Age Economics*, New York : Aldine.（＝1984，山内昶訳『石器時代の経済学』法政大学出版局）

Scott, James C., 1976, *The Moral Economy of the Peasant Rebellion and Subsistence in Southeast Asia*, New Haven : Yale University Press.（=1999，高橋彰訳『モーラル・エコノミー――東南アジアの農民叛乱と生存維持』勁草書房）

Simmel, Georg, 1922, *Philosophie des Geldes*, 4. unveränderte Aufl., München : Duncker & Humblot.（=1999，居安正訳『貨幣の哲学（新訳版）』白水社）

Smith, Adam, [1754] 1976, *The Theory of Moral Sentiments*, in *The Glasgow Edition of the Works and Correspondence of Adam Smith*, vol. I, edited by D.D. Raphael and A.L. Macfie, Oxford : Clarendon Press.（=2003，水田洋訳『道徳感情論』(上)(下)，岩波文庫）

————, [1776] 1976, *An Inquiry into the Nature and Causes of the Wealth of Nations*, in *The Glasgow Edition of the Works and Correspondence of Adam Smith*, vol. II-1, 2, edited by R.H. Campbell and A.S. Skinner ; textual editor, W.B. Todd, Oxford : Clarendon Press.（=1978，大河内一男監訳『国富論』I, II, III，中公文庫）

Sombart, Werner, [1912] 1992, *Liebe, Luxus und Kapitalismus : Über die Entstehung der modernen Welt aus dem Geist der Verschwendung*, Berlin : K. Wagenbach.（=2000，金森誠也訳『恋愛と贅沢と資本主義』講談社学術文庫）

Spivak, Gayatri Chakravorty, 1987, *In Other Worlds : Essays in Cultural Politics*, New York : Methuen.（=1990，鈴木聡ほか訳『文化としての他者』紀伊國屋書房）

————, 1988, 'Can the Subaltern Speak?' in C. Nelson and L. Grossberg eds., *Marxism and the Interpretation of Culture*, Urbana : University of Illinois Press.（=1998，上村忠男訳『サバルタンは語ることができるか』みすず書房）

Sraffa, Piero, 1960, *Production of Commodities by Means of Commodities : Prelude to a Critique of Economic Theory*, Cambridge : Cambridge University Press.（=1978，菱山泉・山下博訳『商品による商品の生産――経済理論批判序説』有斐閣）

Steuart, James, [1752] 1995, *An Inquiry into the Principles of Political OEconomy*, in *Collected Works of James Steuart*, vol. I-IV : London : Routledge/Thoemmes Press.（=1998/93，小林昇監訳『経済の原理』第一・第二編，第三・第四・第五編，名古屋大学出版会）

Strauss, Leo, [1936] 1996, *The Political Philosophy of Hobbes : Its Basis and Its Genesis*, trans. by E.M. Sinclair, Chicago : University of Chicago Press.（=1990，添谷育志ほか訳『ホッブズの政治学』みすず書房）

Sturdy, Andrew, David Knights, and Hugh Willmott, 1992, 'Skill and Consent in the Labour Process', in D. Knights, A. Sturdy, and H. Willmott eds., *Skill and Consent : Contemporary Studies in the Labour Process*, London ; New York :

Routledge.
Sweezy, Paul M. ed., 1949, *Karl Marx and the Close of his System by Eugen von Böhm-Bawerk and Böhm-Bawerk's Criticism of Marx by Rudolf Hilferding*, New York : A.M. Kelley.（=1981，玉野井芳郎・石垣博美訳『論争・マルクス経済学』法政大学出版局）
Taylor, Frederick W., 1911, *The Principles of Scientific Management*, New York : Harper.（=2009，有賀裕子訳『新版 科学的管理法』ダイヤモンド社）
Testart, Alain, 1982, *Les chasseurs-cueilleurs ou l'origine des inégalités*, Paris : Société d'Ethnographie.（=1995，山内昶訳『新不平等起源論――狩猟=採集民の民俗学』法政大学出版局）
Vercellone, Carlo, 2007, 'From Formal Subsumption to General Intellect : Elements for a Marxist Reading on the Thesis of Cognitive Capitalism', *Historical Materialism*, 15.（=2011，沖公祐訳「形式的包摂から一般知性へ――認知資本主義テーゼのマルクス主義的読解のための諸要素」『現代思想』第 39 巻第 3 号）
White, Hayden, 1973, *Metahistory : The Historical Imagination in Nineteenth-Century Europe*, Baltimore : The Johns Hopkins University Press.
Xenos, Nicholas, 1989, *Scarcity and Modernity*, London ; New York : Routledge.（=1995，北村和夫・北村三子訳『稀少性と欲望の近代――豊かさのパラドックス』新曜社）
Žižek, Slavoj, 1989, *The Sublime Object of Ideology*, London : Verso.（=2000，鈴木晶訳『イデオロギーの崇高な対象』河出書房新社）

青才高志，1977，「価値形成労働について――生産的労働とサーヴィス」『経済評論』第 26 巻第 9 号.
足立眞理子，1993，「ローザ・ルクセンブルク再考――資本蓄積・《女性の労働》・国際的一性分業」『経済学雑誌（大阪市立大学）』第 94 巻第 3/4 号.
安部隆一，［1951］1993，『『価値論』研究』岩波書店.（『安部隆一著作集』第 3 巻，千倉書房，再録）
網野善彦，1994，「貨幣と資本」『日本通史』第 9 巻，岩波書房.
伊藤誠，1981，『価値と資本の理論』岩波書店.
岩田弘，1964，『世界資本主義』未來社.
内田義彦，［1971］1988，『社会認識の歩み』岩波新書.（『内田義彦著作集』第 4 巻，岩波書店，再録）
内山節，1982，『労働の哲学――労働過程史の方法』田畑書店.
――――，1984，『労働過程論ノート――労働主体の構築のために（増補新版）』田畑書店.
宇野弘蔵，［1947］1973，『価値論』河出書房.（『宇野弘蔵著作集』第 3 巻，岩波書店，

再録)
――――, ［1950-52］1973,『経済原論』, 岩波書店.(『宇野弘蔵著作集』第1巻, 岩波書店, 再録)
――――, ［1952］1973,『価値論の研究』, 東京大学出版会.(『宇野弘蔵著作集』第3巻, 岩波書店, 再録)
――――, ［1953］1974,『恐慌論』, 岩波書店.(『宇野弘蔵著作集』第5巻, 岩波書店, 再録)
――――, ［1959］1974,『マルクス経済学原理論の研究』岩波書店.(『宇野弘蔵著作集』第4巻, 岩波書店, 再録)
――――, ［1962］1974,『経済学方法論』東京大学出版会.(『宇野弘蔵著作集』第9巻, 岩波書店, 再録)
――――, 1963,『価値論の問題点――経済学ゼミナール(2)』法政大学出版局.
――――, ［1964］1973,『経済原論』岩波全書.(『宇野弘蔵著作集』第2巻, 岩波書店, 再録)
――――, 1972,『経済学の効用』東京大学出版会.
宇野弘蔵編, ［1967］1973,『新訂　経済原論(現代経済学演習講座)』青林書院新社.(『宇野弘蔵著作集』第2巻, 岩波書店, 問答部分のみ再録)
宇野弘蔵・梅本克己, 1976,『社会科学と弁証法』岩波書店.
大内力, 1974,「マルクス経済学の公準について」宇沢弘文ほか編『経済学と現代』東京大学出版会.
――――, 1980,『経済学方法論』(大内力経済学体系第1巻)東京大学出版会.
――――, 1981,『経済原論(上)』(大内力経済学体系第2巻)東京大学出版会.
大内秀明, 1964,『価値論の形成』東京大学出版会.
大沢真理, 1994,「家族労働の搾取、労働力の価値, 家族賃金イデオロギー」『社会科学研究(東京大学)』第46巻第3号.
大島雄一, 1961,「経済学体系と資本主義(2)」『経済科学(名古屋大学)』第9巻第1号.
――――, 1974,『増補版 価値と資本の理論』未來社.
大塚久雄, ［1960］1969,「資本主義の発達・総説」(『大塚久雄著作集』第4巻, 岩波書店, 再録)
岡崎栄松, 1967,『資本論研究序説』日本評論社.
沖公祐, 1999,「信用創造の二重化と動態的限界――川合貨幣信用論の再検討」小幡道昭編『貨幣・信用論の新展開』社会評論社.
――――, 2003,「資本主義の歴史性と世界性」『重力』02.
――――, 2005,「世界資本主義論の限界と可能性」絓秀実編『1968』作品社.
――――, 2011,「間という外部」長原豊編『政治経済学の政治哲学的復権――理論の理論的〈臨界-外部〉にむけて』法政大学出版局.

生越利昭，1991，『ジョン・ロックの経済思想』晃洋書房．

小田雄三，1986，「古代・中世の出挙」『日本の社会史』第4巻，岩波書店．

小幡道昭，1986，「市場の無規律性と貨幣の拡散――マルクス貨幣蓄蔵論の可能性」『思想』第748号．

――――，1988，『価値論の展開――無規律性・階級性・歴史性』東京大学出版会．

――――，1990，「労働市場の変成と労働力の価値」『経済学論集（東京大学）』第56巻第3号．

――――，2005，「貨幣増加と価値増殖」『経済学論集（東京大学）』第71巻第1号．

清滝信宏，1994，「貨幣と信用の理論」岩井克人・伊藤元重編『現代の経済理論』東京大学出版会．

櫛田民蔵，［1935］1947，『価値及貨幣』改造社．（『櫛田民蔵全集』第2巻，改造社，再録）

久留間鮫造，1957，『価値形態論と交換過程論』岩波書店．

――――，1979，『貨幣論』大月書店．

小林昇，［1973］1976，『国富論体系の成立――アダム・スミスとジェイムズ・ステュアート』未來社．（『小林昇経済学史著作集』第Ⅰ巻，未來社，再録）

坂本達哉，1995，『ヒュームの文明社会――勤労・知識・自由』創文社．

――――，2011，『ヒューム 希望の懐疑主義――ある社会科学の誕生』慶応大学出版会．

向坂逸郎・宇野弘蔵編，［1948-49］1958，『資本論研究』至誠堂．

佐藤金三郎，1968，『『資本論』と宇野経済学』新評論．

――――，1992，『『資本論』研究序説』岩波書店．

佐藤信夫，［1978］1992，『レトリック感覚』講談社学術文庫．

塩沢由典，1990，『市場の秩序学』筑摩書房．

絓秀実，2001，『「帝国」の文学――戦争と「大逆」の間』以文社．

鈴木和雄，1999，『労働力商品の解読』日本経済評論社．

大黒弘慈，2000，『貨幣と信用――純粋資本主義批判』東京大学出版会．

高木幸二郎，1974，「『経済学批判要綱』における『資本と労働の交換』について――商品としての『労働力』範疇の生成」経済学史学会編『『資本論』の成立』岩波書店．

高須賀義博，1979，『マルクス経済学研究』新評社．

侘美光彦，1980，『世界資本主義』日本評論社．

武田信照，1982，『価値形態と貨幣』梓出版社．

玉野井芳郎，1978，『エコノミーとエコロジー』みすず書房．

中岡哲郎，1971，『工場の哲学――組織と人間』平凡社．

中川スミ，1994，「『家族賃金』イデオロギーの批判と『労働力の価値分割』論――家族単位から個人単位への労働力再生産機構の変化」『社会科学研究（東京大学）』

第 46 巻第 3 号.
中野正，[1958] 1987，『価値形態論』日本評論新社.（『中野正著作集』第 1 巻，森田企版，再録）
長原豊，2008，『われら瑕疵ある者たち——反「資本」論のために』青土社.
中矢俊博，1997，『ケンブリッジ経済学研究——マルサス・ケインズ・スラッファ』同文社.
西田正規，1986，『定住革命——遊動と定住の人類史』新曜社.
野口真，1980，「商品・貨幣形態と物神性」『経済評論』第 29 巻第 1 号.
芳賀健一，1988，「雇用形式と賃労働——『労働力商品』化論の再検討（下）」『富大経済論集（富山大学）』第 34 巻第 1 号.
羽鳥卓也，1972，『古典派経済学の基本問題——蓄積論におけるスミス・マルサス・リカードウ』未來社.
————，1976，『市民革命思想の展開（増補版）』御茶の水書房.
橋本健二，1994，「資本主義社会の文化的再生産——イデオロギー・ハビトゥス・変革主体」庄司興吉編『再生産と自己変革』法政大学出版局.
平田清明，1971，『経済学と歴史認識』岩波書店.
————，1980，『コメンタール『資本』』1，日本評論社.
廣松渉，[1985] 1995，「資本論における単純商品の意義」吉田憲夫編『物象化論と経済学批判（廣松渉コレクション第 4 巻）』情況出版.
————，1986，『生態史観と唯物史観』ユニテ.
————，1987，『『資本論』の哲学』勁草書房.
松井透，1991，『世界市場の形成』岩波書店.
松嶋敦茂，1996，『現代経済学史 1870～1970 ——競合的パラダイムの展開』名古屋大学出版会.
馬渡尚憲，1978，「商品の価値形態と貨幣（上）」『経済学（東北大学）』第 40 巻第 3 号.
————，1995，「賃金論——古典派的再構築」『経済学（東北大学）』第 56 巻第 4 号.
望月清司，1973，『マルクス歴史理論の研究』岩波書店.
————，1977，「宇野経済学をささえた宇野史学——大塚資本主義論との対比において」『経済評論』第 26 巻第 7 号.
森田桐郎，1970，「資本主義の世界的体系——基礎視点」長洲一二編『講座マルクス主義 8』日本評論社.
————，1997，『世界経済論の構図』有斐閣.
森田桐郎・望月清司，1974，『社会認識と歴史理論』（講座マルクス経済学 1）日本評論社.
森村敏己，1993，『名誉と快楽——エルヴェシウスの功利主義』法政大学出版局.
安富歩，2000，『貨幣の複雑性——生成と崩壊の理論』創文社.
山口重克，1984，『金融機構の理論』東京大学出版会.

行沢健三，1972，「貨幣価値をめぐるリカァドゥとマルクス」『経済論叢（京都大学）』第109巻第1号.
米田昇平，2005，『欲求と秩序――18世紀フランス経済学の展開』昭和堂.
渡辺憲正，2005，「『経済学批判要綱』の共同体/共同社会論」『経済系（関東学院大学）』第223号.